本专著系广西高等教育本科教学改革重点课题《混合教学模式下的高师学前教育音乐课程教学改革实践与研究》（课题批准号：2020JGZ132）成果之一，获广西教育现代化与质量监测研究中心资助。

融合与创新：

高等师范院校学前教育音乐课程混合教学路径研究

张 媛 著

中国商业出版社

图书在版编目（CIP）数据

融合与创新 ：高等师范院校学前教育音乐课程混合
教学路径研究 / 张媛著. -- 北京 ：中国商业出版社，
2024. 8. -- ISBN 978-7-5208-3207-6

Ⅰ. G613.5

中国国家版本馆CIP数据核字第2024YH4211号

责任编辑：陈　皓

策划编辑：常　松

中国商业出版社出版发行

（www.zgsycb.com　100053　北京广安门内报国寺1号）

总编室：010-63180647　编辑室：010-83114579

发行部：010-83120835/8286

新华书店经销

河北万卷印刷有限公司印刷

*

710毫米×1000毫米　16开　16.5印张　250千字

2024年8月第1版　2024年8月第1次印刷

定价：78.00元

* * * *

（如有印装质量问题可更换）

序　紧跟时代步伐的教育思维

从 2023 年 4 月起，以 Chat GPT 为代表的 AI 人工智能技术迈向了一个新的高度，标志着全世界进入了人工智能时代。只要人类不停止研发和使用 AI，随着数据的丰富，以及算法、算力的提高，它的演进就会从目前的弱人工智能到强人工智能，再到超人工智能，每一代都将以几何倍速发展，这是不以人的意志为转移的。未来，人工智能将对人类活动的各个领域产生深刻的影响，当前，其最直接影响的是教育。

我国的教育长期处于各学科独立，且几乎是以知识传授和专项技能训练为目标的状态。这种状态在人工智能时代特别受到挑战。首先，在 AI 的大数据面前，知识的学习已经不是最重要的内容。其次，AI 算法和算力会丰富教育的手段。最重要的是，在 AI 时代，社会的生产方式、流通方式，人们的生活方式、服务方式都将改变，未来的劳动者如果缺乏融合能力、创造能力、共情能力，可能无法在社会上立足。尤其是科技发展到今天，大部分的发现和创造都是在融合的基础上产生的。从这个角度来说，融合能力是立足之本。

在融合的思维指导下，结合作者以往的教学经验，对混合教学模式进行了深入研究。该书从对教育现状中存在问题的分析出发，对混合教学模式的理论基础、改革思路、实际应用、模式设计、优化评价等进行了详细的介绍，继而在本专业课程——学前教育音乐课程中进行了知识点与技能、思政与教学能力融合的探索，同时对学前教育音乐课程混合教学模式的发展趋势、未来前景进行了分析与展望。这是一本高等师范院校学前教育专业关于音乐课程的教学改革理论和实践的参考书。

难得的是，作者具备坚实的心理学理论基础，该书各章节都显示出

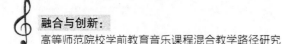

其对心理学的熟练应用，这在高等师范院校的音乐教师中是很少见的。一切教育的根本问题都是心理学问题。作者如此重视心理学的应用，恰恰表明她把握住了教育的底层逻辑、遵循了教育的底层逻辑，相信她今后一定能够一步一个脚印，取得更大的成就。

该书还有一个特色：作者特地将自己的课题研究结题报告《混合教学模式下的高师学前教育音乐课程教学改革实践与研究》添加至附录，作为作者的研究实践总结，这一课题研究结题报告也将为高等师范院校下一步的教学改革研究带来实用性的参考。

10年前，我曾经对一所高等师范院校提出"跨学科集体备课"的建议，这一建议的本意也是强调学科融合。当时，这一建议得到了校领导的肯定与支持，但由于实际情况的限制，这一建议未能得到很好的落实。相信这本书的问世，将会对实现高等师范院校"跨学科集体备课"起到一定的推动作用。

最后，需要强调的一点是：按照混合教学模式的思路进行教学改革，所实现的远不止增强学科或专业教学效果本身，更加有价值的是，融合的教学培育了学生的融合思维与融合能力。这也是AI时代对人才的要求，更是这本书的价值所在。

陈泽铭

2024 年 5 月于北京

前　言

在这个信息快速更新、社会不断进步的时代背景下，教育扮演着塑造未来一代、传承文化遗产的关键角色。尤其是在学前教育这一基础阶段，音乐教育因在促进孩子全方位成长和加强文化继承方面有特殊作用，逐渐受到了教育工作者和家长的广泛关注。然而，随着教学环境和技术手段的演变，传统的音乐教学方法已经难以满足当代社会和孩子多元化的需求。因此，强化高等师范院校（以下简称"高师"）学前教育，优化相关教育实践，并着重提高高师学前教育学生的音乐水平，是他们未来进入工作岗位后，能够成为合格的幼儿教师的关键。

在高师的学前教育专业中，音乐类课程是培养未来学前教师音乐素养和教学能力的重要环节。高师学前教育专业音乐课程目标不仅是传授音乐知识和技能，更重要的是通过音乐教育来培育学生的综合素质和专业能力。这些课程旨在培养学生的实践能力和创新意识，让他们能够在未来的幼儿园工作中，有效地组织和实施音乐教育活动，提高幼儿的音乐素养，并传承民族的优秀文化。

在当前的大环境下，对高师学前教育音乐课程进行融合与创新显得尤为迫切和必要。第一，人工智能的高速发展为教育带来了深刻的冲击，推动了教育领域的变革。在音乐教育中，结合人工智能技术，教师可以开发出更加个性化、互动性强的教学方式，提高学生学习的效率和质量，促进音乐教育的创新发展。第二，国家对幼教和高等教育的教学质量提出了更高的要求，出台了一系列政策法规来引导教育教学改革。作为学前教育专业的一部分，音乐课程的融合与创新不仅能够满足政策法规的要求，还能够提高教育质量和水平，培养更多符合社会需求的优秀人才。

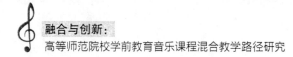

另外，中华人民共和国教育部（以下简称"教育部"）下发了美育浸润文件，提出将美育渗透教育全过程的要求。音乐作为美育的重要组成部分，其融合与创新对于培养学生的审美情操、情感表达能力和综合素养至关重要。

因此，融合与创新对高师学前教育音乐课程的重要性不言而喻。只有不断适应社会发展的需求，加强思政元素渗透、教学改革创新，高师学前教育专业才能更好地满足国家和社会的期待，为培养更多优秀的学前教育专业人才作出贡献。

混合教学模式在学前教育本科生音乐类课程中的应用，体现了教学内容的多样性和教学方法的创新性。通过在线学习平台，学生可以接触到更广泛的教学资源，包括经典音乐作品、先进的音乐教学理论和实践案例。同时，面对面的课堂教学则侧重提高学生的音乐表演能力、音乐创作能力和音乐教学能力。这种模式的实施有助于学生在理论学习和实践操作中找到平衡，为他们将来成为幼儿教师做准备。音乐类课程的教学还需要将幼儿教师职业道德、民族优秀文化传承、社会主义核心价值观、工匠精神和教育专业大师精神等思政内容融入其中，这不仅能够提高学生的专业技能，还能够培养他们的道德情操和社会责任感。通过音乐教育，学生可以更深刻地理解和传承中华民族的优秀文化，将社会主义核心价值观内化于心、外化于行。

本书通过深入且广泛的研究与实践，详细分析了学前音乐教育的现状，并提出了创新的教学模式和策略，特别强调了混合教学模式在学前音乐教育中的应用与完善。这不仅能提升音乐教育的教学品质，还能促进学前教育的多样化和个性化发展。

笔者相信，通过不断的创新和优化，音乐教育能够更好地发挥其在教育和文化传承中的作用，为人类社会的持续发展作出更大的贡献。希望本书能为教育工作者、学者、家长以及所有关注学前教育和音乐教育的人士提供宝贵的信息与启发。

张媛

2024 年 2 月

目 录

引　言 ………………………………………………………………… 1

第一章　混合教学视角下高师学前教育专业音乐课程的挑战与对策 …… 5

　　第一节　混合教学模式的定义与发展 ……………………………… 5

　　第二节　混合教学改革背景下高师学前教育专业音乐课程教学的挑战
　　　　　　与应对策略 …………………………………………………… 12

第二章　混合教学的理论基础 ……………………………………… 20

　　第一节　混合教学与技术支持学习理念 ………………………… 20

　　第二节　混合教学的教育理论框架 ……………………………… 22

　　第三节　混合教学模式的学习理论框架 ………………………… 39

　　第四节　混合教学理论基础对教学实践的指导意义 …………… 49

第三章　高师学前教育专业音乐课程教学改革思路介绍 ………… 59

　　第一节　高师学前教育专业音乐课程教学改革的理论构想 …… 59

　　第二节　高师学前教育专业音乐课程混合教学模式的核心内容 …… 69

　　第三节　线上线下混合教学路径的设计 ………………………… 75

第四章　混合教学模式在实际教学中的应用 ……………………… 79

　　第一节　混合教学模式在高师学前教育专业音乐课程中的实施过程 …… 79

　　第二节　混合教学模式在实践中的效果评价 …………………… 89

第五章　"研学—导学—创学三步四变"混合教学模式介绍 ……… 101

　　第一节　"研学—导学—创学三步四变"混合教学模式的理论基础 … 102

　　第二节　"研学—导学—创学三步四变"混合教学模式的具体步骤 … 111

第三节 "研学—导学—创学三步四变"混合教学模式的注意要点 ····· 120

第六章 混合教学模式的优化与评价 ·· 123

    第一节 混合教学模式的优化策略 ·· 123

    第二节 混合教学模式的评价体系 ·· 132

第七章 线上线下混合教学模式应用于高师学前教育专业
        音乐课程的创新与实践 ·· 143

    第一节 高师学前教育专业音乐课程应用混合教学模式开展教学的
           实践案例 ·· 143

    第二节 高师学前教育专业音乐课程应用混合教学模式开展教学的改进
           与优化措施 ·· 158

第八章 高师学前教育专业音乐课程应用混合教学模式开展教学的
        发展趋势与展望 ·· 171

    第一节 当前高师学前教育专业音乐课程混合教学模式的
           发展趋势 ·· 171

    第二节 高师学前教育专业音乐课程混合教学模式的发展前景
           与挑战 ·· 176

参考文献 ·· 183

附录 《混合教学模式下的高师学前教育音乐课程教学改革实践与研究》
      课题报告 ·· 188

后 记 ·· 255

引　言

一、改革背景与意义

在当前社会发展和科技进步的背景下，高师学前教育音乐课程面临诸多机遇和挑战。传统的线下教学模式存在时间和空间的限制，无法满足学生个性化的学习需求，师资短缺和教学资源不足也限制了教学质量的提高。另外，学前教育音乐课程的改革不仅是教学方法和手段的改变，更是教育工作者对教育理念和目标的重新审视与定位。传统的教育注重知识传授和信息获取，而现代学前教育更注重培养学生的创造力、想象力和审美情感。作为学前教育的重要组成部分，音乐教育在学生的成长中起着重要作用，对他们的身心发展、情感表达和社会适应能力具有重要影响。因此，优化高师学前教育音乐课程，提高教学质量和效果，将有助于满足社会对优质学前教育的需求，促进学生健康成长。因此，高师学前教育音乐课程需要探索一种符合现代学前教育理念的教学模式，注重培养学生的综合素养和创新能力。

随着信息技术的快速发展，互联网和多媒体技术已经渗透各个领域，教育也不例外。线上线下混合教学模式因其灵活性、个性化和互动性而备受关注。在这一背景下，探索如何将混合教学模式应用于高师学前教育音乐课程，将成为一项重要的课程改革任务。教师通过引入线上学习平台、微课制作等现代教育技术手段，可以为学生提供更加灵活、多样的学习体验，激发学生的学习兴趣和动力，提高教学效果。

混合教学在解决教学难题和提升教学效果方面具有巨大的潜力。首先，混合教学能够充分利用线上和线下资源，弥补传统教学模式中存在的不足。通过在线学习平台和多媒体技术，教师可以提供更丰富、更生动的教学内容，满足不同学生的学习需求。例如，通过在线视频、虚拟实验室等资源，学生可以在课堂外进行自主学习和实践，从而加深对知

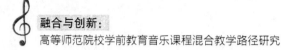

识的理解和掌握。其次，混合教学能够为学生提供更灵活的学习方式，满足他们个性化的学习需求。传统教学模式往往以教师为中心，学生被动接受知识，而混合教学则注重学生的主动参与和自主学习。通过在线学习平台，学生可以根据自己的学习进度和兴趣选择学习内容，自主安排学习时间，实现个性化学习。这种灵活的学习方式能够激发学生的学习动力和积极性，提高学习效果。此外，混合教学还能够促进学生之间的合作和交流，培养学生的团队合作能力和社交技能。通过在线学习平台和协作工具，学生可以与同学进行讨论、项目合作，共同探索问题、解决困难，从而培养合作精神和团队意识。这种互动和合作不仅有助于加深学生对知识的理解，还有助于提升学生的综合素养和社交能力。

通过线上线下教学的有机结合，混合教学模式可以实现教学资源的共享和优化，为学生提供多样化、个性化的学习体验。同时，利用在线教育平台进行师资培训，可以提高教师自身的专业水平，推动教学质量的提升。多元化的教学评价手段也能使教师更全面地了解学生的学习情况，为教学提供更科学的反馈和指导。

高师学前教育音乐课程的混合教学改革具有重要的现实意义和实践意义。混合教学改革为学前教育音乐课程提供了更加多样化、灵活化的教学方式。通过线上线下结合的教学模式，教师可以更好地满足学生个性化学习的需求，提高教学效果。混合教学模式的实践应用促进了教师的专业发展和能力提升，教师通过学习和应用新的教学技术与方法，不断提高自身的教学水平和素质，为学生提供更优质的教育服务。总之，混合教学模式的实践推动了教育理论的创新和发展，使传统的音乐教学观念得以更新和拓展，通过深入研究和探索，该教学模式可以为学前教育音乐课程的改革提供理论支持和实践经验，推动学前教育事业的发展，促进学生全面发展。

可见，高师学前教育音乐课程迫切需要进行课程改革，以提高高师学前教育音乐课程的教学质量和效果。而混合教学模式在解决教学难题、提高教学效果方面具有巨大的潜力，为高师学前教育音乐课程教学带来了新的发展机遇，推动了教育改革和提高了教育质量。

二、研究目的与范围

当今社会，随着科技的发展和信息化的普及，教育方式和教学模式也在不断变革与创新。传统的教学方法已经无法满足学生个性化、多样化的学习需求，因此，混合教学作为一种新型的教学模式应运而生。混合教学将线上线下教学资源有机结合，通过多种教学手段和技术工具，为学生提供更灵活、多样化的学习体验，有助于激发学生学习的兴趣和动力，提高学生的学习效果和质量。

随着科技的迅速发展和信息化时代的到来，教育方式和教学模式也在不断变革。高师学前教育音乐课程作为培养学前教育从业者的重要课程之一，面临诸多机遇和挑战。

本书结合当前社会发展和教学改革方向，以混合教学模式为切入点，深入探讨如何运用新的教学模式和方法改进高师学前教育音乐课程的教学，以满足社会不断变化的教育需求，促进学生综合素质的全面提升。

首先，从学前教育与音乐教育的关联及重要性入手，探讨当前学前音乐教育的发展及高师学前教育音乐课程教学面临的挑战与解决对策。学前教育与音乐教育密切相关，对学生的全面发展至关重要。传统上，高师学前教育音乐课程主要注重学生对音乐基础知识和技能的掌握，如音乐理论、乐器演奏、音乐教学方法等。然而，随着社会对教育人才培养目标的不断调整和提升，需要更多复合型、创新型、综合发展的人才。如今，传统的教学方法和模式往往无法满足学生多样化的学习需求，社会需求和发展需要使高师学前教育音乐课程教学难以达到理想的效果，有待进一步优化改革。

其次，教育工作者需要理解当前社会发展对教育领域的影响。信息技术的普及和互联网的发展为教育带来了巨大的变革，混合教学作为一种融合线上线下教学资源的新模式，正在受到越来越多教育机构的关注和应用。混合教学模式可以满足学生个性化学习的需求，还可以拓展教学资源，提高教学效果，培养学生的综合素质和创新能力。

基于以上背景，本书将从理论和实践两个层面展开探讨，为高师学前教育音乐课程的混合教学改革提供理论支持和实践指导。笔者希望本书在推动高师学前教育音乐课程的教学改革和创新方面提供助力，促进教育教学的不断进步，为学生提供更优质的教育服务。本书从多个维度深入分析了高师学前教育音乐课程的现状和问题，探讨了混合教学模式在该领域的应用策略，提出了具有针对性的改革策略和实践路径，为高师学前教育音乐课程的教学改革和创新提供了理论支持与实践指导。

第一章　混合教学视角下高师学前教育专业音乐课程的挑战与对策

第一节　混合教学模式的定义与发展

一、混合教学的定义与内涵

近年来，信息技术的快速发展给教学全方位、全过程的支持带来了极大便利，在线教学与传统课堂教学的界限越来越模糊，呈现出混合的态势。不论是研究者、教学实践者，还是政府和教育机构，已达成共识：混合教学正在成为未来教育的"新常态"。混合教学（Blended Learning）是从 1996 年提出的电子学习（E-Learning）中发展出的线上和线下有机结合的学习方式。

线上线下混合教学是近年来教育界尤其受到关注的一种教学模式，它综合了传统面对面教学和在线教育的优点，旨在通过多元化的教学手段和平台，为学生提供更加全面和高效的教育体验。

在这一模式中，教师和学生不仅局限于现实课堂的互动，还将教学和学习扩展到了虚拟空间，从而大大提高了教育的灵活性和可及性。

在传统的教学模式中，教师往往难以照顾到每一个学生的学习需要和进度。而线上线下混合教学通过引入在线元素，使教学内容和方式更加个性化。例如，基础和入门级的内容可以通过在线视频或教程进行，让学生在适合的时间和速度下学习，而更高级或复杂的内容则在课堂上进行，确保学生在教师的指导下掌握学习内容。这种教学模式也有助于提高学生的参与度和积极性。在线元素如讨论板、即时反馈和互动测试，不仅能让学生的学习更加生动有趣，还能让学生在课堂之外持续地就教

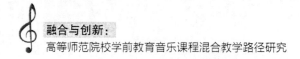

学内容和其他学生互动，从而更好地巩固和应用所学知识。

线上元素的加入极大地提高了教育的灵活性。学生可以根据自己的日程来安排学习时间，学习地点也非常灵活，可以在家里、咖啡店或其他任何有网络连接的地方进行学习。

在线平台通常能提供比传统课堂更丰富的教学资源。除了基础的视频和文本内容外，还有各种互动测试、模拟软件、在线实验等，这些都极大地丰富了学生的学习体验，提高了教师的教学效果。

从经济角度来看，线上线下混合教学也具有一定的优势。尽管初期可能需要投资于软硬件和培训，但从长期来看，它能有效地节省教育资源。例如，一些基础内容和测试可以自动化进行，从而减轻教师的工作负担，让他们有更多的时间和精力来关注教学质量与学生需求。当然，线上线下混合教学也面临一些挑战，尤其是如何有效地整合线上和线下元素，以及如何保证教学质量。教师需要具备一定的技术能力和教学设计经验，以确保两种元素能有机地结合在一起。此外，教育机构也需要为教师提供相应的硬件设施和技术支持。

随着科技的不断发展，线上线下混合教学有望进一步发展和完善。未来可能会看到更多高度个性化和智能化的教学平台，以及更全面和更精确的数据分析工具，这些都将有助于提高这一模式的教学效果和普及程度。可以说，线上线下混合教学是一种具有巨大潜力和优势的教学模式，它不仅提高了教师的教学效率和质量，还为学生提供了更加灵活和个性化的学习体验。然而，有效地实施这一模式也需要教师和教育机构作出相应的努力和投资。随着相关技术和方法论的不断进步，线上线下混合教学将在未来教育中发挥越来越重要的作用。

（一）混合教学的定义

混合教学是现代社会的一种新型教学方式，对于优化传统教学模式、推动教育教学事业的进步具有重要的现实意义。基于混合教学的特性与价值，现代学者对其进行了十分全面且多样的研究。在此，笔者认为有必要将各学者对于混合教学的定义进行汇总。

国内最早正式倡导混合教学模式的是北京师范大学的何克抗教授。混合教学模式把传统教学方式的优势和网络化教学的优势结合起来，既发挥了教师引导、启发、监控教学过程的主导作用，又充分体现了学生作为学习过程主体的主动性、积极性与创造性。

　　近年来，随着慕课的兴起，混合教学模式有了新的内涵。翻转课堂（Flipped Classroom）被作为加强学生学习效果的有力手段。翻转课堂是指将线上学习与线下讨论相结合，即学生先在网上学习教师预先录制或指定的视频资料，获得初步知识，再在课堂上与教师就不懂的问题或有疑惑的问题进行研讨学习。这种学习方法旨在最大限度地提高学生的学习效果，其基本思路是把传统的学习过程翻转过来，让学习者在课外时间完成针对知识点和概念的自主学习，课堂则变成教师与学生之间互动的场所，主要用于解答疑惑、汇报讨论，从而实现更好的教学效果。总之，混合教学是网络在线学习和传统课堂教学的相互结合与补充，既能发挥教师的主导作用，也能体现学生的主体性，从而实现更好的教学效果。

　　关于混合教学的定义，学者进行了大量的研究，并且取得了丰硕的成果。徐玉钦在《新媒体时代高校思想政治教学模式研究》中表示："混合教学是指通过对学习者特征、学习需求、教学目标、教学环境和教学内容的分析，在合适的学习理论的指导下，采用相适应的教学策略来组织教学内容和活动，并对学习成果或效果进行评价的教学模式。"[①] 孙博在其著作《"互联网＋教育"视阈下大学英语教学的路径选择与构建》中表示："混合教学的核心内容应该是融合各种教学方法、教学资源、教学模式、教学媒介和学习环境，在多种教学理论的指导下，将课堂教学与网络学习环境有机整合，注重双主角色（即学生为主体、教师为主导）和辅助角色（教学管理员、技术客服等），注重学生的自主学习、协作学习和个性化学习。混合教学通过整合在线环境的灵活性和以学生为中

---

① 徐玉钦. 新媒体时代高校思想政治教学模式研究 [M]. 长春：北方妇女儿童出版社 ,2020:108.

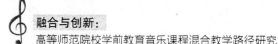

心的特点以及传统教学中的交互优势，试图创建一个更有效的学习环境。"① 黄雪松则认为："混合教学是以'关联、动态、合作、探究'为核心的新型教学模式，有着区别于面授教学与在线教学的本质区别。"② 综合各学者对于混合教学的定义，本书认为，混合教学是一种教学模式，将传统的面对面教学与在线教育相结合，以为学生提供更灵活和多元化的教学体验。在这种模式下，学生既可以在教室里与教师和同学互动，又可以通过网络平台自主学习，这样不仅增加了教育资源的可获取性，也让学习更为个性化和自适应。混合教学能够有效地整合不同的教学资源和方法，从而提高教师的教学质量和学生的学习效果。混合教学模式适用于各个教育阶段和专业领域，具有很高的实用性和广泛性。

（二）混合教学的内涵

混合教学的核心思想是在确保教育质量的前提下，利用技术为学习提供更多的灵活性和选择性。这是为了采用新的技术或者跟随潮流，更是为了更好地满足学生的个体差异，激发他们的学习兴趣和动力，以及提高他们的学习效果。需要注意的是，混合教学不仅是技术与教育的简单叠加，还是一种哲学，一种对教育的重新思考。在这种模式下，教育不再是一种单向的灌输，而是一个双向的互动过程。学生不再是被动的接受者，而是积极的参与者；教师不再是单纯的知识传递者，而是学生学习的引导者。混合教学旨在打破传统教育的局限性，充分利用技术的优势，为学生创造一个更加开放、自由和高效的学习环境。在这种环境中，学生可以根据自己的节奏和兴趣进行学习，而教师则更加关注学生的实际需求，用更加灵活和多元的方法来引导学生学习，确保他们真正理解和掌握知识。

混合教学具有动态性、多元性、实用性、时代性的特点。由混合学

---

① 孙博．"互联网＋教育"视阈下大学英语教学的路径选择与构建 [M]．长春：吉林科学技术出版社，2020:42．

② 黄雪松．大学英语混合式智慧教育研究与实践 [M]．长春：吉林出版集团股份有限公司，2021:82．

习第一次出现到之后经历的几个阶段可知，混合教学也随着时代和环境的改变得到了不断完善与发展：其处于动态的过程，囊括的教学模式、教学方法、教学内容等越来越多样；由混合教学的定义就能看出"多元"的特征，其是"教"与"学"多种要素的整合，是多个教学维度的有机结合。另外，混合教学的理论基础也是多元的，包括认知主义、行为主义、建构主义、社会文化理论、教育传播理论等理论，具有实用性。混合教学模式具有时间和地点的灵活性，学生可以根据自己的时间和学习习惯进行学习；它结合了多种教学方法和资源，包括传统教室授课、在线视频、讨论板等，能适应不同类型的学习需求。混合教学能有效提高教育质量，通过在线评估和反馈，教师可以更精准地了解学生的学习情况并进行调整。混合教学还具有时代性，随着科技的发展和教育技术的不断更新，混合教学被赋予了新的科技内涵。

二、混合教学的发展与概况

随着信息技术和网络通信的快速发展，教育领域也正经历着一场革命性的变化。混合教学作为这一变革的重要组成部分，已逐渐获得广泛的关注和应用。这种模式不仅整合了传统教室教学和在线学习的优点，还提供了一个平台，使教师和学生能更灵活、更高效地互动和学习。混合教学不仅改变了教学的形态，也为教育质量和效率的提高提供了新的可能性。面对全球化和知识经济的挑战，混合教学的发展将为个人和社会带来深远的影响。

（一）混合教学的发展

混合教学，将传统的面对面课堂教学与在线教育相结合，已经逐渐成为全球教育领域的一种重要趋势。从美国的凤凰城大学到世界各地，这种模式不断地得到探索和应用，为教育的多样性和可达性注入了新的活力。美国可以说是混合教学模式的发源地。凤凰城大学是美国在这方面的先行者，最初是为了满足那些出于各种原因不能适应传统教学模式的学生。这种模式迅速获得了成功，截至 2004 年，该校混合式学习模式

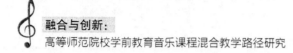
的入学人数就超过了 10 万人。随着在线教育平台如 edX、Coursera 的出现和发展,混合教学得以进一步推广和完善。这些平台吸引了全球顶尖的大学和专家,为学生提供了高质量的在线课程。edX 是由哈佛大学和麻省理工学院联合创立的,它向全球开放,为大量学生提供了接触高质量教育资源的机会;Coursera 由斯坦福大学的教授创建,并与多所世界顶级大学合作。这些平台不仅可以让人们自由地选择课程,还为那些希望通过混合式学习获得学位或证书的人提供了可能。混合教学模式因其灵活性和多样性,已经在全球范围内获得了广泛的应用和认可,这一模式不仅能够更好地满足不同学生的个性化需求,还有助于提高教育的整体质量和效率。

早在 20 世纪,美国就开始利用计算机和网络技术来支持教育,这一点在凤凰城大学的成功实践中得到了充分体现。不仅如此,美国还在教师培训方面进行了系统的规划,发布了一系列关于教育技术的标准和准则,包括教师的能力要求、专业素养和知识技能等。与此同时,其他国家也在信息技术和教育结合的道路上做出了自己的努力。英国、新加坡、韩国等都出台了相应的政策,以推动教育信息化。在大数据和网络技术快速发展的背景下,世界各国都在积极探索如何在教育领域更有效地应用信息技术。例如,新加坡通过多元的投资和校企合作,提高了教师的信息化教学能力;韩国在 20 世纪 80 年代实施了全面的计算机教育计划,涵盖了教师培训和资格认证等方面;日本也提出了全方位的信息技术教育计划,重点在于教学资源和环境的建设。其他国家如俄罗斯和瑞典也不甘落后,分别提出了专门针对教育工作者的网络技术应用能力培训计划和大规模的"学校信息技术"项目。此外,还有诸如澳大利亚的教育网工程、英国的 ICT 教师培训技术等多个国际大型项目,都在各自的时代背景下对网络化、信息化教学模式进行了深入的研究和应用。

尽管我国混合教学相对西方国家起步晚,但近年来发展势头非常迅猛,并已广泛应用于各类高等教育机构。2009 年之前,国内关于混合教学的学术论文相对较少,表明当时这一领域还处于初级探索阶段。然而,在政府和相关部门的大力支持下,混合教学进入了快速发展期。《2018—

2022年全国干部教育培训规划》中明确指出，要积极探索适应信息化发展的网络培训方式，并推动线上与线下相结合的培训模式。2020年的"全民网课潮"不仅考验了教育管理部门的应急响应能力，也对高校和一线教师的教学能力提出了新的要求，并影响了学生的学习态度和能力。

近二十年间，国内高校逐渐开始构建线上课程并推行混合教学，特别是从2003年的"精品课程建设"到2013年慕课的兴起、2014年翻转课堂的普及，混合教学已经取得了显著的成效。学界目前的研究主要集中在教学模式的应用、课程资源的设计与开发，以及教学效果的评估等方面。

在具体实践中，混合教学通常基于特定的在线平台进行设计和实施，如Moodle、Sakai、SPOC和微信等。一些研究者也对这方面进行了具体的实验和分析，如赵红书教授针对超星泛雅平台的混合教学实践进行了总结，杨浩和付艳芳基于微课探讨了混合教学的实际效果，杨芳等人也在基于慕课的环境中进行了相关实践和研究。

总体而言，我国混合教学已经从探索阶段逐步走向成熟，不仅得到了政府和教育部门的高度重视，也在学术界和实践中取得了一系列显著成果。随着信息技术的不断发展和社会需求的多样化，混合教学无疑将继续在我国教育领域中发挥重要作用。

（二）混合教学概况

在当前我国教育领域，混合教学已经成为提高教学质量和效率的重要手段，特别是在高等教育领域，这种教学模式正逐渐成为主流。

随着国家对于教育质量的日益重视，以及信息技术在教育中应用的不断深入，混合教学在我国的发展现状显示出明显的积极趋势，体现在以下几个方面。

1. 一流课程建设与政策推动

近年来教育部大力推进一流课程（"金课"）建设，鼓励高校围绕"双一流"（一流大学和一流学科）建设，加强在线与面对面混合教学的课程建设。这一政策旨在提高高等教育的教育质量，推动高等教育的教学改

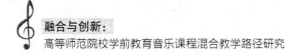
革与创新。混合教学作为实现这一目标的有效途径之一，得到了政府和教育机构的高度重视与大力支持。

2. 高校的积极响应与实践

在政策的推动下，我国高校开始积极探索混合教学的模式与实践，许多高校纷纷开发和实施混合式课程，试图通过融合线上线下的教学资源和方法，创新教育教学模式。教师们对于混合教学的实施表现出了极高的热情，他们积极探索如何更有效地整合线上线下资源，以提高自身的教学质量和学生的学习体验。

3. 教师与学生的接受度

混合教学模式因其灵活性和便捷性，受到了广大师生的欢迎。学生可以根据自己的学习习惯和时间安排选择学习方式，而教师则可以通过在线工具及时跟踪学生的学习进度，对其进行个性化指导。这种教学模式有效提高了学生的学习动力和效率，也提高了教学的互动性和针对性。

尽管混合教学在我国高等教育领域取得了积极进展，但仍面临一系列挑战，如技术支持的不足、教师数字化教学能力有待提升、教学内容与方法需要创新等。未来，高校需要进一步探索混合教学的有效模式，加强教师培训，优化技术平台，以实现混合教学的真正融合与创新。综上所述，混合教学在我国高等教育领域正迎来广泛的应用和快速的发展。随着技术的进步和教育观念的更新，混合教学有望为我国的教育改革和发展贡献更大的力量，帮助高校培养出更多具有实践能力和创新精神的新型人才。

第二节　混合教学改革背景下高师学前教育专业音乐课程教学的挑战与应对策略

随着信息技术的快速发展和社会需求的不断变化，传统的教学模式已经无法适应时代的发展需求。混合教学模式作为一种创新的教学方式，可以更好地满足当代学生的学习需求，促进高师学前教育音乐课程与时代发展紧密结合，为学生的成长和发展提供更好的支撑。混合教学不仅可以解决传统教学模式中存在的教学难题，还可以帮助教师提升教学效果，并为教育教学带来更多的发展机遇。通过充分发挥混合教学的潜力，教师可以更好地满足学生的学习需求，促进教育教学的改革和提升。

高师学前教育音乐课程面临学生学习动力不足、多元化教学内容与能力培养存在矛盾、教学手段与人才培养需求不匹配、实践教学环节不足以及评价体系不完善等问题。为了应对这些挑战，教师需要不断更新教学内容和教学手段，加强实践教学环节，建立完善的评价体系。混合教学的融入可以有针对性地对高师学前教育音乐课程教学所面临的挑战进行优化、调整，为提高教学质量和人才培养水平提出新的应对策略。

一、学生存在的问题与解决策略

（一）存在的问题

由于音乐课程的专业性和复杂性，学生可能存在学习动力不足的情况，缺乏对音乐课程的热情和积极性，导致学习效果不佳。学生学习动力不足主要表现在学习兴趣不高、学习积极性不足、学习目标不明确等方面。

1. 学习兴趣不高

部分学生可能对音乐课程缺乏兴趣，觉得学习内容枯燥乏味，缺乏吸引力，因此学习动力不足。这可能是教学内容设计不合理、教学方法单一等原因导致的。

2. 学习积极性不足

部分学生可能缺乏学习的积极性和主动性，对学习缺乏投入和热情，可能表现为课堂上态度消极、课后作业完成不及时等，导致学习效果不佳。

3. 学习目标不明确

部分学生可能缺乏对学习的明确目标和动机，不知道学习音乐课程对自己的未来发展有何意义，因此缺乏学习动力。这可能与学生对自己

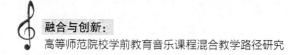

的未来职业规划不清晰、对音乐教育的认识不足等因素有关。

（二）解决策略

混合教学模式为学生提供了更加个性化的学习体验。通过利用在线学习平台和多样化的学习资源，学生可以根据自己的学习进度和兴趣选择学习内容，自主安排学习时间，从而增强学习主动性。混合教学注重任务驱动的教学方法，通过设立具体的学习任务来激发学生的学习兴趣和积极性。学生在完成任务的过程中，能够体验到学习的成就感，从而增强学习动力。混合教学模式为学生提供了更多具有实践性的学习机会。学生可以通过在线学习平台进行虚拟实验、模拟操作等实践活动，这种实践性学习可以激发学生的好奇心和探索欲望，增强他们的学习动力。混合教学模式强调学生的自主学习和自主选择。学生可以根据自己的学习需求和兴趣选择在线学习资源，自主学习和探索知识，从而增强学习动力。在混合教学模式中，教师可以通过在线平台实时监督学生的学习进度和表现，并为他们提供及时的个性化指导和反馈。这种个性化指导和反馈可以帮助学生更好地理解与掌握知识，增强他们的学习动力。

混合教学改革通过为学生提供个性化学习体验、任务驱动学习、实践性学习机会、自主学习和选择以及实时反馈和个性化指导等方式，有助于解决学生学习动力不足的问题，激发学生的学习兴趣和积极性，提高其学习效率和自主学习能力。

二、多元化教学存在的问题与解决策略

（一）存在问题

随着人才培养目标的更新，高师学前教育专业要求学生具备更广泛的知识和能力，包括音乐素养、教育心理学、幼儿教育理论等方面。然而，音乐课程的教学内容较为专业，可能与其他学科的教学内容存在脱节，需要更多地整合与协调。在混合教学改革中，矛盾主要表现在评价体系与教学内容不匹配、能力培养与考核体系脱节等方面。

1. 评价体系与教学内容不匹配

传统的评价体系主要以考试分数为主要依据，难以全面评价学生在多元化教学内容下的学习成果。而混合教学改革下的多元化教学内容涵盖丰富的学科知识、实践技能和综合能力培养，需要相应的多元化评价体系来全面评价学生的学习成果。但目前评价体系与教学内容之间仍存在不匹配的问题。

2. 能力培养与考核体系脱节

多元化教学内容注重培养学生的综合能力和实践技能，但传统的考核体系主要以课堂笔试和论文报告为主，难以全面评价学生的综合能力和实践技能。因此，学生可能出现"应试教育"倾向——只注重应试技巧，忽视对实际能力的培养，导致能力培养与考核体系脱节。

（二）解决策略

为解决评价体系与教学内容的问题，混合教学改革可以采取以下措施。

1. 建立多元化评价体系

建立包括课堂表现、项目作品、实践能力、团队合作等在内的多元化评价体系，全面评价学生的学习成果和综合能力，使评价体系与教学内容相匹配。

2. 注重实践性考核

引入实践性考核，包括项目展示、实验报告、实践操作等。这样能够使教师更好地评价学生的实际操作能力和应用能力，避免"应试教育"倾向，促进能力培养与考核体系紧密结合。

3. 借助技术手段支持评价

利用现代信息技术，开发在线评价平台、教学评估工具等，便于教师对学生的学习情况进行全面评估，提高评价的客观性和准确性。

4. 加强教师评价能力培训

加强教师评价能力培训，提高他们对多元化评价方法的理解和应用能力，使教师能够更好地设计和实施多元化评价，促进教学内容与评价体系有效衔接。

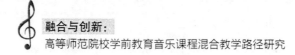

综上所述，建立多元化评价体系、注重实践性考核、借助技术手段支持评价以及加强教师评价能力培训等措施，可以解决多元化教学内容与能力培养的矛盾，推动混合教学改革取得更好的效果。

三、教学手段与人才培养需求不匹配的问题与解决策略

（一）存在问题

传统的音乐课程教学主要侧重于课堂教学和实践操作，但现代教育要求学生具备更多的信息技术能力、创新思维和跨学科能力。因此，教师需要更新教学手段，引入更多的现代科技手段和教学方法，以满足人才培养的需要。

在混合教学改革中，教学手段与人才培养需求的不匹配主要表现在以下几个方面。

1. 传统教学手段无法满足现代人才培养需求

传统教学手段主要以课堂讲授和书面材料为主，难以满足现代人才培养的需求。现代社会对人才的要求不仅需要其掌握专业知识，还需要其具备创新思维、团队合作、跨学科能力等。传统教学手段往往无法有效培养这些能力。

2. 信息技术与教学脱节

随着信息技术的快速发展，人才培养需要学生具备良好的信息技术能力。然而，传统教学手段往往与信息技术脱节，无法有效整合信息技术资源，不能满足学生的学习需求。

3. 缺乏实践性教学环节

现代人才培养要求学生具备实践能力和应用能力，但传统教学手段往往缺乏实践性教学环节。学生缺乏实践经验，就无法将理论知识应用到实际工作中，这就会导致人才培养与就业需求脱节。

4. 个性化学习需求无法满足

现代人才培养要求注重学生个性化学习和自主学习，但传统教学手段往往以集中授课为主，无法满足学生个性化的学习需求。

（二）解决策略

为了解决教学手段与人才培养需求不匹配的问题，混合教学改革可以采取以下措施。

1. 引入现代信息技术支持教学

利用现代信息技术，开发在线学习平台、教学应用软件等，为学生提供多样化的教学资源和学习工具，满足学生的个性化学习需求，促进信息技术与教学有机结合。

2. 增加实践性教学环节

加强实践性教学环节的设置，包括实验、实习、项目设计等，让学生在实际操作中学习和应用知识，培养他们的实践能力和创新能力。

3. 提供个性化学习支持

建立个性化学习平台，根据学生的学习特点和需求，为学生提供个性化的学习资源和学习方案，引导学生自主学习和探索。

4. 加强教师培训与专业发展

加强教师的信息技术培训和教学方法培训，提高他们的教学水平和教学创新能力，使他们更好地适应混合教学的需求。

综上所述，引入现代信息技术、增加实践性教学环节、提供个性化学习支持以及加强教师培训与专业发展，可以解决教学手段与人才培养需求不匹配的问题，推动混合教学改革取得更好的效果。

四、实践教学环节不足的问题与解决策略

（一）存在问题

实践教学是高师学前教育专业的重要组成部分，但在音乐课程中可能存在实践教学环节不足的问题。实践教学能够培养学生的实际操作能力和应用能力，但需要更多的实践机会和教学资源的支持。

实践教学环节的不足在高师学前教育音乐课程中表现为缺乏充分的实践机会和教学资源支持。具体来说，实践教学在音乐课程中扮演着非常重要的角色，可以培养学生的实际操作能力、应用能力和创新能力。

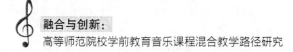
然而，高师学前教育音乐课程在实践教学方面存在以下不足之处。

1. 实践机会有限

由于时间和资源的限制，学生可能无法获得足够的实践机会。例如，音乐课程可能只安排了有限的乐器演奏、合唱排练等实践活动，而无法覆盖更广泛的实践内容。

2. 缺乏教学资源支持

实践教学需要充足的教学资源支持，包括乐器、音乐厅、录音设备等。然而，由于资源有限，学校可能无法提供足够的教学设施和设备，导致实践教学环节的不足。

3. 教学内容单一

实践教学内容过于单一，缺乏多样性和创新性。学生可能只是简单地进行乐器演奏或合唱排练，而缺少更具挑战性和创意性的实践活动。

4. 缺乏与现实应用的联系

实践教学与实际应用之间缺乏联系，学生可能无法将所学知识和技能应用到实际工作中。例如，学生学习了乐器演奏技能，但无法将其运用到幼儿园教学实践中，导致实践教学的效果较差。

（二）解决策略

针对实践教学在音乐课程中存在的不足之处，可以采取以下解决策略。

1. 整合在线资源与线下实践

利用混合教学模式，将线上学习与线下实践有机结合。在线学习平台可以为学生提供虚拟实验室、模拟情境等资源，帮助学生在线上进行实践活动。同时，在线下课堂及课程学习延伸部分注重学生知识迁移、再创造的实践活动，加强对学生实践能力的培养。教师还可以通过混合教学模式，将实践教学内容拓展到线上平台，为学生提供更多的实践机会。利用虚拟乐器演奏、合唱训练软件等在线工具，学生可以在任何时间、任何地点进行实践练习，解决线下实践机会有限的问题。

2.优化教学资源支持

利用现代技术手段，如虚拟现实技术和远程实验室，为学生提供更多的实践教学资源支持。通过利用虚拟音乐厅、在线录音设备等工具，学生可以模拟实际演奏和录音过程，增加实践教学的可行性和效果。

3.多样化实践教学内容

在设计实践教学内容时，教师要注重多样性和创新性。除了传统的乐器演奏和合唱排练外，教师还可以引入创作音乐作品、音乐表演活动、音乐游戏等多样化实践活动，激发学生的学习兴趣和创造力。

4.加强与现实应用的联系

教师要强化实践教学与实际应用之间的联系，使学生能够将所学知识和技能应用到实际工作中。教师还要通过与幼儿园、音乐工作室等实践场景的合作，为学生提供实际教学实习和演出机会，促进实践教学效果的提高。

以上策略的实施，可以有效解决实践教学环节不足的问题，提高学生的实践能力和知识应用能力，从而更好地满足混合教学改革的需求。

第二章 混合教学的理论基础

第一节 混合教学与技术支持学习理念

随着技术的快速发展和数字化教学资源的丰富，混合教学模式已经成为高等教育中越来越受欢迎的教学策略之一。混合教学模式基于技术支持学习理论框架的实施，为高师学前教育音乐课程带来了革命性的变革。通过个性化学习路径的设计、更强的互动性和参与度、更高的灵活性和可访问性、协作学习的促进以及完善的反馈和评估机制，混合教学模式不仅提高了教师的教学效率和质量，还为未来的教师提供了宝贵的技术集成经验。面对未来的数字化教育挑战，这种教学模式为师范院校的学生打下了坚实的基础，使他们能够在自己的教学实践中有效地利用技术来促进学前儿童的音乐教育。技术支持学习理论的核心思想是通过在学习环境中有效整合技术，来增强教育体验和学习成效。这一理念为混合教学提供了强有力的理论支撑，因为混合教学正是在传统的面对面教学与在线学习活动之间寻找最佳结合点，以充分利用各自的优势。

技术支持学习理论强调，通过整合技术来增强学习体验，提高学习成效，这包括个性化学习路径、增强互动性和参与度、提高灵活性和可访问性、协作学习以及反馈和评估等方面。技术支持学习理论为混合教学提供了坚实的理论基础，帮助教育者理解如何有效地将技术整合到教学实践中，以达到优化学习过程和结果的目的。混合教学是技术支持学习理论在现实教育环境中的具体应用之一，体现了将理论转化为实践的过程。

混合教学作为技术支持学习理念的具体应用，不仅关注技术的使用，更重要的是关注如何将这些技术融入教育设计，以促进学习者中心的教学，支持知识的构建，以及提高学习的灵活性和可访问性。这种教学模式利用技术，如在线资源、互动工具和协作平台，促进学习者之间的交流和合作，同时强调数据驱动的教学决策，以优化学习路径和提高学习效果。在混合教学中，技术不仅是一种传递知识的工具，更是一种策略和方法，用于激发学习者的主动参与，促进学习者深度学习，以及支持个性化和自适应学习。技术的这些用途直接体现了技术支持学习理论的核心目标，即通过技术的力量来增强学习者的学习体验和提高学习者的学习效果。

技术在混合教学中的角色超越了传统教育工具的范畴，成为激发学习者主动参与、促进深度学习和支持个性化学习的关键。通过这种方式，技术支持学习理论与混合教学相互强化，共同促进了教育实践的创新和发展，旨在满足人民日益增长的终身学习需求，以及适应快速变化的社会和技术环境。

在这一过程中，混合教学模式体现了从理论到实践的转化，展示了如何将技术支持学习理论应用于实际教育场景，以帮助学习者实现更高效、更个性化的学习体验。通过结合传统和现代教育方法，混合教学不仅提高了教育的质量和可达性，也为学习者提供了灵活性，支持他们在学术、职业和个人发展的各个阶段进行学习。

技术支持学习理论与混合教学都致力于利用技术改善学习体验和成果。尽管它们关注的焦点和实施方式有所不同，但混合教学可以视为技术支持学习理论在实践中的一个具体应用形式，具体有如下表现。

第一，学习者中心的教学设计。技术支持学习强调个性化学习路径和学习者主导的学习过程，这与混合教学中利用在线资源为学习者提供个性化学习体验的目标一致。通过将学习者放在中心位置，两者都能够提高学习者学习的相关性和效率。

第二，构建知识。混合教学模式利用技术支持的互动工具和资源促进学习者之间的协作与知识构建，这与社会建构主义理论相契合，后者也是技术支持学习理论的重要基础之一。

第三，灵活性和可访问性。技术支持学习理论提倡通过技术使学习

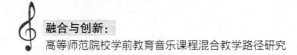

者的学习活动更加灵活和可访问，这一点在混合教学中得到了体现。学习者可以根据自己的时间表通过在线组件参与学习，同时能享受面对面交互的好处。

第四，终身学习。技术支持学习理论认识到技术的力量在于支持学习者终身学习的需求，混合教学模式也致力于培养学习者的自主学习能力，为学习者的终身学习奠定基础。

总之，技术支持学习理论为混合教学提供了坚实的理论基础，使其成为现代教育改革的重要组成部分，不断推动教育向着更加开放、互动和个性化的方向发展。

第二节　混合教学的教育理论框架

混合教学的理论基础还涵盖了多种教育理论，如杜威的"做中学"教育理论、建构主义教育理论、项目式教育理论、情境教育理论、多元智能理论、教育传播理论。这些理论相互交织，为混合教学提供了丰富的理论支持和指导，促进学生的主动学习和全面发展，如表2-1所示。

表2-1　混合教学的教育理论要点

教育理论	理论要点
杜威的"做中学"教育理论	学习与实践相结合，通过积极参与实践活动促进学习；在混合教学中，通过在线学习平台完成任务或项目，并结合实际生活情境进行学习，提高学习效果和实践能力
建构主义教育理论	学习是积极主动的过程，学生通过自己的经验和思考构建知识；在混合教学中，通过合作、讨论、问题解决等方式共同构建知识，加深对所学内容的理解；混合教学模式能够为学生提供自主学习的机会，并鼓励学生进行探究式学习，符合建构主义学习理论的理念
项目式教育理论	学生通过参与真实世界项目学习知识和技能；利用在线资源和技术手段设计跨学科项目，在合作、探究和解决问题中实现深度学习

教育理论	理论要点
情境教育理论	学习应在真实情境中进行，学生通过与真实世界相连的学习环境构建知识；利用虚拟实验室、模拟情境等技术手段在真实或虚拟情境中学习和实践，增强学习的真实性和实用性
多元智能理论	多元智能理论认为，每个人都拥有不同的智能优势。混合教学模式能够为学生提供多样化的学习内容和学习方式，能够满足学生不同的学习需求，有利于学生发挥自己的智能优势
教育传播理论	强调教学信息的传递和接收过程，有效的教学传播对学习至关重要；利用多种媒体和技术手段将教学内容生动地呈现给学生，激发其学习兴趣和动力

一、杜威的"做中学"教育理论

杜威的"做中学"教育理论强调通过实际的经验和活动来促进学习，使学生将知识与生活实践相结合。该教育理论强调了实践活动在学习中的核心地位，联系了生活实践，并提倡通过这种方式培养学生的兴趣和能力。

（一）杜威的"做中学"教育理论简介

"做中学"教育理论，是20世纪早期美国教育哲学家约翰·杜威（John Dewey）提出的一种教育理念，强调学习应该是与实践相结合的过程。该理论主张学生通过积极参与实践活动来促进学习，将学习与生活、工作、社会实践等联系起来，使学习更加具有意义和价值。杜威的"做中学"教育理论强调了实践活动在学习中的核心地位，认为学习不仅仅是 passively receiving knowledge（被动地接受知识），更重要的是 actively engaging in activities（积极地参与活动）。通过参与实际的活动，学生可以获得深层次的理解和能力提升。学校中的知识与生活紧密相连，使学生能够将所学知识应用到实际生活中去。学生通过参与各种有意义和有趣的实践活动学习，能够使知识获得更加贴近生活的体验。活动学习可以激发学生的兴趣，增强他们的学习动力，并培养他们的创造性、解决问题的能力和合作精神。这种教育理论的核心思想在现代教育中仍

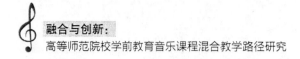

然具有重要意义，对于教学设计和教学实践具有启示作用。

由此可见，实践性学习是杜威教育理论的核心观点之一，学习应该基于实践，强调学生要通过实际经验和活动来加深对知识的理解与掌握。在教育实践中，教师应该重视学生的实际生活和经验，将学习与实践相结合，使学生能够在实践中学习、在实践中成长。学生的主动参与也很重要，因为学习应该是学生积极探索、发现和建构知识的过程，而不是被动接受教师传授的知识。个性化学习强调教师要尊重和关注每个学生的个性差异，通过个性化的学习方式满足学生的学习需求。学习的社会性也是实践性学习的重要方面，因为学习不仅是个体行为，还是社会活动，应该注重培养学生的社会交往能力和合作精神。此外，教学内容与实践结合更是不可或缺，教师应设计能够引导学生参与实践活动的教学任务，使学习更加具有现实意义和价值。

（二）杜威的"做中学"教育理论与混合教学

杜威的"做中学"教育理论强调学习的实践性、个性化、社会性和意义性，提倡学生通过积极参与实践活动来探索和建构知识，从而实现全面发展。这种理论对于现代教育实践仍然具有重要的启示意义，促进了以学生为中心的教育模式的发展和实施。混合教学借鉴了杜威"做中学"的理念，注重设计以学生为中心的、问题导向的学习任务。在学习任务中引入实践活动，可以使学生更好地参与其中，从而更深入地理解和掌握知识。

因此，杜威的"做中学"教育理论为高师学前教育音乐课程教学提供了重要的理论支持，尤其在线上线下混合教学的实践中具有重要意义。这一理论强调学习应该是基于实践的过程，强调学生要通过积极参与实践活动来促进学习，这与混合教学的倡导相一致。混合教学模式通过将在线学习平台和面对面教学相结合，为学生提供了更多的学习机会和参与活动的可能性，促进了学生的主动学习。

在高师学前教育音乐课程中，这一理论框架为教学提供了宝贵的指导。

首先，杜威的理论强调了学习与实践的紧密关系。在音乐教育中，学生通过实际参与音乐创作、表演、欣赏等活动，深入理解音乐知识与技能。在线上线下混合教学中，学生可以通过在线学习平台获得音乐资料、参与线上讨论、完成作业任务，并结合实际生活中的音乐实践情境进行学习。例如，可以通过在线平台学习乐理知识，并在实际演奏中应用，从而加快对音乐理论的理解和实践能力的提高。

其次，杜威主张学生的主动参与和自主学习。在音乐教育中，学生的主动参与尤为重要，他们需要通过亲身体验、实践探索来培养音乐创造力和表现能力。在混合教学中，学生可以自主选择学习资源和学习路径，参与在线讨论、合作项目等活动，发挥自主性和创造性，实现个性化学习和自主发展。

最后，杜威的"做中学"教育理论强调了学习的社会性和交互性。在音乐教育中，学生与同伴、教师以及音乐专家之间的互动与合作对于学习的促进至关重要。在线学习平台为学生提供了与他人交流和合作的机会，如共同参与音乐项目、分享音乐作品、进行集体练习，促进了学生之间的互动和合作，丰富了音乐学习的社会性和交互性。

总之，杜威的"做中学"教育理论为高师学前教育音乐课程的线上线下混合教学提供了理论基础，强调了学习与实践的结合、学生的主动参与和自主学习，以及学习的社会性和交互性。通过充分利用现代技术手段和在线学习平台，混合教学可以更好地满足学生的音乐学习需求，促进其音乐素养的养成和综合发展。

二、建构主义教育理论

建构主义教育理论是一种哲学和社会科学的理论框架，强调人们是如何通过社交互动和文化环境构建与解释现实的。该理论反对知识和现实是绝对或自然存在的观点，认为它们是通过社会、文化和历史过程不断构建与重塑的。

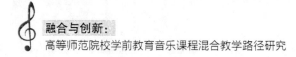

（一）建构主义教育理论简介

让·皮亚杰（Jean Piaget）的建构主义理论是教育心理学的一个里程碑，这一理论的提出极大地改变了人们对学习和认知发展的看法。"建构主义理论是在儿童认知研究基础之上发展而来的，是认知学习理论的一个重要分支，实质上是关于人怎样学习的理论。"[1]

皮亚杰的观点影响了许多不同的领域，包括心理学、教育学，甚至社会学和哲学。他的思想对今天的教学方法和教育制度产生了深远的影响，特别是在强调学生与环境相互作用的过程中。

皮亚杰的理论中有两个核心概念："同化"与"顺应"。同化是指个体在接触新信息或新经验时，将这些新元素纳入其现有的认知结构中；而顺应发生在当个体遇到与其现有认知结构不符的新信息或新经验时，其认知结构会进行相应的调整以适应新的情况。这两个过程是动态、互相作用的，它们共同推动个体与环境达到一种平衡状态。

在教育环境中，这种观点对教师和学生角色的定义有着重要的启示。传统的教学模式往往强调教师是知识的"灌输者"，而学生则是被动的接受者。然而，建构主义告诉人们，学生应该是自己学习经验的积极建构者，他们通过与环境（包括教师、同学、教材等）的互动，不断地调整和优化自己的认知结构。这一点对教师也提出了新的要求：教师不再是单纯的知识传递者，而是需要成为学生认知发展的引导者和促进者。

这种以学生为中心的教学方法要求教师具备更多的教学技巧和更深的心理学知识。例如，教师需要识别学生当前的认知结构，然后为其提供适当难度的任务或问题，以触发他们的"顺应"过程。此外，教师还需要在整个教学过程中给予学生足够的自由和空间，让他们能够自主地进行"同化"和"顺应"。

教师也需要学会如何利用不同的教学资源和环境来促进学生的认知发展，这包括但不限于多媒体教学工具、团队合作任务，以及各种实验和实践活动。通过这些多元化的教学方法，教师不仅可以帮助学生获得

---

① 林岳新.新媒体时代青少年国家认同[M].北京：光明日报出版社,2022:11.

丰富的知识和技能，还可以培养他们的创造性思维和问题解决能力。

让·皮亚杰的建构主义理论为人们提供了一个全新的视角，帮助人们更深入地理解学习和认知发展的复杂机制。这一理论强调了教师在促进学生认知发展中的重要作用，同时也提醒人们，每一个学生都是他们自己学习经历的主人。只有当教育工作者充分认识到这一点，并相应地调整他们的教学方法时，才能真正实现教育的最终目标——帮助每一个学生实现其最大的潜能。"建构主义学习理论的另一位奠基者是苏联著名心理学家维果斯基。他强调了个体心理发展的社会文化背景，研究和揭示了社会化活动在个体心理发展中的关键作用，他的研究反驳了之前学者无视动物和人差异的纯生物学观点和自然主义倾向。"① 与皮亚杰不同，维果斯基（Vygotsky）强调社会文化因素在个体心理发展中的角色。他的研究质疑了先前以生物学为基础、忽视人与动物差异的观点，突出了社会互动和文化环境在心理发展中的重要性。这为理解个体在社会文化背景下的认知发展提供了新的视角。

（二）建构主义教育理论与混合教学

建构主义教育理论为混合教学提供了一个强有力的理论支撑，因为它强调学习不仅是一个认知的过程，还是一个社会文化的过程。在这个过程中，学生通过与环境、他人和自我之间的互动来建构知识。这种观点很好地与混合教学的核心理念相匹配，即通过集成不同类型的教学模式——面对面的课堂互动和在线教学——来实现更有效、更具个性化的学习体验。

在传统的课堂教学模式中，教师通常是知识的"传递者"，而学生则是被动的"接受者"。但在建构主义和混合教学的框架下，这种单向的知识传递被打破了。建构主义理论强调学习者通过探究和发现来建构知识，这说明学生有更多的机会通过实际操作、与同学或教师讨论以及对在线资源的探索，主动参与知识的建构过程。例如，在混合教学中的

---

① 周鑫燚，王慧. 大学智慧课堂 [M]. 成都：四川教育出版社，2021:70.

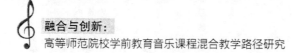
在线环节，学生可以通过讨论板、在线测验或是互动式教程消化新知识，以及和其他学生或教师进行即时的交流和讨论。这样的设置让学生有机会在多样化的社会环境和教学情境中实践与运用新知识，这完全符合建构主义强调的社会性和情境性。同时，混合教学也非常注重个性化教育。教师可以通过在线平台上的数据分析来了解每个学生的学习进度和喜好，然后据此调整教学策略，以更好地满足不同学生的需求。这种教学模式不仅提高了教学的灵活性，也让每个学生都能在适合自己的方式和节奏下进行学习，这也是建构主义所强调的个体在知识建构过程中的主观性和独特性。在混合教学中，学生可以利用在线学习平台和多媒体资源，自主探索学习内容，通过参与实践活动和解决问题来发现新知识。例如，学生可以通过网络资源了解不同文化的音乐表达形式，从而拓宽自己的知识领域和视野。

更进一步来说，混合教学也非常适应现代社会对教育的多样化和终身化需求。在快速变化的信息社会，人们不仅需要具备专业知识和技能，还需要具备批判性思考、解决问题和自我学习的能力。混合教学通过为学生提供多元和灵活的教学环境，使学生能够在实践中不断地建构和重构自己的知识体系与能力，从而更好地适应社会的需求。

综合以上各点，建构主义理论为混合教学提供了丰富的理论资源和实用的教学策略。它强调了学习的主动性、社会性和情境性，与混合教学的教学理念高度一致。通过这样的教学模式，教师不仅能提高教学的效率和质量，还能更好地培养学生的综合素质，使他们拥有适应现代社会的多种能力。

三、项目式教育理论

项目式教学法（Project-Based Learning, PBL）是混合教学的理论基础之一，它在现代教育体系中占有重要地位，尤其是在提高学生主动学习能力、促进知识综合应用方面表现突出。

（一）项目式教学法简介

项目式教学法最早由美国教育家威廉·赫德·克伯屈（William Heard Kilpatrick）在 20 世纪初提出。1918 年，他在著作《项目（设计）教学法：在教育过程中有目的的活动的应用》中首次系统地介绍了这种教学方法。克伯屈认为，项目式教学可以帮助学生更好地理解和应用知识，促进学生的综合发展，并提高他们的学习兴趣和动机。他强调教师要通过实践活动中的探索、研究和合作，让学生主动构建知识体系，解决实际问题。这种教学方式认为，学习不仅是知识的获取，更重要的是能力的培养、态度的形成和个性的发展。项目式教学法要求教师设计以学生为中心的、问题导向的学习项目，要使学生在完成项目的过程中，能够综合运用跨学科知识，发展批判性思维、创造性思维、沟通协作能力和自主学习能力。

这一教学方法后来被广泛应用于教育实践，并在不断地实践中得到了完善和发展。

（二）项目式教学法与混合教学

项目式教学法与混合教学的结合，能够更好地适应数字化时代的教育需求，使教育内容和教育方式更加多元化、个性化和灵活。混合教学模式结合了传统面对面教学的互动优势和在线教学的资源丰富性、灵活性，为项目式教学提供了更广阔的实施平台。

在高师学前教育音乐课程教学中，项目式教学法与混合教学的结合为学生提供了一个富有创新性和互动性的学习环境。通过资源的多元化利用，这种教学模式扩展了学习的时空界限，使学生能够利用在线教学平台进行广泛的资料搜索、深入的数据分析和有效的线上讨论等活动。面对面的教学环节不仅增加了师生间的直接交流，也促进了学生之间的合作学习，这对于培养学生在项目式教学中必需的团队合作和沟通能力至关重要。在高师学前教育音乐课程中，学生不仅需要通过课堂面授学习音乐理论和技能，还需要通过实际的音乐项目来应用所学知识。例如，学生可以参与音乐活动设计与组织、音乐表演、音乐戏剧表演等项目，

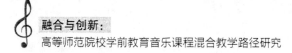
通过实践来巩固和拓展自己的音乐能力。在进行音乐创作或项目表演时，学生需要团结协作，讨论创意，进行排练，这种过程大大提升了学生的参与度和合作精神。

混合教学模式中的在线学习部分，以其灵活性和可访问性，为学生提供了个性化的学习路径和节奏。这种个性化学习方式能够满足学生在项目学习过程中的不同需求，特别是在选择学习材料、深入研究特定主题或者进行创作实践时，学生可以根据自己的兴趣和进度自主学习，从而实现自我驱动的学习体验。在线下学习中，项目式教学法强调学习与实践的结合。在高师学前教育音乐课程中，学生通过参与音乐项目，将所学理论知识与实际操作相结合，加强对音乐教育的理解和应用能力。例如，学生可以通过设计音乐教学案例、参与音乐活动策划等，将课堂所学知识转化为实际的教学实践，提升自己的教学能力。

同时，项目式教学法鼓励学生之间的合作与团队工作。在高师学前教育音乐课程中，学生常常需要与同伴合作完成音乐项目，共同设计音乐活动方案、即兴创编音乐活动、组织音乐活动等。通过与他人的合作，学生不仅可以分享知识和经验，还可以互相激发创造力和灵感，提高团队协作能力。

项目式教学法也比较重视学生的反思与评估。在高师学前教育音乐课程中，学生完成音乐项目后，需要对自己的学习过程进行反思和总结，分析项目中的收获和不足之处，并从中吸取经验和教训。同时，教师也可以对学生的表现进行评估和反馈，通过在线平台或线下课堂及时地为学生提供反馈和建议，帮助他们发现问题并加以改进。学生也能根据收到的反馈及时调整学习策略和项目进展。这种及时性不仅加快了学习的调整和优化过程，也提高了项目式教学的整体效果和效率。

总之，项目式教学法作为混合教学的理论基础，为高师学前教育音乐课程提供了一种全面而有效的教学模式。项目式教学通过其多元化的资源利用、学习与实践的结合、个性化的学习过程以及即时的反馈和评价，使学生可以在音乐教育中获得更为丰富和深入的学习体验，提升自身的专业素养和教育能力。项目式教学为混合教学提供了坚实的理论和实践基础，从而促进了学生全面而深入的学习与发展。

四、情境教育理论

在高师学前教育音乐课程的混合教学模式中，情境教育理论不仅为教学提供了强有力的理论基础，而且极大地增强了教学的实践性和互动性。这种教学模式通过资源的多元化利用、增强的教学互动、个性化的学习过程以及反馈与评价的即时性，为学生创造了一个富有创新性和参与感的学习环境。特别是情境教育理论的进一步应用，如生成式情境表演和模拟组织幼儿园音乐活动，更是将理论知识与实践能力的转化作为教学的核心。

（一）情境教育理论简介

情境教育理论，又称情境主义教学理论或者"情境学习理论"，是20世纪70年代后期由美国心理学家戴维·乔纳森（David Jonassen）等人提出的一种教育理论。情境教育理论强调在创设的情境中学习能够更有效地促进学生知识的构建和技能的发展。该理论在混合教学中的应用，不限于传统的物理教室，而是扩展到虚拟空间，利用在线资源和多媒体工具为学生提供了一个不受时间和空间限制的学习平台。这使教师能够创设各种音乐学习情境，如在线音乐会、虚拟音乐工作室等，促进学生在多元化情境中的探索和学习。

（二）情境教育理论与混合教学

在高师学前教育音乐课程的混合教学中，情境教育理论作为重要的理论基础发挥着关键作用。情境教育理论强调学习应该在具有真实或模拟情境的环境中进行，学习者通过参与情境化的活动来构建知识，这与混合教学的目标和方法密切相关。

情境化教学的实践应用，通过在线讨论区和协作平台增强了师生及学生间的互动，通过个性化学习路径满足了学生多样化的学习需求。同时，在线平台的及时反馈机制也为教学质量的提高提供了有力支撑。更

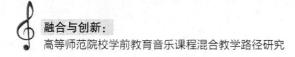

重要的是，情境化教学还包括将理论知识转化为实用的学前教育情境模拟学习形式。生成式情境表演和模拟组织幼儿园音乐活动不仅加深了学生对音乐教育理论的理解，还锻炼了他们的创新能力、艺术表达能力及组织管理能力，使他们能够有效地将理论学习与实践操作相结合。

在情境教学的实施过程中，高师学前教育专业的学生需要学习如何有效地运用各种教学资源和技术，如音乐播放器、乐器、电子媒体等，来丰富教学情境和活动。他们还需要掌握如何引导幼儿参与活动，如何鼓励幼儿表达想法和感受，以及如何通过观察和交流来评估幼儿的学习进展和情感反应。

情境教学理论注重学习的真实性和实用性，强调学习者在真实的情境中学习更易理解和应用知识。在混合教学中，通过在线学习平台提供的多样化资源和实践活动，学生可以模拟真实的音乐教育场景，如设计音乐课程、组织音乐活动，从而增强学习的真实感和实用性。情境教育理论强调学习的交互性和合作性，认为学习者在情境化的学习环境中可以与他人进行交流和合作。在混合教学中，学生可以通过在线学习平台与同学、教师以及其他专业人士进行互动和合作，共同探索音乐教育问题、分享经验和解决困难，促进学习的互动和合作。此外，情境教育理论强调学习的问题解决和应用能力，认为学习者需要通过解决实际问题和应用所学知识来建构知识。在混合教学中，学生通过在线学习平台提供的问题解决任务和实践活动，如设计音乐教学案例、分析音乐教育情境等，培养自己的问题解决和应用能力，使自己能够更好地适应未来的音乐教育工作。

通过这种深入的情境模拟，学生在模拟的真实教育情境中以主体的身份参与，实现了从理论到实践的有效转化。这种教学策略不仅增强了学生的学习动力和参与感，还极大提升了教学的有效性和实用性，为学生将来成为优秀的学前音乐教育工作者奠定了坚实的基础。由此可见，情境教育理论为高师学前教育音乐课程的混合教学提供了重要的理论基础。通过强调学习的真实性、交互性和问题解决能力，情境教育理论与混合教学的目标和方法相契合，为学生提供了丰富、实用和互动的学习体验，促进了他们的学习和发展。

情境教育理论在混合教学模式中的应用展现了高师学前教育音乐课程教学的前瞻性和创新性，对于培养具备高度专业能力和实践技能的学前教育教师团队具有重要意义。

五、多元智能理论

多元智能理论在教育、职业规划和人力资源管理等多个领域有广泛的应用和影响。

（一）多元智能理论简介

多元智能理论自 1983 年由美国心理学家霍华德·加德纳（Howard Gardner）提出以来，在教育、职业规划和人力资源管理等方面产生了广泛而深远的影响。这一理论强调人的智能不仅仅局限于逻辑推理和数学，更是一个多维度、多层次的构造。它涵盖语言、逻辑数学、音乐、视觉空间、人际关系等多个领域，且这些智能是相互交织、相互影响的。

在教育实践中，多元智能理论为教师和教育者提供了更加个性化与多样化的教学手段。传统的教育体系可能过于侧重语言和数学能力的培养，而忽略了学生在其他方面的独特才华和需求。但通过多元智能理论，教育者可以更全面地了解学生，根据他们在不同智能领域的特长和需求来设计教学活动。例如，具有较强视觉空间智能的学生可能更适合通过图表和模型来学习，具有人际智能的学生则可能适合通过小组讨论或角色扮演等方式更好地掌握知识。

在职业规划和人力资源管理方面，多元智能理论也提供了新的视角和工具。以往在招聘和人才评估过程中，公司和组织可能主要关注应聘者的学术成绩和专业技能，而现在，越来越多的企业开始意识到，一个人的多种智能可能都是其工作和职业成功的重要因素。因此，在人才招聘和职业规划中，多元智能已经成为一种重要的评估指标。

然而，多元智能理论并非没有争议。一些批评者指出，这一理论缺乏足够的经验证据，过于强调个体差异，忽视了智能的普遍性和可测量

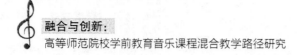

性。这些批评在一定程度上确实揭示了多元智能理论的局限性,但并不能完全否定该理论的价值和影响力。尽管有一些争议和批评,多元智能理论依然作为一种有用的框架和工具,广泛应用于教育和职业发展等多个领域。

多元智能理论不仅拓宽了人们对人类智能的认知,还推动了教育和职业发展的多样性与个性化。这一理论鼓励人们从多个角度和层次来理解与评价个体的能力和潜质,而不只是从传统的、单一的智能指标来衡量。通过更全面地考察和利用个体的多种智能,教育工作者有可能更有效地激发每个学生的潜能,从而促进一个更加公平、包容和多元的社会发展。

(二)多元智能理论与混合教学

多元智能理论的提出改变了人们对于人类智能的理解和分类。这一理论主张,除了传统的语言和逻辑数学智能外,人们还具有如音乐、空间、体育、人际和自我认知等多种智能。在教育领域,多元智能理论提供了一个多维度、灵活性高的框架,使教育者能更全面地理解和教育学生。混合教学,作为一种新兴的教学模式,恰好提供了一个平台,使多元智能理论得以更好应用。混合教学通过结合传统的面对面教学和在线教学,为教师创造出了一个更为灵活和多样的教学环境。这种多样性和灵活性与多元智能理论中强调的个性化教学和多样性教学方法高度一致。例如,具有高度数学逻辑智能的学生,可以通过在线的逻辑游戏和数学挑战来提高能力。同理,具有高度人际智能的学生,可以通过面对面的团队合作和社交互动来促进学习。这种结合不仅局限于课堂内部,还可以扩展到课外活动和项目式学习。一个具有高度音乐智能的学生,可以在课堂之外参与音乐制作或演奏活动,进一步锻炼和展示他的才华。通过这种方式,多元智能理论与混合教学共同为学生提供了一个更全面、更个性化的学习环境,多元智能理论也为提高教育的文化包容性和多样性提供了理论支持。不同的文化和社会环境可能会重视不同类型的智能,而多元智能理论为教育者提供了一个更全面、更多元化的视角,以理解和适应这些差异。这对于现今日益多元化的社会来说，具有特别重要的意义。

当然，多元智能理论并非没有争议。一些批评者认为这一理论缺乏充分的科学依据，并担心这可能导致教育资源的不均等分配。然而，不可否认的是，多元智能理论至少在某种程度上，改变了人们对于教育和学习的理解，使其更为全面和多元。

多元智能理论为人们理解人类智能提供了一种全面而多元化的视角，这为混合教学的实施提供了有力的理论支持。混合教学与多元智能理论相结合，不仅能更好地满足不同类型学习者的需求，也在提高教育效果、促进教育公平性和包容性方面具有潜在优势。尽管存在争议，但这种结合在教育实践中的积极影响是不容忽视的，值得进一步研究和应用。

六、教育传播理论

传播理论探讨信息传播活动的共同规律。从某种意义上来说，教育也是一种信息传播活动，人们用传播理论的观点和方法解释教育现象，由此诞生了教育传播理论。

（一）教育传播理论简介

教育传播理论是一种现代化的教育理论。在探寻该理论的内涵之前，有必要对"传播"进行研究和界定。"传播原指通信、传达、联系之意，后专指信息的交换与交流。传播是自然界和人类社会的普遍现象，从远古的生物进化，到当代形形色色的社会活动，无不涉及信息的传播和利用。广义的传播可理解为大自然中一切信息的传送或交换，包括植物、动物、机器、人所进行的信息传播。狭义的传播主要指人所进行的信息传播，而且又分为人的内在传播（或称自我传播）、人与人的传播。"①

教育传播要素包括教育者、教育信息、受教育者、媒体和通道、传

---

① 刘英爽，鲁硕，程颖，等．"互联网＋"背景下英语教师专业发展研究 [M]．北京：中国商务出版社，2019:82.

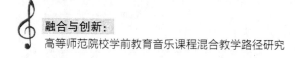

播信息。教育者是教育传播系统中具备教育教学活动能力的要素，是系统中教育信息的组织者、传播者和控制者，如学校中的教师、社团中的指导者、学生家长等。教育信息是教育传播系统的要素之一，是指以物理形式出现的教育信息。教育传播过程是一个信息交流的过程，自始至终充满了教育信息的获取、传递、交换、加工、存储和输出。在教育信息传播过程中，主要的信息是教学目标信息、预测学生信息、教师传送信息、实践教学信息、家庭教育信息、大众传媒信息、人际交往信息、学生接收信息和学生反馈信息等。信息是抽象的，在它被某种符号表达出来后才是具体的。表达教育信息的符号可分为语言符号和非语言符号两大类。受教育者是施教的对象，一般来说就是接收教育信息的学生。在教育传播过程中，作为学生，他首先要接收传播信号，如阅读教科书和参考书、认真听取教师的课堂讲授、视听其他多种教学媒体、视听大众传播媒体、参加教学实践与社会活动等。然后，学生要对所接收的信息进行加工与存储，即将接收到的信号转换为语言符号或非语言符号，再将这些符号和已有的经验进行比较、分析、判断，得到符号的信息本义。但在教育传播系统运行过程中，学生对教育信息的接收并不是机械的、被动的，在大多数情况下，学生是主动地接收教育信息，甚至是有选择地接收与理解教育信息。

教育传播通道是教育信息传递的途径，教育信息只有经过一定的通道，才能完成传递任务，达到教育传播的目的。按传递的信号形式来划分，通道包括图像通道、声音通道和文字通道。所谓教育传播通道，就是教育信息传递的途径，它的组成要素有各种教育媒体、教学环境、人的感觉器官、处理和传播信息的方式。通道也包括由一方传送到另一方所建立的联系方式，如师生间面对面地进行教学就是一种口耳相传的古老的联系方式。目前，除了印刷技术、光学影像技术、通信技术、多媒体网络技术已为教育传播系统广泛采用，成为师生间重要的联系方式。教育传播环境是影响教育传播效果的重要因素，其内容是复杂的和多方面的。社会、经济、科技、文化背景、风俗习惯以及各种自然物、人工物等，都是教育传播环境中不容忽视的因素。其中，影响较大较直接的有校园环境、教室环境、社会信息、人际关系、校风、班风、电、光、声、色、空气、温度等。

教育传播在当代社会尤为关键，它不仅是教育者和受教育者之间的信息交流活动，更是一种社会现象和文化构造。在这个信息化、数字化迅速发展的社会中，教育传播已经远远超出了教室的四面墙。无论是教育者、受教育者，还是教学内容和教学媒体，都受到了技术和社会因素的多重影响。教育者需要明确教学目标和受教育者的需求，然后选择和设计适合的教学内容。但这不是一个单向的过程，教育者需要根据受教育者的反馈和学习效果，不断地调整教学方法和教学内容。在这一过程中，教育者也需要掌握各种教学工具和媒体，从传统的黑板、教科书到现代的多媒体、在线教育平台，甚至包括虚拟现实、增强现实等前沿技术。受教育者也不再是被动接收信息的一方。他们可以通过互联网获取更多的信息和知识，与教育者和同学进行更为广泛与深入的互动，甚至可以自主选择学习路径和节奏。这就要求教育者不仅需要具备专业的教育技能，还需要掌握一定的信息技术和数据分析能力。教学媒体的选择和设计也越来越重要。不同的媒体有不同的传播效果和影响力，这就要求教育者不仅需要了解各种媒体的特点和优缺点，还需要根据教学内容和受教育者的特性，灵活地选择和运用这些媒体。此外，新媒体也提供了更为准确和全面的数据分析工具，有助于教育者更有效地评估自己的教学效果和学生的学习成果。从更宏观的角度来看，现代教育技术并不是孤立发展的，而是在学习理论、教学理论、视听教育理论、系统科学方法论和教育传播理论等多个学科的基础上，逐渐形成和发展的。这种跨学科的研究方式不仅丰富了现代教育技术的内容和形式，也使其更加符合当代社会和文化的需求。

（二）教育传播理论与混合教学

教育传播理论是混合教学发展和应用的重要理论基础。混合教学是一种结合面对面教学和在线教学的教育模式，旨在通过优化教学资源和教学方法来提高学生的学习效果。教育传播理论的主要观点为信息的传

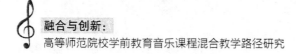
递、处理、互动和反馈，这些都是教学效果的关键因素。正是依据这些观点，混合教学才得以实施和优化。

教育传播理论强调教学信息的有效传递。在混合教学中，教师可以使用多媒体、网络资源和其他技术手段，更为灵活和丰富地传达教学内容，满足学生多样化的学习需求。这种多元化的信息传递方式增强了学生的认知能力和理解能力，也符合教育传播理论对信息传递的基本观点。

教育传播理论关注学生信息处理的深度和广度。在混合教学模式下，学生不仅在课堂上接收信息，还通过在线平台进行自主学习和练习。这种模式能够促使学生在信息处理上投入更多的时间和精力，也使他们更容易从不同角度和层次理解与掌握教学内容。

教育传播理论特别重视教学互动。混合教学通过将面对面的课堂教学和在线互动相结合，形成了一种多元化的互动模式。这种模式不仅是教师与学生之间的互动，还包括学生与学生之间、学生与教学资源之间的多方面互动。这些互动有助于激发学生的学习兴趣，提高他们的学习动力，也有助于教师更准确地了解学生的学习状态，从而进行更有效的教学反馈和调整。

教育传播理论强调反馈机制的重要性。混合教学能够通过在线测试、作业提交、实时评价等多种方式，为教师和学生提供及时、准确的教学反馈。这些反馈不仅能够及时纠正学生的学习偏差，也能够为教师提供有关教学效果的重要信息，以便教师进行教学策略的调整和优化。

教育传播理论为混合教学提供了全面而深入的理论支持，它不仅指导了混合教学信息传递、处理、互动和反馈等多个方面的设计与实施，还为教师和学者提供了一个研究与分析混合教学效果和优化路径的有力工具。随着科技的快速发展和教育需求的多样化，混合教学将继续发展和演变，而教育传播理论也将不断地更新和完善，以适应新的教学环境和需求。

第三节　混合教学模式的学习理论框架

　　学习理论是心理学的一个分支，主要研究学习的本质、过程和规律。学习理论试图解释学习是如何发生的，以及影响学习的因素有哪些。学习理论的目的是帮助人们更好地理解学习过程，并找到提高学习效率的方法。在教学实践中，结合教育理论，总结出混合教学模式的学习理论主要有自主学习理论、合作学习理论、认知主义学习理论和费曼学习法，如表 2-2 所示。

表 2-2　混合教学模式的学习理论要点

学习理论	理论要点
自主学习理论	自主学习理论认为，学生是学习的主人，学生应该对自己的学习负责。混合教学模式能够为学生提供自主学习的机会，并培养学生的自主学习能力； 在高师学前教育专业音乐课程混合教学中，教师可以利用线上平台为学生提供自主学习的机会
合作学习理论	合作学习理论认为，学生通过合作学习能够提高学习效率和学习质量。混合教学模式可以为学生提供更多的合作学习的机会。在高师学前教育专业音乐课程混合教学中，教师可以利用线上线下平台组织学生进行合作学习
认知主义学习理论	注重学习者的思维过程和认知结构，认为学习是建立在已有知识基础上的主动加工过程。在混合教学中，通过引导学生反思和探索，促进其深层次的理解和知识转化
费曼学习法	通过教授他人加深对知识理解的学习方法。学生通过制作教学视频、撰写博客等方式向他人解释所学内容，巩固自己的理解并提高表达能力

　　混合教学模式理论基础的学习理论为混合教学设计提供了重要的理论依据。教师在进行混合教学设计时，要以学生为中心，注重学生的个体差异，为学生提供个性化的学习内容和学习方式，并采用多样化的教

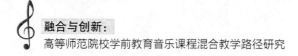
学方法和教学手段，以提高学生的学习兴趣和学习效率。同时，教师要建立科学的教学评价体系，全面评价学生的学习情况。

一、自主学习理论

自主学习理论是混合教学的重要理论基础之一。自主学习是指学习者在学习过程中能够自我管理、自我监控、自我评价和自我调节，并对自己的学习负责。混合教学模式为学生提供了更多的自主学习机会，学生可以根据自己的学习需求和学习风格，选择不同的学习内容、学习方式和学习进度。自主学习是指学习者在学习过程中能够自我管理、自我监控、自我评价和自我调节，并对自己的学习负责。自主学习是一种主动的、积极的学习方式，学习者在自主学习时，能够根据自己的学习需求和学习风格，选择不同的学习内容、学习方式和学习进度。

（一）自主学习理论简介

自主学习理论的起源可以追溯至古希腊时期。近代以来，随着教育民主化和个性化发展趋势的增强，自主学习理论得到了越来越多的关注和研究。

20世纪60年代，美国教育心理学家马斯洛（Maslow）在其著作《动机与人格》中提出了"自我实现"的概念，认为自主学习是自我实现的重要途径。20世纪70年代，美国教育学家诺尔斯（Knowles）在其著作《被忽略的群落：成人学习者》中提出了"成人学习理论"，认为成人学习者具有自主学习的特点。20世纪80年代，美国教育心理学家齐默尔曼（Zimmerman）在其著作《自我调节学习：实现自我效能的超越》中提出了"自我调节学习理论"，认为自主学习的关键在于学习者的自我调节能力。

自主学习理论强调学习者在学习过程中的主动角色，包括设定学习目标、选择学习资源、评估学习进度以及反思学习经验。自主学习理论认为，学习者提高学习的自主性，可以增加学习的效率和深度，培养终身学习的能力。

（二）自主学习理论与混合教学

自主学习理论注重学习者在其学习过程中的主动性和独立性，强调学习的最终目标是培养学习者自我驱动、自我调节的能力，以便他们能够在未来的学习、工作和生活中持续成长与适应。自主学习理论的核心组成部分包括学习者的自主性、自我调节学习策略、自我评估和反思实践，每一部分都对学习者成为独立的终身学习者至关重要。

自主学习理论为混合教学提供了坚实的理论基础，混合教学模式结合线上自学和线下面对面交流的优势，为学习者提供了灵活多样的学习途径。在这种模式下，学习者可以通过在线学习平台自主选择学习内容，按照个人节奏进行学习，同时也能够在面对面的交流中获得即时反馈和指导。混合教学强调学习者的中心地位，促进学习者根据自己的需求和兴趣，制订个性化的学习计划，实现自主学习。混合教学与自主学习理论的结合主要体现在以下几个方面。

1. 设计个性化学习路径

利用在线平台提供多样化的学习材料，如视频讲座、音乐分析案例、互动音乐理论游戏等，以满足不同学习者的需求和偏好；鼓励学生根据自己的兴趣和学习目标选择特定的学习内容与活动，从而提升学习的动机和参与度。

2. 加强自我调节学习策略的培养

教师要在课程开始时，引导学生制订自己的学习计划和目标，并教授有效的时间管理和自我监控策略；通过定期的在线讨论和反馈，帮助学生评估自己的学习进度和策略，鼓励他们根据反馈进行调整和优化。

3. 增强自我评价与同伴评价，利用线上学习数据进行教师评价

增强自我评价与同伴评价，学生能够定期评估自己的音乐理论知识和表演技能。通过同伴评价，学生不仅能从他人的表现中学习，还能通过给予反馈的过程加深对音乐教育内容的理解。

教师可以利用线上平台收集学生的学习数据，并根据学习数据评价学生的自主学习情况。

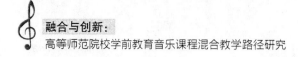

4.促进反思实践

教师要为学生设计任务和活动，要求学生在完成每个学习模块后总结学习成果、梳理知识点思维导图，通过学习小组分享学习体会、挑战和收获，并通过同伴互助答疑解惑。

5.创新教学活动设计

结合线上资源和线下教学双管齐下的优势，设计富有创新性的教学活动，如在线节奏练习、音乐旋律创编、虚拟乐队合作、音乐儿童剧制作等。同时，教师要设计团队合作项目，促进学生之间的合作学习，使他们共同完成音乐活动创作、教案设计等任务，提高团队协作能力。

自主学习理论的实施对于培养学习者的独立性、创造性和批判性思维能力具有重要意义。它鼓励学习者在学习过程中扮演更积极的角色，不仅为他们当前的学习目标服务，更为他们未来成为终身学习者打下坚实的基础。总之，这种以学生为中心的教学模式不仅有助于提高学生的音乐素养和教学能力，还能培养他们的自主学习能力、批判性思维和创新精神，为他们未来的教育工作和终身学习奠定坚实的基础。

二、合作学习理论

合作学习理论是一种集中小组合作和团队互动的教学方法，它强调通过团队合作来提高学生的学习效果。

（一）合作学习理论简介

起源于 20 世纪初的合作学习理论，是对传统竞争式教育模式的一种回应。教育家们开始认识到，通过合作学习，学生可以在互相帮助和支持的环境中共同成长。这种教学方法强调正面的相互依赖，即团队成员必须相互依赖才能实现共同的学习目标。

在实施合作学习的过程中，教师通常会将学生分组，并确保每个小组内成员的多样性。小组内的学生共同设定学习目标，并分配不同的角色和任务。教师在这个过程中扮演监督者和引导者的角色，负责提供必要的资源，同时监控学习过程并在必要时提供支持。学生在小组内进行充分的互动和讨论，通过集体智慧来解决问题和完成任务。

合作学习的主要优势包括提高学生的学习效果、发展社交技能、增强自信心和学习动力，以及培养批判性思维。学生在合作过程中不仅学习了知识，还学会了如何与他人有效沟通、解决冲突，并在团队中扮演不同的角色。

合作学习理论强调学习是一个社会化过程，它鼓励学生在相互合作和支持的环境中学习和成长。这种教学方法不仅增强了学生的学术能力，还促进了他们社交和情感技能的发展。尽管存在挑战，但合作学习由于其在促进深入学习和全面发展方面的显著优势，已成为现代教育中不可或缺的一部分。

（二）合作学习理论在混合教学模式中占据核心地位

在当代教育领域，合作学习理论被广泛认为是一种有效的教学策略，尤其适用于高师学前教育音乐课程。该理论通过混合教学模式，将在线自主学习与线下面对面的交流相融合，提高了学生的学习动力和效率，同时促进了他们社交技能和团队合作精神的发展。此教学模式利用了线上学习的灵活性和面对面交流的直接性，为学生构建了一个多元化和高度互动的学习环境。

合作学习理论强调通过小组合作来完成学习任务，促进学生之间的相互帮助和知识分享，通过集体的智慧推动个人及团队的成长。在音乐教育领域，此理论能够深化学生对音乐理论的理解，并提升他们的表演及创作能力，培养其沟通、协调以及创新思维能力。

为有效地实施该教学模式，教师可以设计具有创意和挑战性的合作学习项目，如团队创作儿童歌曲、设计组织音乐教学活动、音乐情境表演等。通过参与这些项目，学生不仅能够实践和巩固所学的音乐知识，还能够学习如何与他人合作，共同应对挑战。

混合教学模式通过引入现代技术和在线学习平台，为合作学习提供了更宽广的平台。利用网络讨论、文档共享和虚拟工作室等在线工具，学生可以跨越时间和空间的限制，进行紧密的合作和交流。这种线上与

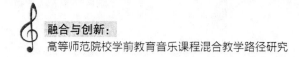

线下相结合的学习方式不仅提升了学习的灵活性和便利性，也增强了学习的互动性和趣味性。

通过组织定期的小组评议和反馈，学生可以学习如何评估自身和团队的工作表现，识别优势和不足，并据此进行调整和优化。此外，鼓励学生进行个人反思，考虑合作学习对其音乐技能和团队合作能力的影响，有助于促进其全面成长。

总之，将合作学习理论整合到高师学前教育音乐课程混合教学模式中，不仅可以有效提升学生的专业技能，还有助于他们成长为具备创新思维、沟通能力和团队精神的未来教育工作者。该教学模式对于提高学生的整体素质、优化教育质量具有重要的价值，值得在当前及未来的教育实践中广泛采用与深入探索。

三、认知主义学习理论

认知主义学习理论是心理学和教育学领域中一种主要的学习理论，它主要关注人们是如何获取、存储、处理和使用信息的。不同于行为主义学习理论，认知主义学习理论不仅关心可观察的行为改变，更注重内在的心理过程。"认知主义学习理论认为，学习并不仅仅是简单的'刺激—反应'，而是一系列复杂的过程，学习在于内部认知的变化。认知主义学习理论注重解释学习行为的中间过程，即目的、意义等，认为这些过程才是控制学习的可变因素。"① 认知主义学习理论提供了一个全面的框架，用于理解和解释人类学习的复杂性，以及如何通过教育干预来优化这一过程。

（一）认知主义学习理论简介

认知主义学习理论强调整体观，注重人学习的内部心理过程，注重学习过程中内部心理结构、认知结构或图式的建构。它为教学提供了一种深刻的理论基础，强调了知识是被传递的，也是需要在学习者内部进

---

① 周鑫焱，王慧．大学智慧课堂[M]．成都：四川教育出版社，2021:66．

行加工和组织的。

认知主义学习理论的核心概念之一是"模式"（schema），即一种心智框架，用于储存和组织信息。模式在新信息的吸收和已有信息的回忆中起着关键作用。例如，当人们尝试理解一个新概念时，会自动在脑中搜索与之相关的已有模式，并尝试将新信息融入其中。这一过程通常被称为"信息加工"。除了模式，工作记忆和长期记忆也是认知主义学习理论的关键组成部分。工作记忆是一种短暂而有限的记忆空间，用于临时储存和操作信息；长期记忆则是几乎无限容量的储存空间，用于保存从工作记忆转移过来的信息。有效的学习通常需要将信息从工作记忆转移到长期记忆，这一过程受到多种因素的影响，包括但不限于重复、联想和情境化等。认知负荷是另一个需要注意的概念。由于工作记忆的容量有限，过多的信息会造成"认知负荷"，影响学习效果。有效的教学方法需要控制认知负荷，确保信息能有效地从工作记忆转移到长期记忆。在教育实践中，认知主义学习理论具有多方面的应用。首先，该理论强调以学生为中心的教学方法，如探究学习和合作学习，以促进学生的主动参与和深层次思考。其次，认知主义注重元认知（metacognition），即"关于认知的认知"。教师不仅要传授知识，还要教会学生如何思考、如何学习，包括设定目标、自我监控和调整学习策略等。最后，认知主义学习理论与多种教育技术和工具有关，如思维导图、概念地图和在线模拟等，这些都是为了帮助学生更好地组织和处理信息。同时，该理论也强调教学评估的重要性，认为教学评估应更多地集中在学生的认知过程而非学习结果上。

（二）认知主义学习理论是混合教学的理论基础

认知主义学习理论在混合教学模式中发挥着关键作用。该理论旨在解释人们如何处理、储存和应用知识，不仅关注结果，还关注学习过程本身。在混合教学中，这一点特别重要，因为混合教学是线上和线下教育的融合，需要更多的认知活动和知识转移。认知主义强调个体在学习过程中的主动性，这一点与混合教学中的自主学习非常吻合。在混合教

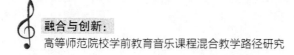

学环境中，学生需要自主管理时间、选择学习资源，并参与在线和面对面的互动。这样的设置鼓励学生将信息加工成知识，并应用在实践中。认知主义也关注信息的组织和结构，这在混合教学中也得到了体现。课程设计者可以通过合适的线上和线下活动，如讨论、案例研究、模拟等，帮助学生构建和组织知识，这种结构性的安排使信息更容易被吸收和记忆，从而提高学生的学习效率。认知负荷理论作为认知主义的一个分支，对混合教学也具有重要启示。简言之，认知负荷理论关注人们在处理信息时的心智负荷。混合教学模式通过分散学习任务，旨在降低认知负荷，使学生更容易消化和吸收信息。

认知主义还特别强调元认知能力，即关于认知过程的认知。在混合教学中，学生需要具备一定的元认知能力，以便更有效地计划、监控和调整自己的学习策略。这也是为什么混合教学通常包括自我评估、反思和目标设置等元素。然而应当指出，混合教学并不是单一理论或模型的应用，而是多种教育理论和方法的集成，包括行为主义、建构主义和社会文化理论等。但认知主义因其对个体学习过程的深刻洞见，尤其适合作为混合教学的理论基础。认知主义学习理论为混合教学提供了坚实的理论支持，解释了为何混合教学能够有效促进学生的学习，以及混合教学模式如何有效促进学生的学习。它强调了学习不仅是信息传递，更是一个复杂的信息处理、知识构建和应用的过程。这种理论视角使混合教学不仅能满足不同学习风格和需求，而且能更有效地促进深层次的学习和知识应用。通过适当的设计和实施，混合教学有潜力引领现代教育模式向更加个性化、灵活和高效的方向发展。

四、费曼学习法

在高师学前教育音乐课程的混合教学中，费曼学习法作为一种学习策略，为教师的教学提供了重要的理论基础。混合教学强调学生在线上和线下学习环境中的整合，而费曼学习法是一种以理解为核心的学习方法，强调通过简化、解释和教授他人知识加深自己对知识的理解。这与混合教学模式的理论框架相呼应，可以在混合教学中发挥重要作用。

（一）费曼学习法简介

费曼学习法是以美国物理学家理查德·费曼（Richard Feynman）的名字命名的一种学习方法，被认为是一种高效的学习策略。该方法强调通过教授他人来加深自己对知识的理解，并在此过程中发现自己的知识漏洞。这种方法强调了对知识的深入理解和简洁表达，有助于提高学习效率和质量。在音乐教育中，教师和学生都可以运用费曼学习法来加深对音乐理论、演奏技巧等方面知识的理解和掌握。

具体学习步骤如下。

1. 选择主题

选择要学习的主题或概念。可以是学生任何感兴趣或需要掌握的领域，如音乐理论、音乐历史、乐器演奏技巧等。

2. 解释给别人听

将所学内容以简洁明了的语言解释给别人听，这些人可以是朋友、同学，或者想象中的听众。尝试将复杂的概念用简单的语言表达出来，可以帮助学生发现自己对知识的理解程度。

3. 发现知识漏洞

在解释给别人听的过程中，学生很可能会遇到一些无法清晰解释的部分，这些地方就是他的知识漏洞。当他发现自己无法简洁明了地解释某个概念时，就意味着需要重新学习这部分内容。

4. 回顾和填补漏洞

一旦发现了知识漏洞，学生就需要回到学习材料中，重新学习这部分内容。学生要尝试不同的学习资源和方法，直到能够清晰地理解并解释这个概念。

5. 简化和再解释

一旦学生填补了知识漏洞，就可以再次尝试以简洁明了的语言解释给别人听，确保能够用简单的话语清晰地表达出来，这样不仅加深了自己的理解，也帮助了他人理解这个概念。

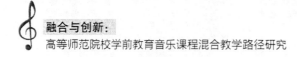

（二）费曼学习法是混合教学的理论基础

费曼学习法在混合教学模式框架中的应用，为学生提供了一种有效的教学和学习策略，特别是在促进深度学习和理解方面。这种方法基于"以教促学"的原则，即通过教授他人来加深自己的理解和记忆。混合教学模式，结合线上和线下的学习资源与活动，为费曼学习法的实施提供了广阔的平台。

混合教学强调学生的自主学习和探究式学习，而费曼学习法正是鼓励学生主动思考、探索和解释知识的方法。学生可以通过在线课程、视频、文档等方式获取知识，进行自主学习，然后尝试用自己的话将知识解释给他人听，不仅可以加深对知识点的理解，还能从中发现自己对知识的理解和不足之处。

费曼学习法鼓励学生通过教授他人来进行学习，这种主动学习的过程能够使学生更加积极地参与学习，从而促进深度学习。在混合教学模式中，可以通过设计项目任务、小组讨论等活动，让学生在实际教学或演示中运用费曼学习法。

另外，混合教学模式鼓励社交学习和合作学习，而费曼学习法则可以在这种情境下得到更好的应用。学生可以在小组或在线平台上相互交流、讨论和教授知识，通过向他人解释来巩固自己对知识的理解，并从他人的解释中学习和补充自己的知识。

混合教学模式常常涉及跨学科融合和应用学习，而费曼学习法可以帮助学生将不同学科的知识进行整合和应用。学生可以通过解释和教授给他人听，将不同学科的知识联系起来，形成更加完整和深入的理解。

总之，费曼学习法与混合教学模式相结合，可以促进学生的自主学习、社交学习和合作学习，提高他们对知识的理解和应用能力。这种结合能够更好地满足学生的学习需求，提高混合教学的效果和质量。

第四节 混合教学理论基础对教学实践的指导意义

混合教学模式的理论基础对教学实践具有重要的指导意义。这些理论为混合教学设计提供了理论依据，并指明了混合教学实践的方向。在高师学前教育音乐课程中，混合教学模式的实施为音乐教学提供了广阔的可能性和灵活性，能够有效地满足未来音乐教育工作者的教学需求。

混合教学模式的理论基础对教学实践的指导意义主要体现在以下几个方面。

一、注重以学生为中心的教学设计

混合教学模式的教学设计要以学生为中心，注重学生的学习需求和学习风格，为学生提供个性化的学习内容和学习方式。以学生为中心的教学设计强调将学生的需求、兴趣和学习风格置于教学活动的核心，这一理念在现代教育中越来越受到重视。它要求教育者从学生的视角出发，设计教学内容和活动，以促进学生的主动学习、深入理解和长期记忆。

（一）注重学生的需求和兴趣，允许学生自主选择

教师要认识到每个学生都有独特的需求和兴趣，因此，教学设计应当尽可能满足这些个性化的需求，激发学生的学习兴趣。教师要允许学生在一定范围内自主选择学习主题、活动或项目，以此增加学生的学习动机和参与感。

（二）鼓励学生主动参与，通过项目式学习进行差异化教学

教师要鼓励学生积极参与学习过程，通过讨论、合作、探究等方式，使学生在构建知识的过程中扮演主导角色；在教学过程中，设计以项目为中心的学习活动，让学生在解决实际问题或完成具体项目的过程中学习知识和技能。项目式学习能够增加学习的实践性和相关性，提高学生的参与度。教师要通过提供不同层次的教学材料、调整任务难度和采用

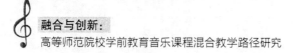
多样的教学方法来满足不同学生的学习需求。差异化教学旨在为每个学生提供合适的学习路径。

（三）利用技术工具进行合作学习

合理利用教育技术工具和资源，如在线学习平台、多媒体资源、互动软件等，为学生提供丰富的学习材料，增强学习体验。通过小组合作项目和活动促进学生之间的互助与交流，培养学生的沟通、协作和社交技能。

（四）重视学生学习反馈

重视学生的反馈，根据学生的学习进展和反馈调整教学策略，以便更好地支持学生的学习。

以学生为中心的教学设计要求教师不断地从学生的需求出发，设计富有挑战性、相关性和互动性的学习活动，创建支持性的学习环境，以便促进每个学生的全面发展。这种设计理念的实施，可以提高学生的学习动机、参与度和满意度，帮助学生构建深刻的知识理解，培养学生终身学习的能力。

二、增强学习动机和参与度

在混合式高师学前教育音乐课程教学的实践中，其理论基础对于增强学生的学习动机和参与度具有显著的指导意义。混合教学模式结合了传统的面对面教学和现代的在线学习方式，为高师学前教育音乐课程教学提供了一种创新的教学策略。这种模式不仅能够满足学生多样化的学习需求，还能够激发学生的学习兴趣，增强他们的参与感，从而有效提升教学效果。

（一）激发学习兴趣

混合教学通过引入丰富多样的在线学习资源，如互动视频、音乐游戏和模拟演奏软件，能够大大增强学习材料的吸引力，激发学生对音乐学习的兴趣。在线平台提供的个性化学习路径也能够使学生根据自己的兴趣和进度选择学习内容，这种自主性的体验进一步强化了学生的学习动机。

（二）提升参与度

混合教学模式下的音乐教学不再局限于传统的课堂讲授，而是鼓励学生通过在线讨论、协作创作和虚拟演奏等互动活动参与学习过程。这种教学方式使每个学生都有机会发表意见、分享创意和展示才艺，从而显著提升了学生的参与度。同时，小组合作项目促使学生在协作中学习，培养了团队合作精神和社交技能。

（三）增强自主学习能力

混合教学模式强调学生的自主学习，通过在线平台提供的自学资源和自评工具，学生可以在教师的指导下自行安排学习计划和评估学习成果。这种学习方式要求学生积极参与学习过程，自我调节学习节奏和方法，从而增强自主学习能力。

（四）促进深入理解

通过混合教学，学生能够在实践中深化对音乐知识的理解。例如，学生可以在在线课程中学习音乐理论，在面对面的课堂上进行实际的乐器练习或集体合唱。这种理论与实践的结合有助于学生深入理解音乐知识，提高音乐表演能力和创作能力。

混合式高师学前教育音乐课程教学的理论基础对于强化学习动机和提升参与度具有重要意义。这种教学模式通过为学生提供丰富的在线学习资源、创新的教学方法和互动的学习活动，有效激发了学生的学习兴趣，提高了学生的参与度，同时也加强了学生的自主学习能力和深入理解。因此，混合教学模式在高师学前教育音乐课程教学中具有广阔的应用前景，值得教育者深入探索和广泛应用。

三、促进个性化学习

混合教学模式结合了传统教学面对面教学与在线学习的优势，为高师学前教育音乐课程教学提供了一个极具潜力的框架，以促进个性化学习。个性化学习着重满足每个学生的独特需求、兴趣和学习节奏，允许学生根据自己的学习速度和需求选择学习内容，进行自主学习。教师可以为学生提供多种学习资源，满足不同学生的需求，帮助学生在音乐领域找到自己的专长和兴趣点。

混合教学的理论基础为实现这一目标提供了坚实的支持，以下是几个关键点。

（一）多样的学习路径

混合教学通过结合线上资源和面对面互动，为学生提供了多样的学习路径。在线平台上的丰富资源，如视频讲座、音频示例、互动练习和模拟工具等，使学生可以根据自己的兴趣和进度安排学习。这种灵活性使学生能够在掌握基础知识的同时，深入探索自己感兴趣的音乐领域，如特定的音乐风格、作曲技巧或音乐史。

（二）个性化反馈和支持

在混合教学模式下，教师可以通过线上平台轻松跟踪每个学生的学习进展，并根据他们的表现提供个性化的反馈和支持。这种及时和具有针对性的反馈帮助学生认识到了自己的学习成果与待改进的地方，进一步促进了个性化学习的深化。此外，教师还可以根据学生的需求调整课程内容和教学策略，确保教学内容满足学生的个性化学习需求。

（三）促进自主学习

混合教学强调学生的主动参与和自主学习。在线学习平台不仅为学生提供了学习材料，还鼓励学生通过完成在线练习、参与讨论论坛和协作项目等方式积极参与学习过程。这种学习方式激励学生根据自己的学习目标自主寻找资源和解决问题，从而培养学生的自学能力和解决问题的能力。

（四）强化实践与创新

在高师学前教育音乐课程中，实践是不可或缺的部分。混合教学模式通过线上模拟工具和面对面的实践活动（如合唱、乐队演奏和音乐创作），为学生提供了丰富的实践机会。这种结合实践的学习方式不仅帮助学生将理论知识应用于实践，还鼓励他们进行创新和探索，发展个性化的音乐表达和教学方法。

混合教学模式的理论基础为高师学前教育音乐课程中的个性化学习提供了强有力的支持。通过提供多样的学习路径、个性化的反馈和支持、促进自主学习以及强化实践与创新，混合教学模式不仅能够满足学生多样化的学习需求，还能够激发学生的学习兴趣，培养他们的创新能力和批判性思维，为未来的音乐教育实践和研究奠定坚实的基础。

四、提高学习效率

混合教学通过在线学习组件，使学习不再受时间和地点的限制，学生可以充分利用碎片化时间进行学习。此外，通过数据分析工具，教师可以实时监控学生的学习进度和效果，及时进行个性化指导，提高教学效率。

混合教学在学前教育音乐课程中提高学习效率有以下几个关键点。

（一）打造个性化学习路径

混合教学通过在线平台提供的个性化学习路径，使学生能够根据自己的兴趣、学习速度和需求选择合适的学习资源和活动。这种个性化的学习方式减少了"一刀切"式教学带来的时间浪费，确保学生可以在适合自己的节奏下学习，从而提高学习效率。

（二）灵活的学习时间与环境

在混合教学模式下，学生可以通过在线学习软件在任何时间、任何地点进行学习，这大大增加了学习的灵活性。学生不再受限于传统课堂的时间和地点，可以充分利用个人的空余时间进行学习，这不仅提高了

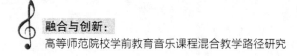

学生的学习效率，还促进了学生学习的主动性和自主性。

（三）加强理论与实践结合

通过利用在线学习资源提供理论知识的同时，混合教学还安排面对面的课堂活动专注于音乐实践，如乐器演奏、合唱排练等。这种将在线学习与面对面教学的结合，使学生能够立即将理论知识应用于实际操作，加深理解，提高学习的实践效率。

（四）实时反馈与评估

混合教学模式下的在线学习平台可以为教师提供实时的学习数据和反馈，使教师能够及时了解学生的学习进度和问题。这种及时反馈机制允许教师快速调整教学策略和内容，以更好地满足学生的学习需求，从而提高教师的教学效率和学习的学习效率。

（五）促进协作学习

混合教学模式鼓励学生通过在线讨论、小组项目等形式进行协作学习。这种协作不仅增强了学习的社会性，还通过小组成员间的相互教学和讨论，提高了学生的学习效率。学生在协作过程中可以从不同角度理解音乐知识，锻炼沟通能力和团队合作能力。

混合教学模式背景下的高师学前教育音乐课程教学的理论基础，通过打造个性化学习路径、灵活的学习时间和环境、加强理论与实践的结合、实时反馈与评估以及促进协作学习等多方面的优势，显著提高了学生的学习效率。这种教学模式有效地结合了传统教育和现代技术的优点，不仅提高了音乐教育的质量和效果，还为学生提供了更加丰富、灵活和高效的学习体验，为他们的音乐学习和未来职业发展奠定了坚实的基础。

五、强化实践与理论的结合

在高师学前教育音乐课程中，混合教学不仅为学生提供理论知识的学习，更重要的是为学生提供丰富的实践机会。学生可以在线上学习理论知识，在线下课堂上结合音乐理论知识进行音乐创编练习、演奏练习等实践活动，使理论与实践相结合，深化理解。

在学前教育专业音乐课堂中采用混合教学模式实现理论与实践相结合的几个关键点如下所述。

（一）多元化学习资源

混合教学模式利用在线平台为学生提供多样化的学习资源，如音乐理论的电子教材、音乐创作的软件工具，以及各种音乐表演的录像。这些资源为学生提供了丰富的理论知识和实践示例，帮助他们在理解音乐理论的同时，观察和学习音乐创作与表演的实际操作。

（二）互动式学习活动

通过在线讨论区、实时互动教学和虚拟合作项目，混合教学模式促进了学生之间以及师生之间的互动交流。这种互动不仅增强了学生对音乐理论的理解，还为学生提供了将理论应用于实践的机会，如学生可以在讨论中分享自己的音乐创作经验，或在虚拟合作项目中实际操作音乐制作软件。

（三）实践活动的设计

混合教学模式鼓励将面对面的教学时间用于更多的实践活动，如乐器演奏、声乐练习和小组合作音乐项目。这种教学安排确保了学生有充足的时间和机会将在线学习的理论知识应用到实际的音乐活动中，从而强化理论与实践的结合。

（四）反馈与评估

在混合教学模式中，教师可以利用在线平台实时跟踪学生的学习进度和实践表现，并为学生提供即时反馈和建议。这种及时的反馈机制不仅有助于学生及时纠正实践中的错误，还能增强他们将理论知识应用于实践的能力。

混合教学模式通过为学生提供多元化的学习资源、设计互动式学习活动、安排充分的实践机会，以及实施有效的反馈与评估机制，在高师

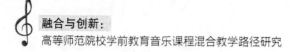

学前教育音乐课程中强化了理论与实践的结合。这种教学模式不仅促进了学生对音乐知识的深入理解，也提升了他们的音乐实践技能，为未来的音乐教师培养提供了坚实的基础。随着教育技术的发展和教学理念的更新，混合教学模式将继续在音乐教育领域展现其独特的价值和潜力。

六、培养合作与交流能力

通过小组讨论、协作项目等活动，混合教学鼓励学生之间的合作与交流。这种教学模式不仅能够提升学生的音乐技能，还能够培养他们的团队合作精神和沟通能力。这一教学模式通过整合传统的面对面互动和现代的在线学习平台，创造了丰富的合作学习和交流的机会，从而有效地促进了学生在音乐教育领域中的社会技能发展。

（一）创建多元交流平台

混合教学模式通过在线学习管理系统和社交媒体工具，为学生提供了多元化的交流平台。学生可以在这些平台上分享音乐作品、讨论音乐理论、发布学习心得，甚至在线协作完成音乐创作。这种多渠道的交流方式不仅拓宽了学生之间的交流边界，还促进了不同背景学生之间的相互理解和学习。

（二）促进小组合作学习

在混合教学框架下，小组合作学习成为常态。教师可以组织学生进行小组音乐项目，如集体创作一首歌曲或共同准备一场音乐会。这种合作过程要求学生在分工合作中沟通协调，共同解决问题，从而在实践中培养他们的合作与交流能力。

（三）增强批判性思维与反馈技能

混合教学模式鼓励学生在在线讨论和面对面讨论中，批判性地分析音乐作品和理论，提出见解和疑问。同时，学生需要学会如何给予和接受建设性的反馈。这不仅提高了学生的批判性思维能力，还锻炼了他们有效交流和处理反馈的技巧。

（四）利用技术工具促进交流

混合教学充分利用了技术工具的优势，通过视频会议软件、协作编辑工具等，让学生即使不在同一物理空间内也能进行实时的合作与交流。这种技术支持的交流方式不仅增加了学生之间的互动频率，也提高了交流的效率和质量。

通过以上方法，混合教学模式背景下的高师学前教育音乐课程教学的理论基础为培养学生的合作与交流能力提供了坚实的支撑。这种教学模式不仅使学生在音乐学习过程中获得了必要的社会交往技能，还为学生将来的教育工作和社会生活奠定良好的基础。随着教育技术的不断进步和教学理念的持续创新，混合教学模式将继续为音乐教育培养更多具有高度合作精神和良好交流能力的人才。

七、适应未来教育趋势

随着技术的发展和教育理念的更新，混合教学模式代表了未来教育的一个重要趋势。在高师学前教育音乐课程教学中的应用，凭借其理论基础和灵活性，极为符合未来教育的趋势。这种教学模式结合了传统面对面教学的深度互动和在线学习的广泛可及性，通过实践这种教学模式，教师为学生提供了一个多样化、高效率的学习环境。高师学前教育专业的学生可以提前适应未来教育的发展，为他们将来成为音乐教育工作者打下坚实的基础。

混合教学模式适应未来教育趋势的表现如下。

（一）个性化学习

未来教育强调学习的个性化，旨在满足每位学生独特的学习需求和兴趣。混合教学通过在线平台提供的丰富资源和工具，使学生能够根据个人的学习节奏和兴趣选择适合自己的学习内容，实现个性化学习的目标。这种个性化的学习路径有助于激发学生的学习动机，提高学生的学习效率，使学生更好地应对未来的挑战。

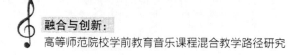

（二）技术融合

随着教育技术的迅速发展，未来的教育将更多地依赖技术工具和平台。混合教学模式本身就是一种将传统教育方法与现代技术完美融合的体现。通过利用在线学习管理系统、云端协作工具、虚拟现实和增强现实等先进技术，混合教学模式为学前教育音乐课程教学带来了创新的教学方法和学习体验，使学生能够适应未来技术驱动的学习环境。

（三）终身学习

未来教育趋势强调终身学习的重要性。混合教学模式通过灵活的学习方式和时间安排，鼓励学生培养自主学习的习惯，为终身学习奠定基础。在线学习平台上的资源可以随时访问，为学生提供了持续学习的机会。

（四）促进全球化教育

随着全球化的深入，未来教育将越来越强调跨文化交流和国际视野的培养。混合教学模式通过在线学习的全球资源和工具，为学生提供了与世界各地的学生交流和合作的机会。这种跨文化的学习经验有助于学生拓宽国际视野，理解不同文化背景下的音乐教育理念和实践，为在全球化背景下的教育工作和生活做好准备。

混合教学模式背景下的高师学前教育音乐课程教学的理论基础与未来教育趋势高度契合，不仅适应了个性化学习、技术融合、终身学习和全球化教育的需求，还为学生提供了一个全面、灵活、创新的学习环境。通过深化这一教学模式的应用，高师学前教育音乐课程将能够更好地使学生应对未来教育和社会的挑战，培养具有创新精神、技术能力、终身学习习惯和全球视野的音乐教育人才。

总之，混合教学模式的理论基础为高师学前教育音乐课程的教学实践提供了宝贵的指导。通过有效地结合线上学习和面对面教学的优势，这种教学模式能够满足学生的多样化学习需求，提高学生的学习效率和质量，培养学生的综合素质和专业技能，对于提高音乐教育的整体水平具有重要意义。

第三章 高师学前教育专业音乐课程教学改革思路介绍

第一节 高师学前教育专业音乐课程教学改革的理论构想

一、教学改革目标——打造音乐魔法课堂，激发学生学习内驱力

在当前的教育改革背景下，特别是在高师学前教育音乐课程中，教学改革的出发点主要围绕如何有效应对新时期教育的需求和挑战，提高教学质量，激发学生的学习兴趣，培养学生的创新能力和批判性思维，以及适应未来社会的多元化需求。

当下，高师学前教育音乐课程教学改革的核心目标在于将传统的以讲授为主的课堂音乐教学和音乐技能训练，转变为一种更加动态、互动和全面的混合式魔法音乐课堂。这种改革不仅旨在提高教师的教学效率和学生的学习效果，更重要的是激发学生的学习热情，培养他们的创新思维和批判性分析能力，以及增强他们的音乐技能和艺术鉴赏力。混合式魔法音乐课堂是一个融合了传统音乐教学与现代教育技术的创新教学模式，它旨在通过线上线下相结合的方式，为学生打造一个富有魔力的音乐学习环境，使音乐课堂变得更加生动和有趣，更加高效和个性化。

在这样的课堂上，教学不再是单向的知识传递，而是一个充满活力和乐趣的共构过程，教师和学生共同参与，通过音乐创造美好而深刻的学习体验。音乐魔法课堂的核心在于创造一种共构的情境，这意味着教师和学生要共同参与课堂的设计和实施。在这样的课堂上，教师不仅是知识的传递者，更是引导教学活动的音乐魔法师，即鼓励学生表达自己对音乐的理解和感受，允许学生在音乐学习中探索和实验。

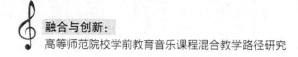

首先，教学改革源于对当前高师学前教育音乐课程教学现状的深度反思。传统的音乐教学方法可能已无法满足学生日益增长的个性化学习需求，缺乏足够的互动性和参与感，也难以充分利用现代技术提供的教育资源。此外，传统教学过分强调理论知识的灌输，忽视了实践技能的培养和创新能力的激发。因此，教学改革的出发点在于如何突破这些限制，创新教学方法，以便更好地适应当下和未来的教育需求。

其次，随着信息技术的迅猛发展，数字资源、网络平台和教学软件等新型教育技术工具日益丰富，为音乐教育提供了前所未有的发展机遇。教学改革需要紧跟技术发展的步伐，通过整合线上线下教学资源和平台，打造更加开放、互动的学习环境，从而提高教学效率和学习质量。利用这些技术工具，教师可以为学生提供更加丰富多彩、符合个性化需求的学习内容，也为学生之间以及师生之间提供了更多的互动交流机会。

再次，现代社会对音乐教育人才的需求不仅限于专业技能，更加注重学生的综合素质，包括创新能力、批判性思维、合作精神和跨文化交流能力等。因此，教学改革的一个重要出发点是如何在音乐教学过程中培养学生的这些综合能力。这要求教育者跳出传统教学模式的框架，采用项目式学习、合作学习等教学方法，鼓励学生参与更多的实践活动，通过解决实际问题来提升自身的综合能力。

最后，教育公平是当前教育改革的一个重要议题。音乐教育作为高等教育的一个重要组成部分，也面临如何实现资源共享、保障教育机会均等的问题。混合教学模式，通过其在线教学组成部分，为偏远地区和经济条件较差的学生提供了接触高质量音乐教育资源的机会。因此，教学改革也需要考虑如何利用现代教育技术，缩小不同群体之间的教育差距。

二、开展音乐魔法课堂的关键

开展音乐魔法课堂对教师提出了挑战，它不仅要求教师具有丰富的音乐知识和教学技巧，还需要对学生的需求和心理有深入的了解。在开展这种课堂时，有以下几个重要的注意事项要特别关注。

（一）尊重学生的兴趣

学生对音乐的喜好、兴趣点以及他们的能力水平都有所不同，这些差异性在音乐课堂上的体现尤为明显。因此，在设计音乐课程和活动时，教师需要深入了解每位学生的个性化需求，并在此基础上进行教学设计。

音乐教师应积极探索和了解学生对音乐的兴趣，这可以通过问卷调查、个别访谈或课堂讨论等方式进行。了解学生喜欢的音乐类型、乐器或音乐家，教师可以更好地设计课程内容，使之更贴近学生的兴趣。例如，如果大多数学生对流行音乐感兴趣，教师可以在教授基础音乐理论的同时，穿插一些流行音乐的案例分析。

教师在设计课程时应注意平衡音乐的专业性和趣味性。虽然音乐理论和技巧的学习是必不可少的，但教师应尽量将这些内容与学生的兴趣和实际水平相结合。比如，可以将基础的音乐理论与学生熟悉的音乐作品结合起来讲解，或者安排一些有创意的音乐创作活动，让学生在实践中学习和掌握音乐知识。在尊重学生兴趣的同时，教师还需避免课程难度过高或过低，以免让学生感到挫败或缺乏挑战。教师可以通过分层教学的方式，为不同水平的学生提供适宜的学习内容和活动。对于初学者，教师可以着重基础技能的培养和简单乐曲的教学；而对于那些具有一定基础的学生，教师则可以提供更多的创作和表演机会，鼓励他们挑战更高难度的内容。尊重学生的音乐兴趣和能力，需要教师具有敏锐的观察能力、丰富的音乐知识和灵活的教学技巧。通过巧妙地结合学生的兴趣和音乐教学的专业性，教师可以创造一个既有趣又具有教育意义的音乐学习环境，激发学生对音乐学习的热情和持久兴趣。

同时，问题导向是音乐魔法课堂的关键特征，在这种课堂上，教学内容不是孤立的，而是围绕学生感兴趣的问题或主题展开的。教师可以通过提出引人入胜的音乐问题，激发学生的好奇心和求知欲。这些问题可以是关于音乐作品的背景、音乐理论的应用，或者是音乐创作的技巧。通过这种问题导向的方法，学生可以在寻找答案的过程中深入学习，同时也能够培养他们的批判性思维，提高他们解决问题的能力。

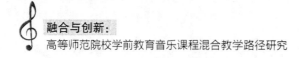

（二）创造安全包容的学习环境

在安全包容的学习环境中，学生可以自由地表达自己，探索音乐的无限可能，而不必担心被批评或嘲笑。音乐教学不仅是关于技能的传授，它更深层次的是一种情感和个性的培养。

音乐魔法课堂的核心在于创造一种共构的情境，这意味着教师和学生需要共同参与课堂的设计和实施。在这样的课堂上，教师不仅是知识的传授者，更是学生学习的引导者和协作者。他们鼓励学生表达自己对音乐的理解和感受，允许学生在音乐学习中探索和实验。例如，教师可以设计一些开放性的音乐活动，让学生自由地创作音乐或表演，从而激发学生的创造力和探究欲。

在安全包容的音乐课堂上，教师的态度和行为对学生产生了深远的影响。教师应当以积极、鼓励的方式对待每一位学生的表现，无论其表现水平如何。负面的评价或嘲笑会严重打击学生的自信心，影响他们对音乐学习的热情。相反，积极和鼓励的反馈可以激发学生的潜能，增强他们继续学习的动力。

教师应该鼓励学生表达自己的想法和感受。音乐是一种强烈的情感表达方式，每个学生对音乐的感受和理解都是独一无二的。教师应该尊重学生的个性表达，鼓励他们分享自己对音乐作品的理解和感受，即使这些观点可能与传统观念不同。这种尊重和鼓励可以帮助学生建立自信，促使他们发展独立思考的能力。同时，教师应当注意营造包容多样性的学习环境。音乐本身就蕴含着丰富的文化和风格，教师应该在课堂上展现这种多样性，让学生接触和了解不同文化背景下的音乐。这不仅可以拓宽学生的视野，还可以培养他们对不同文化的尊重和欣赏。

教师的积极态度、鼓励的反馈以及对多样性的尊重，可以帮助学生建立自信，激发他们对音乐的热爱和对学习的热情。在这样的教学环境中，学生不仅能学习音乐技能，更能在情感和个性上得到成长。

（三）平衡理论与实践二者的关系

在音乐魔法课堂的设计和实施中，平衡理论与实践的关系是至关重要的。音乐不仅是一种艺术表现形式，也是一门学科，包含丰富的理论知识和实践技巧。理论知识为学生提供了音乐的基础框架，帮助他们理解音乐的结构和原理；而实践技能则能够使学生将这些理论应用于实际的演奏和创作。在音乐教学中寻找理论与实践之间的平衡点，对于学生的全面发展至关重要。教师要认识到过多的理论知识可能会使课堂变得枯燥乏味，虽然音乐理论是理解音乐的重要部分，但如果没有适当的实践活动来支撑，纯理论的学习往往难以吸引学生的兴趣。因此，在讲解音乐理论时，教师可以结合具体的音乐作品或实例，让学生在实践中感受和理解理论知识。教师也要意识到，单纯的实践活动可能会导致学生缺乏对音乐深层次理解的机会。音乐实践，如演奏和创作，需要有扎实的理论基础做支撑。因此，在实践教学中，教师应该引导学生思考他们的实践活动如何与理论相联系，如何通过实践来加深对音乐理论的理解。

生动有趣的学习体验是音乐魔法课堂的追求。音乐本身就是一种富有表现力和感染力的艺术形式，教师可以利用这一点，使课堂变得更加生动和有趣。这可以通过多种方式实现，如互动的音乐游戏、角色扮演、音乐会等。这些活动不仅使课堂充满乐趣，还有助于学生更好地理解音乐知识，增强他们对音乐学习的兴趣。教师可以通过在课堂中不断地引入新元素来保持学生的兴趣和参与度，如一场突如其来的音乐会、一位特别的音乐嘉宾，或者一个创新的音乐项目。这种不断变化的教学方式能够激发学生的好奇心和探索欲，使他们始终保持对音乐学习的热情。

在平衡理论与实践的过程中，教师可以采用多种创新的教学方法。例如，教师可以设计一些项目，让学生在完成这些项目的过程中学习和应用音乐理论；教师可以在课堂上组织一些互动活动，如音乐游戏或模拟演奏，使学生在轻松愉快的氛围中学习音乐理论和技巧。

（四）时刻鼓励创新创造

音乐魔法课堂鼓励创新创造，在这样的课堂上，教师的角色不仅是音乐知识的传授者，更是学生创造力的激发者和支持者。创造力的培养需要一个自由、开放的学习氛围，使学生可以自由地尝试新的音乐表达

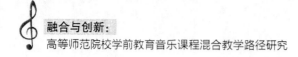

方式和创作方法，而不必担心失败或批评。教师应鼓励学生大胆探索音乐的各种可能性，这可以通过多种方式实现，如安排即兴创作活动、让学生根据自己的情感或即时的灵感创作音乐等。即使学生创作的作品在技术上不是完美的，教师也应给予积极的反馈和鼓励，强调创作过程的价值和学生所展现的创造力。教师应提供多样化的音乐资源和工具，以激发学生的创新灵感，如不同风格和时期的音乐作品、各种乐器以及音乐制作软件等。通过接触和实验这些多样化的资源，学生可以获得新的灵感，拓宽他们的音乐视野，增强他们的创作能力。教师还应创造机会让学生分享和展示他们的创作，这不仅是对学生创造力的认可，也是激励他们继续创作的动力。在展示和分享的过程中，其他学生的反馈和互动也是重要的学习资源，可以激发更多的创意和改进的想法。要培养学生对音乐创作的批判性思维，这意味着不仅要鼓励学生创新，还要使学生学会反思和评价自己的作品。教师可以通过指导学生分析和讨论音乐作品的不同方面，如旋律、和声、节奏等，来帮助学生更深入地理解音乐创作的复杂性和多样性。

（五）构建多样化评估方式

多样化的评估方式能够使教师从不同的角度全面评估学生的音乐学习进展和成果。通过这些多元化的评估方法，教师可以更准确地了解学生的学习状况，也能够激励学生从多方面提升他们的音乐能力。这种评估方式不仅关注学生的音乐技能，还关注他们的创造力、情感表达和个人成长，有助于培养学生全面的音乐素养。

多样化的评估方式包括表演评价、创作评价和同伴评价等多种形式。在表演评价中，教师不仅应评价学生的技术水平，还应考虑他们在表演中的情感表达和舞台表现。这种评价方式有助于学生了解自己在实际表演中的优点和需要改进的地方，使他们在未来的表演中更加自信。创作评价则关注学生在音乐创作方面的能力，包括作品的原创性、作品的结构和和谐性以及表达方式的独特性。通过这种评价方式，学生可以得到关于他们创作作品的具体反馈，激发他们持续改进和创新的动力。同伴评价也是音乐魔法课堂上的一种重要评估方式。在这种评估中，学生被鼓励相互评价和提供反馈。这不仅有助于建立一个互助和支持的学习环境，还能够培养学生的批判性思维，提高学生的分析能力。同伴评价鼓励学生以更加客观的眼光看待自己和他人的音乐作品，从而取得进步。自我评价也是一个重要的评估工具，通过自我评价，学生可以反思自己的学习过程，识别自己的强项和弱点。这种自我反思的过程对于学生发展自我评价的能力和自我驱动的学习能力至关重要。

通过以上方式，音乐魔法课堂能够真正实现从"学音乐"到"玩音乐"的转变。在这样的课堂上，学生不仅能够学到音乐知识，还能够体验到音乐带来的快乐和美好。这种学习体验能够深刻地影响学生，激发他们的内驱力，使他们在音乐的世界中不断探索和成长。

三、高师学前教育专业音乐课程教学改革思路

（一）以学生为中心的教学设计思路

混合教学模式的核心理念之一是以学生为中心，即将学生的需求、兴趣和能力放在教学设计的核心位置。在这种设计思路下，教师不再是传统意义上的知识传授者，而是学习的引导者和学习环境的创建者。以学生为中心的教学设计思路从教学目标、学习内容、教学方法、评价方式、教学环境、个性化学习和学生参与等方面都需要进行改革。

1.教学目标的设定

以学生为中心的教学设计思路，需要明确教学目标，这些目标应该是具体、可行的，并且能够满足学生的学习需求和发展需求。教学目标的设定应该是灵活的，可以根据学生的实际情况和反馈进行调整与优化。例如，教学目标可以包括发展学生的自主学习能力、培养学生的创新思维能力、提高学生的合作精神和沟通能力等。

2.学习内容的选择

在以学生为中心的教学设计中，学习内容应该具有多样性和开放性，能够激发学生的学习兴趣和主动性。教师可以根据学生的实际情况和兴

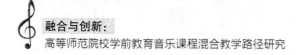

趣爱好，选择丰富多样的学习内容，并结合线上和线下资源，为学生提供更加灵活和多样化的学习体验。例如，在学前教育音乐课程中，学习内容可以包括音乐知识、音乐技能、音乐欣赏等多个方面，教师可以根据学生的兴趣和能力，设计不同层次和形式的学习任务与活动。

3. 教学方法的运用

以学生为中心的教学设计思路要求教师运用多种教学方法，以满足学生的不同学习需求和学习风格。教师可以结合小组讨论、问题解决、案例分析等多种教学方法，激发学生的思维和创造力，促进学生的合作和交流。此外，教师还可以利用现代技术手段，如多媒体教学、网络教学等，为学生提供更加丰富和生动的学习资源与工具。

4. 评价方式的选择

在以学生为中心的教学设计中，评价方式应该是多样化的，能够全面反映学生的学习情况和学习成果。教师可以采用综合评价、自我评价、同伴评价等多种评价方式，促进学生的全面发展和素质提高。此外，教师还可以结合线上和线下评价，利用现代技术手段，如智能评估系统、在线作业等，为学生提供及时有效的反馈和指导。

5. 教学环境的营造

以学生为中心的教学设计思路要求教师营造一个积极、活跃的学习环境，激发学生的学习动力和学习兴趣。教师可以通过组织丰富多彩的课堂活动、开展合作性学习项目、建立良好的师生关系等方式，为学生营造一个积极向上、互动频繁的学习氛围，为学生的学习提供良好的条件和保障。

6. 个性化学习的支持

以学生为中心的教学设计思路强调个性化学习，即根据学生的不同特点和需求，为其提供个性化的学习支持和服务。教师可以通过分层教学、差异化教学、个性化学习路径等方式，满足学生的个性化学习需求，提高学生的学习效果和满意度。

7. 学生参与的重要性

在以学生为中心的教学设计中，学生的参与是至关重要的。教师应该充分尊重学生的意见和想法，鼓励学生发表观点、提出问题、参与讨论，从而培养学生的自主学习能力和批判性思维能力。

（二）以问题驱动为导向的混合教学设计思路

在混合教学中，以问题驱动为导向的设计思路是一种重要的教学策略，它能够激发学生的学习兴趣，培养学生的批判性思维和解决问题的能力。

1. 教学目标的设定

以问题驱动为导向的教学设计需要明确教学目标。这些目标应该是与问题相关的、具体可行的，并能够促进学生的学习兴趣和能力发展。教学目标的设定应该是灵活的，可以根据问题的不同和学生的反馈进行调整与优化。例如，教学目标可以包括培养学生的问题意识、批判性思维能力、解决问题的能力等。

2. 问题设计

问题设计是以问题驱动为导向的教学设计的核心。教师在设计问题时，要注意问题应该具有启发性和挑战性，能够激发学生的思考和探究欲望。问题可以是开放性的，能够引发学生的好奇心和求知欲；也可以是具体的，能够引导学生进行深入的思考和研究。例如，在学前教育音乐课程中，问题可以包括"如何通过音乐教育培养儿童的音乐兴趣？""如何设计一节生动有趣的中班打击乐演奏活动？"等。

3. 教学方法的运用

以问题驱动为导向的教学设计要求教师灵活运用多种教学方法，以满足学生的不同学习需求和学习风格。教师可以结合案例分析、小组讨论、问题解决等多种教学方法，引导学生进行深入的思考和探究，培养学生的批判性思维和问题解决能力。此外，教师还可以利用现代技术手段，如网络资源、多媒体教学等，为学生提供丰富多样的学习资源和工具。

4. 学习评价的方式

以问题驱动为导向的教学设计，要求评价方式具有针对性、多样化，

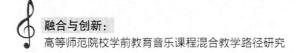

能够全面反映学生的学习情况和学习成果。教师可以采用多种评价方式，如综合评价、项目评价、自我评价等，促进学生的全面发展和素质提高。此外，教师还可以结合学习过程和学习成果，对学生的学习进行动态跟踪和评估，及时调整教学策略和方法，提高教学效果。

5. 实践应用

以问题驱动为导向的教学设计思路强调将学习与实践相结合，让学生通过解决实际问题来实现知识的应用和转化。教师可以组织学生参与实践项目、社会实践活动等，让学生将所学知识和技能应用到实际情境中，强化学生的学习动机，提高学生的学习成效。此外，教师还可以邀请专业人士或企业工作人员来指导学生的实践活动，为学生提供更加真实和有意义的学习体验。

6. 反思与改进

在以问题驱动为导向的教学设计中，教师应该不断反思和改进，及时总结教学经验和教学效果，发现问题和不足，积极探索和尝试新的教学方法与策略，不断提高教学质量和水平。教师还应该与同行进行交流和分享，共同探讨教学问题和挑战，共同进步。

（三）遵从"先学后教—以学定教—少教多学"的教学改革新思路

在"坚持以学生为本，以探索适合创新人才培养的教学实践方法为核心"、形成"自主学习、合作探索、强化应用、突出实践"教学理念的基础上，高师学前教育音乐课程的教学改革创新的思路为先学后教—以学定教—少教多学。

1. 先学后教

在教学设计中，教师应对教学内容、教学对象及教材进行细致的分析，尤其是教学对象，每次教学中教学对象都有新发展的音乐学习经验，因此，教师应对学习者进行动态分析。教师可以借助互联网信息技术，把晦涩难懂的知识点做成生动有趣的教学小视频，并拓展教材中没有的应用型知识点，进行线上课程建设。学生通过提前了解教师的教学目标进行线上自主学习，并发现通过自主学习也难以掌握的知识点或者希望进一步探索某些新知识的学习需求，拟定学习目标，与教师的教学目标对接。

2. 以学定教

教师根据学生的学习目标、线上自主学习情况以及课堂测验成绩及时调整教学内容，与学生共同探索新知识中的重难点，并通过课堂中学生的表现细化教学。

3. 少教多学

新时期的教师，在教学中更多的角色是引导者、陪伴者、支持者和鼓励者。好的教师需要让学生发挥主观能动性，使他们主动、积极、热情地发现问题、解决问题，让他们学会学习。课程所有的教学方法都是为了高效完成教学目标，重点体现以学生的"学"为主、教师的"教"为辅的引导式教学。

第二节 高师学前教育专业音乐课程混合教学模式的核心内容

一、高度重视情感体验

在高师学前教育专业的音乐魔法课堂中，应高度重视情感体验和思政教育的融合，构建了一种独特的教学模式。这种模式不仅致力音乐技能和理论知识的传授，更关注如何通过音乐激发学生的情感反应，促进其情感发展和情绪管理能力。音乐作为一种强烈的情感表达方式，是连接学生内心世界与外部社会的桥梁，能够帮助他们探索和表达自己的情感，同时理解和尊重他人的情感体验。

在这样的课堂上，教师通过不同风格和时期的音乐作品引发学生的情感共鸣，鼓励学生通过创作音乐、编写歌词或即兴演奏等方式个性化地表达情感。这一过程不仅加深了学生对音乐的理解，而且促进了学生个人情感表达的深度和广度，培养了学生的同理心和良好的社交技能。

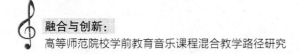
更为重要的是，音乐魔法课堂可以将社会主义核心价值观、中华传统文化、红色文化等融入教学全过程。通过引入与知识点相关的音乐故事、民歌、红歌等内容，教师可以致力于民族文化的挖掘传承，潜移默化地实现价值目标。这种教学模式为学生提供了一个充满情感和文化内涵的学习环境，激发了学生的创造力和想象力，同时培育了他们的民族自豪感和文化认同感。

通过这种深度的情感体验与思政教育的有机结合，音乐魔法课堂有效地实现了教育的多元价值，为培养新时代具有理想信念、道德情操、扎实学识和仁爱之心的学前音乐教师奠定了坚实的基础。这种教学模式展示了音乐课程在高师学前教育专业中的专业课程地位，为高师学前教育专业的创新与发展提供了新的视角和实践路径。

二、深度探索文化多样性

深度探索文化多样性是音乐魔法课堂的核心内容之一，这一方面的教学不仅拓宽了学生的音乐视野，而且增强了他们对全球文化多样性的理解和尊重。在一个全球化日益增强的世界里，理解不同文化中的音乐成为连接世界的重要桥梁。音乐，作为一种普遍的语言，跨越国界、文化和时空，讲述着人类共同的故事。

在音乐魔法课堂上，深入探索不同文化的音乐意味着让学生接触和学习来自世界各地的音乐风格与形式，这可能包括非洲的鼓乐、拉丁美洲的桑巴、亚洲的古典乐器、欧洲的古典音乐，以及其他丰富多彩的音乐类型。通过这样的学习，学生不仅能够欣赏到不同风格的音乐，更能够了解每种音乐背后的文化背景、历史传统和社会意义。

音乐魔法课堂上的文化多样性探索也包括了解不同国家和地区的音乐制作方式与演奏风格。例如，学生可以学习印度古典音乐的即兴演奏特点，或者探索巴西音乐中的节奏和舞蹈元素。这种深入的学习不仅增加了学生对音乐多样性的认识，也激发了他们对不同文化的好奇心和探索欲。

在教学过程中，教师可以组织各种活动来促进学生对音乐多样性的理解和欣赏。这可以包括音乐欣赏课——学生在课堂上聆听不同文化的音乐，并讨论它们的特点和文化意义；音乐制作工作坊——学生尝试使用来自不同文化的乐器或音乐软件创作音乐；文化主题日——学生可以展示和介绍特定国家或文化的音乐。

教师还可以邀请来自不同文化背景的音乐家进入课堂，与学生分享他们的音乐和文化故事。这样直接的交流不仅丰富了学生的学习体验，也让他们有机会从音乐家那里学习和感受不同文化的音乐魅力。

通过深度探索文化多样性，音乐魔法课堂成为全球文化交流的平台，学生在这里不仅能够学习音乐，也能够学会尊重和欣赏不同的文化。通过这样的课堂体验，学生能够更好地理解音乐如何连接不同的人群，跨越文化界限，成为一种真正全球化的语言。

三、大力培养批判性思维

音乐魔法课堂在培养学生的批判性思维能力方面至关重要，在这个过程中，教师不仅要教授学生音乐的基本知识和技能，更重要的是鼓励他们学会分析、评价和思考音乐作品的深层含义与背后的文化语境。这种教学方式旨在培养学生的独立思考能力，使他们能够超越单纯的音乐欣赏，形成更深层次的音乐理解和批判性分析能力。

音乐魔法课堂鼓励学生深入分析不同风格和时期的音乐作品，这不仅包括对音乐作品的结构、旋律、和声和节奏的分析，还包括对作品背后的历史、文化和哲学意义的探讨。例如，教师可以引导学生探讨巴赫的复调音乐如何反映了巴洛克时期的艺术审美，或者分析披头士乐队的歌曲如何反映了 20 世纪 60 年代的社会变革。通过这样的分析，学生不仅是在学习音乐理论，更是在学习如何将音乐置于更广阔的社会和文化语境进行理解。

批判性思维的培养也体现在鼓励学生对音乐作品提出自己的见解和评价方面。在音乐魔法课堂上，学生被鼓励表达自己对音乐作品的感受和理解，即使这些见解可能与传统观点不同，教师也可以通过提出开放式问题，激发学生的思考，引导他们进行深入的讨论和辩论。例如，教师可以询问学生对某首现代音乐作品的感受，或者讨论不同音乐风格如

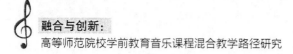

何反映社会和文化的多样性。音乐魔法课堂还包括对学生音乐创作的批判性分析。在创作过程中，学生不仅要学习如何运用音乐理论和技巧，还要学会如何对自己的作品进行反思和评价，这包括思考自己的音乐作品是否有效地传达了自己想要表达的情感和思想，以及作品在技术和表达上是否还有改进的空间。总之，大力培养批判性思维是音乐魔法课堂的重要组成部分，通过这样的教学方法，学生不仅能够提高音乐理解和欣赏的能力，还能够在思考和分析音乐作品的过程中发展自己的批判性思维能力。这种能力的培养对学生的整体教育和个人发展都是极其宝贵的，它不仅局限于音乐领域，更是一种可以应用于生活各个领域的重要技能。通过音乐魔法课堂，学生不仅学会了如何欣赏音乐，更学会了如何通过音乐来思考和理解这个多元化的世界。

四、全面整合音乐理论

音乐魔法课堂的核心内容之一是全面整合音乐理论，通过这种整合，学生能够在更加广阔和深入的背景下理解音乐。这种教学模式不仅注重音乐技能的培养，更重视音乐知识的全面发展，包括音乐的历史、理论、分析和创作。

在音乐魔法课堂中，音乐理论的教学并不是孤立进行的；相反，它与学生的实践活动紧密结合。通过这种方式，学生可以更好地理解理论知识如何应用于实际的音乐制作和表演。例如，当学生学习和声学时，他们不仅会学习和弦的构成和功能，还会通过创作和编曲实践这些和声知识，更深入地理解和声在音乐中的作用。音乐历史的教学同样是音乐魔法课堂的重要组成部分，通过学习不同时期的音乐历史，学生不仅能够了解音乐风格的演变，还能够理解音乐是如何与历史背景和社会文化相互影响的。例如，教师可以引导学生探索古典时期的主要作曲家和作品，了解这一时期音乐的特点和社会文化背景。音乐理论的全面整合也体现在对音乐作品的深度分析中。教师会引导学生分析不同音乐作品的结构、旋律、节奏、和声等方面，帮助他们理解这些音乐元素如何共同作用于创造一部完整的音乐作品，这不仅提高了学生的音乐分析能力，也增强了他们对音乐作品的整体理解。音乐魔法课堂还鼓励学生将音乐理论应用于自己的创作，这可以通过编曲、作曲和即兴创作等活动来实现。在这些活动中，学生需要运用所学的音乐理论知识，创作出符合音乐理论原则的作品。这种创作过程不仅锻炼了学生的音乐技能，更重要的是培养了他们的创造力和音乐表达能力。

五、构建音乐课堂跨学科连接

构建音乐课堂跨学科连接是音乐魔法课堂教学模式的核心内容之一，在音乐魔法课堂中，构建音乐与其他学科的跨学科连接是一项创新且富有成效的教学策略。将音乐与文学、历史、艺术等学科相结合，不仅可以拓宽学生的音乐视野，还可以增强他们对音乐在不同领域中的影响和价值的理解。这种跨学科的教学方式促使学生认识到音乐不仅是一门独立的艺术学科，它还与人类的历史、文化和社会息息相关。

音乐与文学的结合可以通过探索歌词创作和文学作品中的音乐元素来实现。例如，教师可以引导学生分析某首歌曲的歌词，探讨其背后的故事和情感，或者研究文学作品中如何通过音乐元素来加深情感表达和增强叙事效果。这样的学习不仅加强了学生对歌词的理解，也促使他们认识到音乐和文学在表达人类情感与经验方面的共通性。

音乐与历史的结合可以通过研究不同历史时期的音乐风格和作品来实现。教师可以带领学生回顾特定的历史时期，如巴洛克时期或爵士时代，探索这些时期的社会背景如何影响音乐的发展。通过这样的研究，学生不仅能学习音乐史，还能理解音乐是如何作为历史的一个镜像，反映那个时代的社会态度和文化价值的。

音乐与其他艺术形式如绘画、雕塑和现代媒体艺术的结合，可以通过比较不同艺术形式的表达方式和审美原则来进行。教师可以组织活动，让学生探索如何将音乐与视觉艺术结合，或者分析音乐在电影和戏剧中的作用。这种跨艺术的探索不仅加强了学生对艺术的整体理解，还激发了他们的创造力和想象力。

音乐与科学、技术、数学的结合能够让学生从理性层面了解声音的

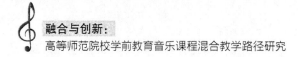

相关知识。例如，学生可以学习声音是如何产生的，以及音乐频率和节拍与数学的关系等。通过这样的学习，学生不仅能够了解音乐的科学原理，还能够理解音乐与科学技术之间的联系。

六、大力提升音乐表演技巧

大力提升音乐表演技巧是音乐魔法课堂教学模式的核心内容之一，定期的演出和展示不仅为学生提供了展现自己音乐才华的平台，更是一种提升学生表演技巧和舞台自信的有效方法。通过这种实践，学生能够在实际表演中深化对音乐的理解和表达，培养自信和公众演讲的能力。

音乐表演技巧的提升需要在多个层面上进行。首先，技术熟练度是表演的基础。这包括准确的音高、节奏感、音色控制和技术熟练度等。教师要在课堂上通过各种练习和指导帮助学生掌握这些基本技能。例如，可以通过音阶练习、节奏训练和作品演奏等活动来提高学生的表演技巧。其次，音乐表演是情感表达的过程。学生需要学会如何通过音乐传达自己的情感和故事，这包括理解音乐作品的情感内容和学会在演奏中表达这些情感。教师可以通过分析不同音乐作品的情感特点，引导学生在表演中寻找并表达这些情感。舞台表现和自信也是音乐表演中的重要方面。定期的演出和展示为学生提供了在真实舞台上表演的机会，这不仅是一次简单的技术展示，更是锻炼学生舞台自信和表现力的机会。在这些活动中，学生学会了如何与观众沟通，如何处理自己的表演焦虑，并在实践中提升自己的表演技巧。在音乐魔法课堂上，定期的演出和展示可以采取多种形式，可以是课堂内的小型演出，也可以是学校或社区的大型音乐会。在这些活动中，学生可以单独表演，也可以进行合奏或乐队表演。通过这样的表演，学生不仅能够展现他们的音乐技能，还能够在实际表演中学习和成长。

第三节　线上线下混合教学路径的设计

一、课程目标要明确

明确课程目标在设计线上线下混合教学路径中具有至关重要的作用。课程目标不仅为整个教学过程提供了方向和侧重点，还是评价教学效果的关键标准。一个明确的课程目标会把教学活动、学生评价、课程内容以及教学方法都统一到一个相互支持和促进的体系中。

课程目标往往涵盖多个层面。最宏观的当然是整体教学目标，它定义了课程的最终输出，即学生应当掌握哪些知识和技能。然而，这种宏观目标需要进一步细化为各个教学环节的具体目标。这些具体目标让教师和学生都明确知道，在每一个课堂或在线活动中，应当达成什么样的学习成果。

课程目标明确的重要性不仅体现在给出方向上，更体现在如何将线上和线下的教学活动有机地整合在一起。例如，如果课程的目标是提高学生的批判性思维能力，那么，在线环节可以专注为学生提供与课程目标相关的阅读材料和理论框架，以及相关的案例分析；而在面对面的课堂活动中，教师可以组织学生进行讨论和辩论，或者进行实际案例的解决方案设计。这样，线上和线下环节的内容与目标就能相互呼应，形成一个统一而有机的教学体系。

对于教师来说，明确课程目标还意味着他们可以更加有针对性地进行教学设计，教师可以根据这些目标，选择适合的教学方法、活动和评价方式。同样，学生也能清晰地知道，自己需要通过哪些途径、使用哪些手段，达成预定的学习目标。这在一定程度上会提高学生的学习动机和参与度，因为他们明白自己的学习活动是有目的和方向的。明确的课程目标还能促进课堂内外的学习效果的持续评估和改进。通过不断的对照目标，教师和学生都可以更加清晰地认识到自己的优点与不足，从而

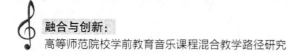

采取相应的措施进行改进。比如,如果学生在线上环节的表现不佳,教师就可以在面对面的课堂上进行有针对性的辅导和指导。

二、内容逻辑性要强

内容逻辑性在线上线下混合教学路径的设计中占据了不可或缺的地位。它关乎课程的内在一致性、学生学习的连贯性以及整体教学效果的最终实现。简言之,强逻辑性的内容设计能够使学生在不同的教学环境中得到统一和高效的学习体验,同时也能优化教师的教学管理和课程评估。

在混合教学模式中,强逻辑性意味着要在线上和线下两种环境中进行有机整合。这样的整合是多方面的,涉及课程目标、教学资源、学习活动以及评估方法等多个方面。例如,如果课程的一个重要目标是提高学生的实际操作能力,那么在线环节可能专注为学生提供相关的理论知识和基础模型,而线下环节则可能更多地围绕实验、实践和团队合作等活动进行。

这种有机的整合首先需要一种全局视角,即从整体课程目标出发,对各个教学环节进行逻辑性强的布局和设计。这种全局视角能确保每个教学环节都是目标导向的,而不是随意或孤立的。换句话说,教师需要确保线上和线下的教学活动是相互补充而非相互替代或冲突的。

其次强逻辑性的内容设计需要对学生的学习路径进行精细化管理,这包括但不限于确定各个教学环节之间的先后顺序、时间分配以及转换机制等。例如,在完成一系列在线的预习任务后,学生可能需要在课堂上进行更高阶的思考和应用,如案例分析、小组讨论或项目设计等。这种由浅入深、由基础到应用的递进式学习路径能更好地满足学生不同阶段的学习需求,也能防止重复和冗余。同时,逻辑性强的内容设计有助于提高教学的灵活性。在实际教学过程中,教师可能需要根据学生的表现和反馈进行实时调整,一个逻辑性强的课程结构能提供更大的调整空间,使教师可以更容易地加入新的教学元素或改变某些教学活动的形式和内容,而不会破坏整体的教学逻辑和连贯性。不可忽视的是,强逻辑性的内容设计还与学生的认知心理和学习习惯有密切关系。逻辑性强的课程能帮助学生在复杂和多变的学习环境中建立清晰的学习框架与思维模式，这不仅能提高他们的学习效率，还能提高他们解决问题和自我管理的能力。

三、学生参与度要高

学生参与度在混合教学中直接影响学生的学习效果和整体教学效果。在教学设计之初，教师就需要考虑如何通过各种教学活动和机制来激发学生的参与热情，进一步促进他们的主动学习和深度思考。较高的学生参与度不仅有助于加强学生对课程内容的吸收和理解，还能增强他们的学习动机和自主性。例如，在线讨论环节可以给予学生更多表达自己观点的机会，与此同时，他们也能听到其他同学的不同见解，从而更全面地理解问题。此外，小组活动可以培养学生的团队合作能力，让他们在解决实际问题的过程中，更好地把理论知识和实际应用结合起来。互动和反馈机制在提高学生参与度方面具有至关重要的作用，这些机制可能包括但不限于在线测试和问卷、即时聊天和讨论板，以及通过数字化工具进行的实时课堂评估等。这些互动和反馈机制不仅能及时地了解学生的学习状态和需求，还能为教师提供更多的教学调整和个性化教学的可能性。

在教师角度，参与度高的学生更容易吸收和掌握知识，这也使教师在进行教学设计和课堂管理时有更大的灵活性。更重要的是，高参与度还有助于营造一种积极、开放和互助的学习氛围，这种氛围不仅能促进学生之间的相互学习和合作，还能在一定程度上减轻教师的教学压力，使他们能更多地集中精力推动学生思维深度和广度的发展。

这种深度的参与也有助于学生更全面地发展其社交能力、批判性思维能力和问题解决能力。特别是在当今这个信息爆炸和技术快速发展的时代，这些跨学科和综合性的能力越来越被人们所重视。因此，提高学生参与度不仅是教学成功的关键，也是培养未来全面发展的人才的必要手段。不可忽视的是，高参与度的教学设计还需考虑教学内容的多样性和包容性，这意味着教学活动和内容应当尽量考虑不同背景、文化和学

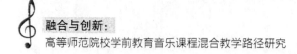
习风格的学生，以确保每个人都能在课堂上找到参与和表达的机会。

四、教学策略要灵活

教学策略的灵活性在混合教学模式的教学设计中具有特别重要的作用。混合教学模式背景下的教学环境通常涵盖多种教学方式，如在线课程、实验室实践、小组讨论、项目作业等。每一种方式都有其独特的教学目标和适用场景，但关键是如何将它们有机地融合在一起，以适应不同学生的学习需求和习惯。教学策略灵活性的重要性表现在教学设计上。具备灵活性的教学设计意味着教师能够根据学生的反馈和表现进行实时的调整与优化，这可能包括更改某个教学环节的内容或形式，或者增加一些额外的学习资源和活动。这种灵活性不仅能提高教学效果，还能增加学生对课程的参与度和满意度。灵活性的教学策略也应包括多样化的教学选项，这就意味着教师应当在设计课程时考虑学生不同的学习风格和认知水平。例如，对于那些善于自我驱动学习的学生，教师可以提供更多的自主学习资源和挑战性任务；而对于那些需要更多指导和支持的学生，教师可以增加更多的结构性活动和反馈机制。

教师也需要具备一定的教学设计和技术应用能力，以便灵活地调整教学计划和方法。在当今这个数字化和网络化日益普及的时代，掌握基础的信息技术和在线教育工具变得越来越重要。不仅如此，教师还需要不断地更新和优化自己的教学方法与策略，以适应不断变化的教育环境和学生需求。

值得注意的是，灵活性并不意味着缺乏结构或计划，相反，一个灵活的教学策略通常需要更加明确和细致的教学目标与计划，以确保所有的教学活动和资源都能有机地配合在一起，形成一个高效和有针对性的教学体系。

第四章 混合教学模式在实际教学中的应用

第一节 混合教学模式在高师学前教育专业音乐课程中的实施过程

混合教学模式在高师学前教育音乐课程中的实施过程如图 4-1 所示。

图 4-1 混合教学模式在高师学前教育专业音乐课程中的实施过程

一、需求分析

在混合教学模式的实施中，需求分析是至关重要的一步。这一步不仅要充分考虑学生的需求，还要明确课程的目标和核心内容。

（一）了解学生的基础知识、兴趣和学习风格

了解学生的基础知识、兴趣和学习风格是混合教学模式在高师学前教育音乐课程中实施的关键步骤之一。其中，学生问卷调查作为一个非

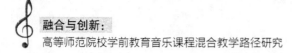

常实用的工具，能够为教师提供大量有用的信息。问卷调查的优点在于能够批量收集信息，允许学生在相对匿名和非压力的环境中表达自己的观点与感受。在设计问卷时，教师应注意包括针对学生音乐基础知识、兴趣点以及学习风格的多样化问题。例如，可以问及学生是否接触过乐器，如果有，是什么类型的乐器；是否有音乐家庭背景；是否参与过合唱团或乐队。这些都是了解学生音乐基础的重要信息。同样，问卷调查可以包含一系列关于音乐风格和兴趣的问题，如"你最喜欢哪种类型的音乐？""你是否喜欢自己创作音乐？"等。通过这些问题，教师不仅可以了解学生的音乐喜好，还可以推测出他们更可能参与哪种类型的音乐活动，从而在后续的教学设计中作出针对性的调整。学生的学习风格也是一个非常重要的方面。每个学生的学习方式都是独特的，有的学生可能更偏好通过实践来学习，有的学生则可能更喜欢通过观察来获取信息。教师也可以在问卷中加入一些问题以判断学生是更喜欢独立学习，还是更喜欢团队合作。了解了这些信息后，教师可以更加精准地设计课程，使其既能满足多数学生的需要，也能考虑到个别学生的特殊需求。值得注意的是，问卷调查虽然有其独特的优点，但也有局限性。因为问卷是在一定的时间和空间内完成的，有时候学生的回应可能受到多种因素的影响，包括但不限于情绪、环境噪声等。因此，问卷调查的结果应当作为一种参考，而不能完全替代其他形式的需求分析方法，如面谈、观察等。

（二）面谈或小组讨论

面谈或小组讨论是一种直接、深入的方法，用于更详细地了解学生的基础知识、兴趣和学习风格。特别是在小型或实验性质的学前教育音乐课程中，这些互动方式的优势尤为明显。面谈或小组讨论允许教师与学生建立更紧密的个人联系，这是问卷调查难以实现的。这一对一或小组内的互动提供了一个平台，能够让学生更自由地表达观点和感受，同时也为教师提供了一个机会去观察和解读学生的非言语信息，如表情、声调和身体语言等。这些微妙的信息可能会透露出学生对某一主题或活动的真正态度，这对于课程设计是极其宝贵的。通过面谈或小组讨论，教师可以更准确地了解学生的具体需求和期望，进而进行更为个性化的教学设计。例如，教师在小组讨论中发现大多数学生都对某一种音乐风格或某一种乐器特别感兴趣，那么教师可以考虑将这些元素融入课程之中。相反，如果发现学生普遍缺乏某种基础知识或技能，那么教师也能及时调整教学计划，加强相关方面的教授。然而，面谈或小组讨论也有其局限性和挑战。例如，这样的互动方式通常需要更多的时间和精力，教师需要在课程开始之前或课程进行中找出合适的时间来安排这些活动。此外，由于面谈或小组讨论的参与者数量相对较少，所收集到的信息可能不够全面，不能完全反映所有学生的需求和期望。因此，教师需要结合其他需求分析方法，如问卷调查、观察等，来获得更全面的信息。面谈或小组讨论也为教师提供了一个极好的机会来检验自己的教学观念和方法。学生的反馈可以让教师及时地了解到哪些教学策略是有效的，哪些教学策略需要改进，这不仅有助于教师个人的职业发展，也有助于整个教学团队的成长和改进。在小组讨论中，学生也有机会相互学习，分享经验和观点，这种互动形式不仅能够丰富学生的学习体验，也有助于培养他们的团队合作能力和沟通能力，这对于他们未来的职业生涯和个人发展是非常有益的。

（三）分析现有数据

对于那些已经有一定量数据的学校或系统，这些现有数据是一笔宝贵的资源，能够提供关于学生音乐素养和学习风格的多方面信息。现有数据可能有多种来源，包括但不限于以往的考试成绩、课堂表现、教师的评语、参与音乐活动或比赛的记录，甚至是学生在社交媒体上的音乐相关行为等。对于这些数据的综合分析，不仅有助于教师更准确地把握学生的音乐水平和兴趣，也有助于教师识别那些可能需要额外关注和支持的学生。例如，通过分析以往的考试成绩和课堂表现，教师可以了解到学生在音乐理论、视唱练耳、乐器演奏等方面的优势与不足，这对于教师在后续课程设计中实现个性化教学是非常有帮助的。如果数据显示

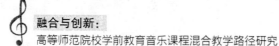

某个学生在音乐理论方面表现出色但在乐器演奏方面的表现相对较弱，那么教师可以考虑在课程中平衡这两个方面，以便让每个学生都能得到全面的发展。从相关评语和参与音乐活动或比赛的记录中，教师也能了解到学生的热情和投入程度。这些非数值化的数据能提供更多维度的信息，有助于教师理解学生对音乐的态度和感情。比如，一个学生虽然考试成绩不是特别出色，但他总是积极参与课外的音乐活动，并且得到了教师的高度评价，这样的学生很可能只是需要更多的引导和激励，而不是简单地缺乏能力。另外，现有数据也可能包括学生的学习风格，这是教师在混合教学模式的教学设计中不容忽视的重要因素。例如，如果数据显示一个学生在独立完成作业或项目时表现更好，那么这个学生可能更适合在线自主学习；相反，如果一个学生在团队合作中更能发挥优势，那么面对面的小组活动或讨论会更有益于他的学习。值得注意的是，分析现有数据也是一个持续和动态的过程，随着课程的进行和学生的成长，教师需要不断的更新和调整数据，以适应新的教学目标和学生需求。

二、资源整合

资源整合步骤需要教师集中精力收集、评估并整合各种可用的在线和离线教学资源，以便能够为学生提供一种多元化、高质量和互动性强的学习体验。

（一）收集和评估现有的在线和离线资源

音乐是一门多元化、跨学科和具有高度实践性的学科，因此，相应的教学资源也应当多样化和多维度，以满足不同层次和不同兴趣的学生。在这个过程中，音乐教科书、教学网站、应用程序、音乐软件，以及各种其他音乐素材和工具都有其独特的价值与用途。音乐教科书通常是最基础和最全面的教学资源，它们提供了系统的音乐理论知识、历史背景、演奏方法等。但是，仅仅依赖教科书是远远不够的，尤其是在今天这个信息爆炸的时代。现代的学生通常更喜欢通过多媒体和互动方式来学习，因此，纸质教科书往往需要与其他类型的资源相结合，以增加其吸引力和实用性。教学网站和应用程序则更加便捷与互动，它们通常包含各种在线测试、音乐剪辑、动画演示等，能够让学生在享受娱乐的同时学到知识。这些网站和应用程序不仅能够增强学生的学习动力，也有助于提高其音乐听力、视觉和操作能力。然而，由于这些资源通常是由不同的开发者和组织提供的，教师需要仔细筛选和评估，以确保它们的质量和适用性。音乐软件则更加专业和多功能，它们通常用于音乐制作、编辑、分析和演示，这些软件通常具有强大的专业功能，如音轨混合、效果处理、乐谱编写等，能够大大提高教学质量和效率。然而，由于这些软件通常需要一定的专业知识和操作经验，教师需要提前培训和准备，以确保能够充分利用这些工具。除了以上提到的常见资源外，还有很多其他类型的音乐素材和工具，如音乐剪辑、乐谱、乐器模型、演奏视频等，这些资源通常更加具体和个性化，能够满足特定课程或特定学生群体的需求。

在这个过程中，教师不仅需要考虑资源的内容和形式，还需要考虑其可用性、质量、适用性和学科相关性。这些因素通常是相互影响、相互制约的，需要教师进行全面和细致的分析与评估。例如，在选择在线资源时，教师需要考虑网络环境和设备条件，以确保所有学生都能够顺利访问和使用；在选择音乐软件或工具时，教师需要考虑其操作难度和学生的基础知识，以确保能够有效地整合到教学中。由于不同的教学资源通常有不同的费用和版权要求，教师还需要在预算和法律范围内进行合理的选择与使用。通过综合分析和比较，教师最终能够确定哪些资源有效地支持了课程目标和学生需求，从而进行有针对性的整合和应用。这不仅能够提高教学质量和学生满意度，也能够节省时间和成本，实现教学资源的最大化利用。

（二）准备或购买高质量的音乐素材、课件、录音和视频

在高师学前教育音乐课程的混合教学模式中，准备或购买高质量的音乐素材、课件、录音和视频不仅是一种投资，更是一种战略性的决策。这些资源具有独特的优势，能够极大地提高教学质量，影响学生的学习

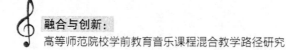

体验和成绩。因此，教师和教育机构需要把这一内容作为一个长期和持续的任务，以保证教学目标和学生需求被充分满足。高质量的音乐素材，比如专业级别的录音和视频等，能够提供一种非常直观和生动的教学方式。这些素材通常包含各种音乐风格、演奏技巧和表演艺术，可以帮助学生更深入地理解和欣赏音乐这一艺术形式。例如，通过观看一段世界级乐团的演出视频，学生不仅能学习到专业的演奏技巧，还能感受到音乐所传达的情感和信息。这样的体验是传统教科书和讲座难以提供的，也更容易激发学生的学习兴趣和参与度。与此同时，高质量的课件和教学工具同样重要。这些课件和教学工具通常是教师自己或与同事合作精心设计和制作的，目的是使教学内容更加清晰、有逻辑和易于理解。这些课件和工具通常包含各种动画、图表、实例和练习，能够从多个角度和层次展示音乐知识与技巧。例如，一个关于音乐节奏的课件可能会包含各种节奏模式的动画演示，以及与之相配的实际音乐片段。这样不仅能帮助学生更容易地掌握复杂的节奏结构，还能让学生通过实际操作和体验来加强记忆与应用能力。更进一步来说，这些高质量的资源还能够为学生提供更多个性化和多样化的学习路径。由于每个学生的学习风格和兴趣都是独特的，因此，通过提供多种类型和形式的教学资源，教师能够更好地满足他们的个性化需求。例如，一些学生可能更喜欢通过观看视频和模仿来学习，而另一些学生则可能更倾向于通过阅读和分析来获得知识。通过综合应用各种资源，教师可以为所有学生提供更丰富和更合适的学习体验。

除此之外，高质量的音乐素材和工具还有助于提高教学的专业性和权威性，这不仅能增加学生对教师和课程的信任与尊重，也能更容易地达到教学目标。这是因为，当学生感觉到他们正在接受高质量和专业级别的教学时，他们通常会更加积极和主动地参与学习，从而更容易达到预定的学习目标和标准。

（三）选择或创建一个在线平台用于教学和互动

在混合教学模式中，选择或创建一个在线平台用于教学和互动是至关重要的一步，在线平台是教学内容的承载者，也是教与学互动的重要媒介。一个好的在线教学平台能在多个方面加强教学效果，如沟通、管理、评估与合作等。因此，教师和教育机构应该细致地考察和评估各种在线平台，确保它们能够实现课程目标，满足学生需求。

教师在选用一个平台前，最好进行一段时间的试用和测试，以全面评估其功能和性能。在这个阶段，教师可以参与培训，以熟练掌握平台的各项功能，从而更有效地进行教学。与此同时，教师应为学生提供一个入门指南或简短的教程，以帮助他们快速适应新环境。当课程正式开始后，教师应确保已预先准备好与课程内容高度相关的多媒体素材。这些素材不仅丰富了教学内容，也提供了多种不同类型的学习资源，以满足不同学生的需求。在教学过程中，实时或异步的互动元素也非常重要，无论是通过在线讨论板、问答区，还是通过即时消息，都为学生提供了一个与教师和同学交流的平台。跟踪和评估学生的学习进度是不可或缺的一环。通过使用平台内置的作业和评估工具，教师不仅可以轻松地管理学生的作业，还可以通过数据分析来监控他们的学习状态。这样的数据反馈可以用于个性化教学，以便更好地满足学生的特定需求。除了教学和学习活动外，技术支持也是非常关键的。一个优秀的在线平台应当有可靠的技术支持团队，以确保所有功能都能够正常运行，当遇到问题时能够及时解决。课程结束后，全面的评价是必不可少的，无论是教师的自我反思，还是收集学生的反馈，都可以为教师未来的教学提供宝贵的经验和建议。

三、课程设计

在混合教学模式下，设计过程应当充分考虑面对面与在线两个部分如何相辅相成，以达成课程目标和满足学生需求。具体来说，在面对面的课堂环节中，教学应更加强调实时互动、实践操作和个性化指导。这一环节特别适合进行一些需要即时反馈和深度讨论的活动，如音乐表演的实践、合作创作或即兴演奏。在线环节相对更加灵活，教师可以根据学生的时间和地点来安排学习任务。在线部分通常包括录播或直播的讲

解视频，各种练习和测验，甚至可能包括虚拟实验和合作项目。在线环节的内容应该具有一定的结构和进度安排，但也要留有足够的自由度，以适应不同学生的学习节奏。值得注意的是，在混合教学模式中，面对面和在线两部分并非孤立存在，而是应当相互补充、相互促进。例如，面对面课堂上所进行的讨论和实践活动，可以在后续的在线学习中得到延续和深化。同样，线上所提供的丰富资源和自主学习活动，也能为面对面课堂的深度探讨提供素材和启示。无论是面对面课堂，还是在线环节，均应设有明确的学习目标、评估标准和反馈机制。教师应根据学生在课堂中的表现，进行综合评价和个性化指导，以确保学生能够全面地、高质量地完成学前教育音乐课程的学习。

通过精心设计面对面和在线两个部分的教学内容与进度，教师有望通过混合教学模式实现教学资源的最优配置，提高教学效率和质量，更好地满足现代学生多样化、个性化的学习需求。这一模式在高师学前教育音乐课程中的成功实施，将为其他课程提供有益的参考。

四、课程实施

无论是面对面的课程，还是在线部分，教学的实施都需要细致的规划和高度的互动。通过混合使用多种教学方法和教学媒体，教师有可能将教学效果最大化，并满足不同学生的个性化需求。在高师学前教育音乐课程这样具有高度实践性和创造性需求的领域中，混合教学模式的正确实施将具有特别重要的意义。课程实施阶段将直接影响到教学效果和学生满意度。因此，教师在实施前为学生进行一次导入培训是非常必要的。这样的培训能让学生熟悉所要使用的在线平台的操作方式、课程结构和预期目标，从而减少学生因技术问题或不明确的课程要求而产生的困惑，进一步提高学习质量。面对面课程中的教学活动更注重实时互动和参与。例如，教师可以通过小组讨论来让学生针对特定的音乐作品或者音乐理论进行深入的探讨；案例分析可以帮助学生更全面地了解音乐制作、表演或教育的实际应用；角色扮演等方法可以让学生更生动地体验音乐与文化、社会等多个方面的交织关系。这些互动方式不仅能丰富教学内容，也能提高学生的学习参与度。在线课程部分同样需要设计具有互动性的教学活动，这些互动通常更加灵活，可以根据学生的时间和进度进行安排。例如，通过在线论坛，学生可以在课堂之外继续进行主题讨论，或者对课程内容提出问题和建议；问答环节用于解答学生的疑惑，或者作为补充说明和深化理解的途径；等等。在线作业则不仅是对学生理解和应用课程内容的一种检验，也是教师了解学生学习状态、进行个性化教学的重要途径。

五、监测反馈

在混合教学模式中，持续地监测和反馈是确保教学质量与效果的关键。这不仅有助于教师在课程进行过程中作出相应的调整，也能让学生更清楚地了解自己的学习状态，从而更有针对性地进行改进。在线平台通常具备一定的数据分析工具，这些工具可以实时监控学生在在线环节中的表现，如参与度、完成度、测验成绩等。这些数据对于教师来说是宝贵的资源，它们不仅能反映出学生的学习进度，也能间接地显示出课程设计和教学方法是否有效。如果发现某一部分的参与度或完成度低，教师可以及时地进行课程内容或教学方法的调整。除了在线数据分析外，问卷和面谈也是非常有效的反馈获取方式。与数据分析相比，这些方法能提供更为细致和深入的信息。例如，问卷可以设计成多项选择题、填空题和开放性问题相结合的形式，以全面地了解学生对课程的感受和建议；面谈则可以更直接地了解到学生的个性化需求，这对于后续的教学改进尤为重要。教师自身的反馈也是不可或缺的一环。教师可以通过自我观察和反思，或者与同事、专家进行讨论，来评估自己教学方法的有效性和可改进之处。通过多渠道、多角度地监测和反馈，教师不仅可以更准确地把握学生的学习状态，也可以持续优化课程设计和教学方法，以求达到最佳的教学效果。这一环节在高师学前教育音乐课程这样需要高度个性化和创造性教学的领域里，显得尤为重要。

教师在实践高师学前教育音乐课程的混合教学模式时，可以从多个方面进行综合操作。在使用在线平台时，教师应尽量利用数据分析工具

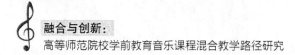
进行实时监测，包括哪些教学视频受到学生欢迎、哪些在线作业或测验的完成率低等，以便作出及时调整；周期性地通过问卷或面谈收集学生的反馈，并据此进行期中或期末的课程改进；考虑引入一些小型的教学实验，如使用不同类型的音乐素材或尝试不同的教学方法，并在课后通过简短的问卷或面谈获取学生的反馈。教师可以与其他教音乐或相关科目的教师进行定期交流，共享各自在混合教学模式下的成功或失败经验，互相借鉴；在面对面的课程中，也可以尝试不同的教学方式以增加互动性，如案例分析、角色扮演等，并将这种互动延续到在线平台上，如通过论坛、问答等形式进行进一步的讨论。同时，教师要特别关注那些可能需要更多支持或拓展的学生，根据在线平台的数据进行识别，并通过多种渠道为学生提供个性化建议，如电子邮件、在线聊天或面对面会谈等。在每一个教学周期结束后，教师要进行全面的数据和反馈分析，以评估这一周期的教学效果，并据此进行下一步的课程设计和教学方法的调整。

六、调整优化

在高师学前教育音乐课程中实施混合教学模式是一种颇具前瞻性和创新性的教学策略。这种模式融合了面对面教学和在线教学，为教师和学生提供了更多教与学的选择。但混合教学并不是一劳永逸的解决方案，它需要经过一系列的反馈和优化才能达到最佳效果。教学优化首先应基于学生和教师的反馈。一方面，教师需要密切关注学生在面对面和在线环节中的表现，看看哪种环境更能促进学生的音乐认识和技能发展；另一方面，学生的反馈也非常宝贵，因为最终的教学效果取决于学生的学习体验。同时，教学平台收集的数据分析可以为教学优化提供更多实证依据，这些数据可能包括学生在线活动的频率、作业提交率、在线测试的表现等。这些分析结果不仅能够对教学内容进行调整，还能影响教学方法和使用的教学平台。如果学生对于某个主题或概念普遍理解困难，教师可能需要在面对面的课程中投入更多时间和资源进行解释与示范。如果某个在线模块或活动反响特别好，教师不妨考虑将其范围扩大，或者将其作为以后课程的固定环节。优秀的教学实践应当得到总结和分享，这一点不仅有助于提高教师的教学水平，还有助于形成学校或更广泛教育社群中的优质教学资源。例如，一名教师发现使用某种特定的音乐软件能够显著提高学生的音乐创作能力，这一成功经验就应该写成案例或研究报告，以供其他教师参考和借鉴。

混合教学模式在高师学前教育音乐课程中的实施是一个动态和持续的过程。通过不断的收集反馈、进行数据分析，并据此作出调整和优化，这种模式有望在满足学生多样化需求的同时，让教师更有效地发挥自己的专业优势。这不仅有助于提高教学质量，也是推动教育创新和发展的重要手段。

第二节　混合教学模式在实践中的效果评价

一、混合教学模式效果评价的意义

通过对混合教学模式进行全面、系统的评价，教师不仅可以了解混合教学模式的优缺点，还可以为其持续改进提供依据，最终提高教育质量和效率。混合教学模式效果评价的意义如图 4-2 所示。

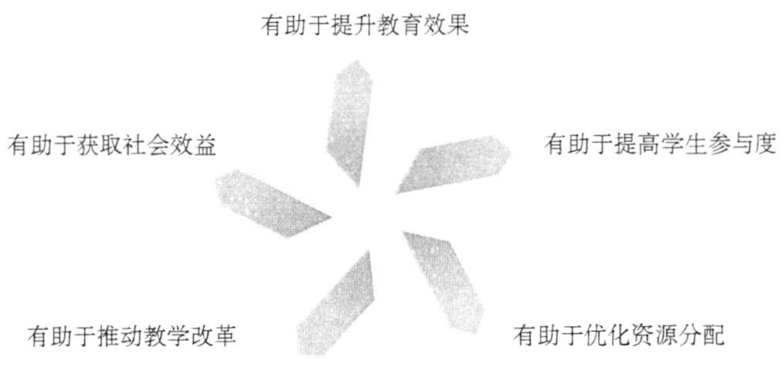

有助于提升教育效果

有助于获取社会效益　　　　　　　　　有助于提高学生参与度

有助于推动教学改革　　　　　　　　　有助于优化资源分配

图 4-2　混合教学模式效果评价的意义

（一）有助于提升教育效果

混合教学模式将传统的面对面教学和现代的在线教育结合在一起，以便为学生提供更全面和个性化的学习体验。这种模式往往给予学生更多的灵活性，使他们能够根据自己的进度和偏好进行学习，同时还能与教师和同学进行实时互动。这一系列优点预示着混合教学有可能提升教育效果，但究竟如何，以及在何种程度上能够实现这一目标，就需要通过详细的评价来探究。考试成绩是教育效果的一个重要指标，但它并不是唯一的或最全面的。混合教学模式之所以备受关注，就在于它有潜力提高学生在多个方面的表现，而不只是考试。与传统教学模式相比，混合教学模式通常能提供更多种类的教学材料和活动，如视频讲座、在线讨论、实验模拟等，这些都有助于增强学生的理解和记忆。理解程度本身是一个多层次、多维度的概念。在混合教学模式中，学生有机会在不同的环境和情境下学习，这有助于他们从不同角度和层面理解知识，还有助于他们将知识与实际情境相连接，从而提高对知识的实际应用能力。例如，一个学生可能通过观看视频和参与在线讨论，对某一历史事件有初步的了解和认识，随后在面对面的课堂讨论和小组活动中，他能进一步提升自己的理解，甚至能在与同学和教师的互动中，找到与当前社会现象或个人生活经验的联系。实际应用能力的提升也是混合教学模式可能带来的重要益处。通过线上和线下的综合教学活动，学生有更多的机会参与项目设计、团队合作、问题解决等实际操作，这不仅能加强他们对于理论知识的理解和记忆，还能拥有实际应用这些知识的机会。这种实践经验对于学生未来走入职场，甚至对于他们成为终身学习者，都具有不可估量的价值。

评价混合教学模式的教育效果不仅可以从数据和成绩着手，也可以从学生学习经验、参与度、自我评估等多方面进行考查。这样的评价不仅能提供关于该教学模式有效性的直接证据，还能为教师提供改进教学方法和策略的重要依据。更进一步说，一个全面且深入的评价可以为教育研究提供宝贵的实证数据，有助于教师更系统、更科学地理解混合教学模式在提升教育效果方面具有哪些潜力和局限，从而推动教育方法和技术的持续创新与优化。

（二）有助于提高学生参与度

混合教学模式通过融合线上和线下的教育元素，为学生提供了一种更为个性化和灵活的学习路径。这种方式有着显著的优势，尤其在提升学生参与度方面。学生参与度是一个多维度的概念，它不仅包括学生在课堂内外的表现和行为，还包括学生对教学内容、教学方法和教育目标的认同与投入。因此，评估混合教学模式是否能够提升学生的参与度并非简单的量化问题，需要从多个层面和方面进行深入的考察与分析。混合教学模式通过提供多样化的教学材料和活动，可以极大地激发学生的学习兴趣，这种兴趣是参与度提升的重要前提和基础。不同的学生有不同的学习风格和偏好，有的人可能更喜欢通过阅读和写作来获取知识，而有的人则可能更倾向通过观看视频或参与互动活动来进行学习。混合教学模式能够满足这些不同需要，使更多的学生在适合自己的方式和环境中学习，从而提高他们的参与度。混合教学模式提供的灵活性也是其能够提高学生参与度的重要因素。在这种模式下，学生可以根据自己的时间和节奏来安排学习，这不仅减轻了因时间和地点限制而带来的压力，还能使他们更加主动和自发地参与学习。与此同时，这种灵活性也使教师有更多的空间和机会来进行个性化教学，比如通过在线平台来跟踪每个学生的学习进度和表现，然后针对他们的具体需要和问题进行个别指导与反馈，这无疑能进一步提高学生的参与度。混合教学模式强调的互动性也有助于提升学生的社会性参与度。在这种模式下，学生不仅可以与教师进行更为深入和个性化的互动，还可以通过线上和线下的合作与讨论，与同学建立更为紧密的联系。这种社会性的参与不仅能增强学生对教学内容和目标的认同感，还能提供一种社会支持和激励机制，使他们更愿意和更有动力参与学习。

（三）有助于优化资源分配

混合教学模式在教育界备受瞩目，其深远的影响不仅体现在学生的

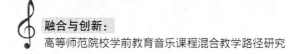

学习效果和参与度上，还体现在教育资源的优化分配方面。与全线下教学或全在线教学相比，混合教学能够更加灵活地配置和利用各种教育资源，包括但不限于教师、教材、设备、时间和空间。但是，确保这种灵活性能够转化为实际效益，实现教育资源的最优分配，就需要对混合教学模式进行全面而细致的评价。通过评价，教师可以了解哪些特定的教学元素或组件在达成教学目标方面最为有效，如在线课程、实验室活动、小组讨论以及其他课堂或课外活动等。这不仅可以指导教师在设计和实施课程时做出更为明智的选择，还能为学校和教育机构在决策和规划中提供有价值的数据支持。例如，如果评价结果显示在线讨论和互动对于学生批判性思维能力的培养具有显著影响，那么，相应的资源，如时间、劳动力和资金就可以更多地投入这一方面，而非被分散或浪费在效益相对较低的活动上。混合教学模式中的资源不仅包括物质资源，还包括人力资源。教师作为教育过程中重要的人力资源，其分配和利用对教学效果有着至关重要的影响。评价可以明确哪些教学活动更需要教师的直接参与，哪些则可以通过在线平台或自主学习等方式来完成。这样，教师就可以将更多的时间和精力集中在那些确实需要发挥他们专业知识与教学技能的活动上，如实验指导、论文指导或个别辅导等。评价还可以为教育者和机构提供关于技术与设备如何有效地支持教学的信息。今天，各种先进的教育技术和工具，如虚拟实验室、在线测试平台、人工智能辅导系统等，都为混合教学提供了强有力的支持。但是，这些技术和工具的引入与应用也需要相应的资源投入，如购买和维护费用、培训成本，以及其他潜在的时间和精力成本。因此，通过评价，教师可以更清晰地了解哪些技术和工具确实值得投入，哪些则可能并没有达到预期的效果或价值。

（四）有助于推动教学改革

定期和全面的评价不仅是混合教学模式成功实施的关键因素，也是推动教学改革和教育创新的重要手段。

只有在真实和准确的数据支持下，教育者和教育机构才能有针对性地解决问题，优化教学设计，提高教学质量，最终实现教育的长远发展和社会价值的最大化。这样的评价机制能有效地促进教育者自我反思，激发其改进和创新的热情，也能够为教育政策的制定和执行提供科学的依据，有助于整个教育系统更为高效和公平地运作。

在混合教学模式下，教师角色的复杂性明显增加。除了传统教室里的讲授外，他们还需要熟练运用各种在线工具，设计互动环节，以及时刻跟踪学生在多个平台上的学习进度，这些都需要教师具有更高的专业素养和多元技能。因此，定期的评价可以作为一种反馈机制，让教师明白自己在教学过程中的哪些环节做得好，哪些环节还需改进。例如，如果某个在线课程模块的完成率和学生反馈均较低，那么教师便知道这一部分可能需要重新设计或者调整教学策略。教育机构也能从定期的评价中受益。混合教学往往需要更多的资源投入，包括硬件设施、软件许可，以及教师培训等。有效的评价可以作为决策支持，帮助教育机构确定哪些投资确实能够带来教学质量的提升，哪些则可能是不必要的浪费。此外，评价结果还可以作为与其他教育机构和政府部门沟通的依据，有助于争取更多的支持和合作。评价也有助于整个教育系统的自我修正和更新。教育是一个动态的、需要不断适应社会变化和技术发展的系统，尤其在当前这个信息爆炸和全球化快速发展的时代，教师的教育方法和工具需要更加灵活与多样，以应对日新月异的挑战和需求。在这种背景下，混合教学模式作为一种创新的尝试和探索，其成功与否需要通过持续和系统的评价来进行检验与确认。

（五）有助于获取社会效益

混合教学模式不仅在提高教育质量和学生参与度方面具有潜力，还在社会层面具有广泛的效益。

通过合理地整合线上和线下教学资源，这种模式有可能降低教育成本，提高教育可达性，从而为更多人提供更高质量的教育机会。这种社会效益是任何教育模式评价体系中不可或缺的一环，尤其在当今这个越来越注重包容性和公平性的社会背景下。降低教育成本是混合教学模式具有的明显优点之一，通过在线平台，学生可以在不需要前往特定地点的情况下获得高质量的教育资源，这无疑减少了交通、住宿和其他与地理位置相关的费用。同时，教育机构也能通过这种方式减少对实体教室和其他硬件设施的依赖，进一步降低运营成本。当这些经济效益被评价和证实后，就能为更多的教育机构和政府部门提供有力的决策依据，促使他们更加愿意投资和推广混合教学模式。提高教育可达性也是混合教学模式极具吸引力的一点。在传统的教育模式下，那些居住在偏远地区或因各种原因无法前往学校的人群往往面临诸多教育机会的限制。混合教学，尤其是其在线组件，极大地拓宽了这些人群的教育路径。这不仅意味着更多人能够接受教育，还意味着教育资源可以被更加公平地分配，从而减少社会不平等现象。

混合教学模式对于整个社会系统而言，其意义远不止以上所述，它还能作为一种创新的教育手段，为现有教育体系注入新的活力和可能性。例如，通过混合教学，教师不仅可以实现个性化教育，还可以更方便地实施终身教育，以满足现代社会快速发展和不断变化的需求。这些都是传统教育模式难以实现的，但在混合教学模式下却成为可能。

二、混合教学模式的教学评价原则

混合教学模式结合了传统面对面教学与在线教育，旨在优化教学效果和提高学生参与度。因此，混合教学模式的教学评价需遵循特定原则。混合教学模式的教学评价原则如图 4-3 所示。

图 4-3　混合教学模式的教学评价原则

（一）评价方式合理结合

混合教学模式综合了线上和线下教学方法，为学生提供了一个更加灵活和多元的学习环境。因此，混合教学模式的评价方式也应当与这种教学模式相适应。将形成性评价和终结性评价合理结合是一个非常值得关注的方向。

形成性评价在混合教学中占有更加重要的位置。形成性评价是一种持续、动态的评价方法，它不仅关注结果，更关注过程。这种评价方式能更好地反映学生的学习进度、课程参与度，以及个人发展。对于教师来说，形成性评价能提供实时反馈，帮助他们及时调整教学方法或内容，以适应不同学生的需要。终结性评价在混合教学模式中也有其不可或缺的作用。这种评价通常在课程结束时进行，目的是总结和评价学生对整个课程内容的掌握程度。但是，终结性评价的设计需要谨慎。首先，它的比重应适当降低，以使形成性评价更全面地反映学生的能力。其次，考试内容应注重考查学生对基本概念的理解，而不是机械记忆或实操能力。

在终结性考试中过多地考查机械记忆或实操性较强的内容，很可能会导致教学目标偏离，影响学生的深层次学习。相反，如果考试能集中于检验学生是否清晰地认识到了基本概念，是否存在认识误区，那么这将促使学生更加深入地思考和理解课程内容。形成性评价和终结性评价都有其独特的优点与应用场景，在混合教学中，合理地结合这两种评价方式，能够更全面、更准确地反映学生的学习状态，从而提高教学质量。

（二）评价设计多元化

形成性评价在混合教学环境中扮演着至关重要的角色，它是对学生学习效果的一种测量，也是学习过程的一部分，有助于教师和学生了解学习进展，从而作出相应的调整。然而，形成性评价的设计和实施往往容易陷入单一化的窠臼，比如仅通过布置作业和阶段性测验来进行，这种做法不仅限制了评价的多维度性，还可能压制学生的探究性和创造性。多元化的形成性评价应该是多角度、多维度的，能够全面地反映学生的

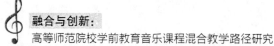

学习状态，包括学生的参与度、探究过程、理解心得、实践操作、迁移应用等方面。例如，参与度可以通过在线讨论、小组合作、课堂提问等多种方式来评价；探究过程可以通过研究报告、项目进展汇报等方式来考查；理解心得可以通过读书报告、自我反思等形式来体现；实践操作可以通过实验、实地考察等方式来检验；迁移应用则可以通过案例分析、解决实际问题等方式来展示。多元化的评价设计不仅能全面地反映学生的学习情况，还能激发他们从多个角度和层面进行思考与探究，从而更好地适应未来复杂多变的社会环境，这也有助于教师更准确地了解学生的优点和不足，以便进行更有针对性的教学。最重要的是，多元化的评价能让学生明白，学习是为了应对考试，也是为了全面地发展自己的综合素质和能力。

（三）评价数据来源广泛

混合教学模式在教育界越来越受到重视，尤其是在大数据和人工智能技术日趋成熟的今天。这种模式不仅将传统教学方式与在线教育有机地结合在一起，而且充分利用数据分析工具，为教学评价提供了更广泛和科学的数据来源。

大数据思维在混合教学评价中扮演了重要角色。通过平台自动记录学生的学习行为，如视频观看进度、练习完成情况和在线互动表现，教师能够更准确地掌握学生的学习状态。这些数据不仅能用于及时调整教学内容和方法，还能帮助教师识别学生的个性化需求。有条件的学校可以进一步设计和开发移动教学 App，这些 App 可以在混合教学模式中实时收集更多维度的数据。例如，通过 App，学校可以记录学生对课堂讨论的参与度，或者通过地理位置数据来了解学生是否按时到达教室。这样的多维度数据分析将使教学评价更加全面和精确。这些广泛的数据来源为采用更先进的分析方法提供了可能，如机器学习和人工智能算法。通过对这些大量的学习痕迹数据进行深入的分析，教师不仅能更科学地评估学生的学习效果，还可以预测学生未来可能的学术表现，从而提前作出教学调整。

（四）重视学生综合能力的发展

混合教学是传统课堂教学与在线教学的结合，具有高度的灵活性和多样性，能够更好地适应不同学生的学习需求和习惯。然而，与其灵活多样的教学方式相比，混合教学模式的教育评价体系往往还停留在传统应试教育的框架内，即过分侧重考试成绩，忽视了学生综合能力的培养。在混合教学环境中，评价体系应该从单一的分数导向转向更全面和多元的评价方式。除了学习成绩外，教师更应该关注学生的探究性学习能力，即解决问题和批判性思维的能力；自主学习能力，即自我管理和自我激励的能力；学习积极性和参与度，即愿意主动参与课堂讨论和课外活动的程度；协作学习能力，即与他人有效合作的能力，以及团队合作的组织协调能力和责任感。这样的多元评价不仅能更准确地反映学生的全面发展，还能激励学生从多个角度去提升自己，而不是仅仅追求分数。这对于培养具有综合素质的人才具有重要意义，也更符合混合教学的教育理念。所以，教育者和政策制定者应当重新审视与设计评价体系，确保其能全面而有效地评估和促进学生综合能力的发展。

三、混合教学模式的评价体系构建

混合教学模式结合了传统面对面教学与在线教育的优势，以适应不同学习需求和环境。然而，评价这一模式的效果是一大挑战，因为它涉及多种教学元素和参与方。因此，构建一个全面、灵活且科学的评价体系是至关重要的，旨在准确地反映学生的学习成果、教师的教学质量以及整体教育环境的效率。

（一）制定个性化的教学目标

制定个性化的教学目标对于现代教育来说是至关重要的。传统的教育体系往往使用"一刀切"的方法，为全体学生设定统一的教学目标和标准。这种方式无疑忽视了学生之间的个体差异，无法充分激发学生的学习潜能和兴趣。

每个学生都是独一无二的个体，他们在认知、兴趣、学习风格，以

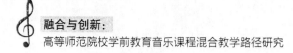
及学习速度上都有各自的特点。对于这样不同背景和不同需要的学生来说，统一的教学目标往往显得过于笼统，甚至可能会让部分学生感到挫败。例如，对于数学较好和数学较差的学生来说，使用相同的教学目标和评价标准明显是不合适的。

个性化的教学目标设置能更准确地反映学生的实际需求，教师可以根据学生的实际情况制订更有针对性的教学计划。例如，对于基础薄弱的学生，教师可以额外分配一些基础训练任务，以增强其基础技能；而对于学科天才或者对某个领域有浓厚兴趣的学生，教师可以提供更高级、更深入的学习材料和项目，以满足他们探索和挑战自我的需求。除了教师的角色外，学生也应当参与个性化教学目标的制定。通过自我评价和自我目标设定，学生不仅可以更清晰地了解自己的优点和不足，还可以提高自主学习和责任感。教师可以在这一过程中起到引导和辅助的作用，例如，帮助学生明确目标、制定实现步骤，以及进行定期的进度检查和调整。个性化的教学不仅是目标设置的问题，还涉及教学方法、评价方式、教学资源等多个方面。随着信息技术和在线教育资源的不断发展，教师有更多的工具和平台可以用于实现个性化教学。例如，线上学习平台可以根据学生的学习数据来提供定制化的练习和反馈，教师也可以通过这些平台来跟踪和调整学生的学习进度。

制定个性化的教学目标是教育改革和提高教学质量的重要一步。通过考虑学生的个体差异，教育者不仅可以为学生提供更有针对性和效果更佳的教学服务，还能培养学生的自主学习能力和责任感，为他们未来的职业和生活奠定坚实的基础。

（二）制定以目标为导向的多元、立体的教学评价体系

传统的单一评估方式难以全面衡量学生的各方面能力，因此，教师需要建立以目标为导向、多角度和多维度的教学评估体系。这里的"多角度、多维度"包括多种评估主体、多样的评估内容和多元的评估标准。

混合教学模式要突破仅由教师进行评估的传统模式，转向一个更综合的评估体系，其中包括教师评估、学生自评以及同伴评估等。这种多

元主体的评估更能激发学生的主动性，也有助于学生更全面地了解和反思自己的学习状态，营造更加积极的学习环境。在评估内容上需要多样化。教师不仅需要考虑学生在课堂上的表现，还需要考量他们课前的准备、课堂参与度、课后自我管理、作业完成情况、课外拓展学习以及在线学习等多个方面，这样可以全面地了解学生的学习习惯和能力，有助于他们形成更好的学习习惯。在评估标准上应当多样化。学生的学习基础和起点各不相同，使用单一标准难以全面、准确地评估学生的学习进度和水平。因此，在设置评估标准时，应该个性化，以关注学生的个体差异，从而更好地激励他们关注个人进步。

对于混合教学，其评估体系不仅应该考虑教师的教学态度和课程资源建设，还需要包括教学讨论、习题测试和教学效果等多个方面。其中，课程资源、课堂教学和在线学习指导应当成为评估的焦点，以体现教师对教学全过程的重视。

（三）过程性混合式评价体系的实施

过程性混合式评价体系是现代教育评价体系的一个重要组成部分，它的核心思想是综合考虑各种评价主体和评价方法，以便更全面、更准确地反映学生的学习成果和教育过程。这种体系不仅关注学生的知识掌握情况，更注重学生在学习过程中表现出的各种能力和品质，如主动性、参与积极度、学习态度等。权重的分配是一个关键环节，因为它直接反映了教育目标的达成程度。权重不仅可以分配给不同的评价主体（如教师、学生、家长等），还可以分配给不同的评价内容（如学习态度、学习成绩、团队合作能力等），这样可以更全面地评价学生，也能让教育者清晰地了解教学环节的哪些方面需要加强。学生主动参与学习活动是评价体系中的一项重要内容，教育不仅是教师教授知识，更重要的是激发学生的学习兴趣和主动性。通过观察和评价学生在小组合作、独立探究、集体讨论等多种活动中的表现，教师可以更准确地了解学生的实际能力和需求，从而进行更有效的教学。教师应当关注学生的个性差异，每个学生都是独一无二的，具有自己的优点和不足。过程性混合式评价体系强调个性化教学，旨在激发学生的潜能。教师应鼓励所有学生参与各种活动，不仅是传统的课堂教学，还包括动手操作、小组讨论等，这样可以让每个学生都有机会展示特长。教师应采用多种评价方法和多种表征形式，如问卷调查、面试、实际操作等，以全面地了解和评价学生。这种多样化的评价方式不仅能更准确地反映学生的实际水平，也能鼓励学生从不同角度思考问题，培养其综合素质。

第五章 "研学—导学—创学三步四变" 混合教学模式介绍

　　混合教学模式的引入是为了弥补传统教学模式的不足，以及适应当今信息化社会的教育需求。在传统教学中，学生主要依靠课堂教学和教科书进行学习，而这种单一的学习方式难以满足学生的个性化需求和多样化的学习方式。混合教学模式则充分利用了线上线下资源的优势，打破了时间和空间的限制，为学生提供了更加丰富、灵活的学习体验。

　　在学前音乐教育领域，传统的教学模式往往局限于教师的讲授和学生的被动接受，难以激发学生的学习兴趣和创造力。教学团队经过不断改革尝试教学创新，充分发挥线上线下教学资源的优势，通过任务驱动、游戏化学习等策略，激发学生的学习动力和参与度，提高学习的实践性和应用性。经过不断优化、调整，教学团队根据学前教育专业学生的学习基础、特点及用人单位需求而量身定制独立 SPOC 课程，以专业素养发展为目标，融合线上线下两个课堂的优势，在教与学的"研—导—创"三个环节中贯穿产出性学习理念，聚焦所学知识、能力、素养整体性的显性化、产出化。以学定教、先学后教、少教多学，形成注重学生应用、创新、团队合作、主动探究性学习的教学模式。

　　在高师学前教育音乐课程中采取"研学—导学—创学三步四变"混合教学模式，为学生提供了更加灵活、多样的学习方式，使他们能够在不同的环境中学习，提高学习效果。

　　"研学—导学—创学三步四变"教学模式将学生的学习过程分为三个阶段：研学阶段、导学阶段和创学阶段，通过每个环节中四个可以随意变化、组合的学习任务来促进教学的深入和成效。这种模式以任务驱动为核心，强调学生的自主学习和合作学习，通过线上线下教学相结合的

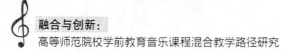
方式，使学生在不同的学习环境中得到全面发展，为学前音乐教育的改革和发展提供了新的思路与方法，如图 5-1 所示。

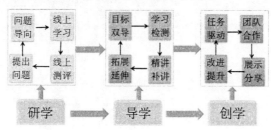

图 5-1　"研学—导学—创学三步四变"教学模式

在研学阶段，学生主要通过线上资源进行自主学习和合作学习；在导学阶段，学生在教师的指导下进行深入学习和探究学习；在创学阶段，学生通过项目式学习和实践探究进行知识的创新与应用。通过这种模式，学生不仅可以获得丰富的学习资源，还可以在不同的学习环境中进行实践探究，提高学习效果和学习质量。

第一节　"研学—导学—创学三步四变"混合教学模式的理论基础

"三步四变"混合教学模式是一种全面而创新的教学方法，它通过结合线上线下教学资源，实现了教学方法的多样化和个性化，为学生提供了更加灵活、互动和高效的学习环境。这种模式不仅提高了学生的学习效率和质量，还培养了他们的自主学习能力、团队合作能力和创新思维能力，为他们未来的学术和职业生涯打下了坚实的基础。

一、"研学—导学—创学三步四变"教学模式简介

"三步四变"混合教学模式是当前教育领域的一个创新尝试，它综合了线上线下教学的优势，以实现更高效、更深入的学习体验。"研学—导

学—创学三步四变"教学模式是由三个"四步小循环"构成的"三学大循环"组成的开放螺旋递进式教学模式，如图 5-2 所示。

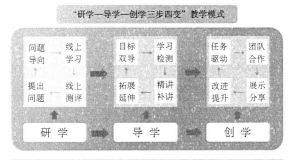

图 5-2 "研学—导学—创学三步四变"教学模式

课前线上学生自主学习结合学习小组合作学习进行研学；课中以目标双导形式进行导学，结合学生知识薄弱环节与重点环节展开讲解，并巧妙融入思政内容进行知识点整合、应用练习；课后将导学部分的"拓展延伸"环节进一步展开，采用任务驱动法，邀请学习小组对知识点作进一步创新应用。

这种模式以任务驱动为核心，运用六大教学策略：目标双导、任务驱动、游戏化学习、多元化评价、自主行动、交流共享，实现教学目标的全面覆盖。

目标双导战略强调了学习目标的明确性和导向性。在这种模式下，教师不仅指导学生理解课程目标，还帮助他们设定个人学习目标，使学习过程更具针对性和个性化。

任务驱动策略使学生通过完成具体任务来达成学习目标，这种方法激发了学生的积极性和探索欲望，提高了学习的实践性和应用性。

游戏化学习作为这一模式的一部分，将学习过程变得更加生动和吸引人。通过引入游戏元素，如积分、排行榜、虚拟奖励等，学生的学习动力和参与度得到显著提升。

多元化评价体系确保了对学生学习过程和结果的全方位评估，不仅

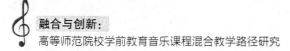

融合与创新：
高等师范院校学前教育音乐课程混合教学路径研究

包括传统的书面考试，也涵盖项目作品、团队合作、口头表达等多种形式，可以更全面地反映学生的学习成果。

自主行动要求鼓励学生在学习过程中发挥主观能动性，培养独立思考和问题解决能力。在这种模式下，学生被鼓励去探索、研究、创造，而不只是被动接受知识。

交流共享策略促进了学生之间以及师生之间的有效沟通与合作，通过分享和讨论，学生可以从不同视角获取知识，拓展思维。

在"三步四变"模式中，线上学习和线下学习有机结合。线上环节主要侧重学生的自主学习和生生互助，通过网络平台，学生可以在任何时间、任何地点进行学习，利用在线资源和工具进行自我提升。同时，生生互助机制鼓励学生间的协作和帮助，促进了知识的共享和传播。线下环节主要包括教师指导学习、师生探究学习和生生合作学习。在教师的直接指导下，学生可以更深入地理解复杂概念和理论，教师也可以根据学生的反馈及时调整教学策略；师生探究学习和生生合作学习更加强调实践与探索，学生可以在实际操作中学习，在合作中培养团队协作能力和沟通技巧。

该模式基于人才培养目标，以任务驱动为中心，通过"目标双导、任务驱动、游戏化学习、多元化评价、自主行动、交流共享"六大教学策略，将线上"学生自主学习—生生互助学习"与线下"教师指导学习—师生探究学习—生生合作学习"有机结合。在教学组织中以学生为主体，激发学生学习的内驱力和主动性，更注重学生自学能力及综合素养能力的培养。

（一）以学生为主体，目标与问题双导教学

以学生为主体，由教师与学生共同确定教学目标与学习问题。课前由教师根据课程大纲及教学内容设定教学目标与线上学习问题，学生结合线上自学及合作式学习讨论学习目标及学习问题，最终达成教与学的课堂目标。这种双向式的教学模式把教学的主动权交给了学生。目标与问题双导教学如图 5-3 所示。

图 5-3 目标与问题双导教学

（二）结合知识点巧妙融入思政内容，立德树人

除了在教学实践中深挖音乐知识与当今社会热点、学生兴趣点的融合素材，激发学生专业知识技能的学习热情外，教师也要将学生个人职业发展与国家建设紧密结合，使他们树立正确的价值观和职业操守。

二、"研学—导学—创学三步四变"教学模式的关键

"研学—导学—创学三步四变"教学模式通过强调学生的主体性，采用灵活多样的教学方法，重视实践与创新能力的培养，促进协同合作与共享交流，以及实施形成性评价与反馈，为学生提供了一个全面、高效、动态的学习环境。其关键点在于以下几个方面。

（一）整合式学习路径

"研学—导学—创学三步四变"模式的整合式学习路径将学习过程分为三个相互联系且逐步深入的阶段：研学、导学、创学，每个阶段都设定了明确的学习目标和方式，形成了一个连贯且渐进的学习路径。

在研学阶段，重点放在学生的自主探索和研究上。这个阶段不仅是关于获取知识，更多的是关于如何学习。学生被鼓励去质疑，去探索，去发现。在这个阶段，教师的角色更像一个向导，他们不是直接提供答案，而是提供工具和方法，引导学生寻找答案。在这个过程中，学生能够学会如何有效地使用资源、如何分辨信息的真伪，以及如何从不同的角度理解和分析问题。这样的学习经历不仅丰富了学生的知识储备，更

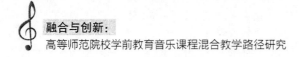

重要的是培养了他们的独立思考能力和问题解决能力。

导学阶段则更多地强调教师的指导作用。在这一阶段，教师会根据学生在研学阶段的表现，制订更加系统化和具有针对性的教学计划。这个阶段的目的是帮助学生将他们在研学阶段所探索的知识整合成系统的理论框架。通过教师的指导，学生可以更深入地理解复杂的概念和理论，同时，教师也会通过使用不同的教学方法，如讲座、讨论、案例分析等，帮助学生加深理解和记忆。导学阶段的学习不仅使学生的知识体系更加完整，也使他们更好地将理论应用于实践。

创学阶段是这一学习路径的顶点，它要求学生将之前学到的知识和技能应用于实际问题的解决。在这一阶段，学生需要运用所学的知识和技能去解决真实世界的问题，或者在某个领域进行创新，这不仅是一个知识应用的过程，更是一个创新思维和实践能力的培养过程。教师在这个阶段的角色更多是顾问，为学生提供必要的支持和资源，帮助学生将他们的想法转化为现实。这个阶段的学习经历使学生能够将理论与实践相结合，不仅加深了对知识的理解，也培养了他们的创新能力和解决复杂问题的能力。

整个"研学—导学—创学三步四变"模式的学习路径是一个动态的、互动的过程。在这个过程中，学生不断地从研学到导学，再到创学，每个阶段都在上一个阶段的基础上进一步深化和拓展。

（二）强调学生主体性

在"研学—导学—创学三步四变"教学模式中，学生主体性的强调是其核心特征之一。这一模式不仅是关于教学内容的传递，更重要的是关于学生如何学习，如何将知识内化，并将其转化为实际应用的能力。在研学阶段，学生的主体性得到了最初的体现，这个阶段学生不是被动地接受知识，而是主动地探索和研究。他们被鼓励提出问题，寻找答案。在这个过程中，教师扮演的是引导者的角色，为学生提供必要的资源和指导，但更多的是让学生自己去发现、去探究。学生通过阅读、实验、讨论等多种方式获取信息，学会独立思考和批判性分析。这种学习方式使学生不仅是知识的接受者，更是知识的创造者，他们在构建自己的知识体系的同时，也在培养自己的学习能力和研究能力。导学阶段，学生主体性的体现则在于如何将自主探索得到的知识与系统化的理论结合起来。在这一阶段，教师的作用是帮助学生深化和系统化他们在研学阶段获得的知识。教师通过讲授、示范、讨论等方式，引导学生理解更深层次的概念和理论。但重要的是，学生需要将这些理论知识与自己在研学阶段的发现相结合，形成自己的理解和见解。这一过程要求学生不仅要理解理论，更要批判性地思考，将理论应用于实际情境，实现知识的深层次理解和应用。创学阶段，则是学生主体性的最终体现。在这一阶段，学生需要将他们所学的知识和技能应用于实际的创新实践，这不仅是一个知识应用的过程，更是一个创新和实践的过程。学生被鼓励去发起项目，去解决实际问题，去进行创新实践，在这个过程中，学生需要运用他们的知识、技能和创造力来解决问题，创造新的价值。教师在这一阶段的角色更多是支持者和顾问，为学生提供必要的资源和指导，但最终的行动和决策都是由学生自己来完成的。这一阶段的学习体验不仅加深了学生对知识的理解，更重要的是培养了他们的创新能力和实践能力。在"研学—导学—创学三步四变"教学模式中，学生主体性的强调贯穿整个学习过程。在这一教学模式中，学生的学习方式如图5-4所示。

图5-4 学生的学习方式

（三）灵活多样的教学方法

在"研学—导学—创学三步四变"教学模式中，灵活多样的教学方

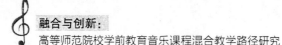

法打破了传统教学模式的局限性，为学生提供了一个更加丰富、动态和互动的学习环境。这种教学模式的灵活性首先体现在对不同教学手段的广泛采用。项目驱动学习是其中的一个重要组成部分，它强调通过实际项目的完成来推动学生的学习。在这种方法中，学生需要在教师的指导下，围绕一个特定的项目进行研究和学习。这种学习方式不仅能够激发学生的学习兴趣，还能够帮助他们将理论知识与实际应用相结合，提高他们解决实际问题的能力。在项目驱动学习的过程中，学生不仅学习知识，更重要的是学习如何协作、如何计划和组织项目、如何分析和解决问题。案例分析是该教学模式中一种重要的教学方法。通过分析具体的案例，学生可以更深入地理解理论知识，也能够提高他们的分析能力和批判性思维能力。在案例分析的过程中，学生不仅学习案例本身，更重要的是学习如何从不同的角度分析问题，如何在复杂情境中运用理论知识。这种教学方法使学习过程变得更加生动和实际，更容易激发学生的学习兴趣。小组讨论是这一教学模式中的又一重要组成部分。通过小组讨论，学生可以分享自己的观点，听取他人的意见，从而拓宽视野，加深对知识的理解。在小组讨论的过程中，学生不仅学习知识，更重要的是学习如何沟通和协作，如何在团队中发挥作用。这种学习方式不仅提高了学生的学习效率，也培养了他们的社交技能和团队合作能力。实验操作同样是这一教学模式中不可或缺的一部分。通过亲自进行实验操作，学生可以将理论知识转化为实际技能，这不仅加深了他们对知识的理解，也提高了他们的实践能力。在实验操作的过程中，学生学习如何设计实验、如何操纵实验设备、如何分析实验结果，这种学习方式使学习过程变得更加实际和生动，更能够激发学生的学习兴趣。

这些灵活多样的教学方法使"研学—导学—创学三步四变"教学模式不再局限于传统的课堂讲授方式，而是形成了一个多元化、动态化和互动化的学习环境。在这种环境中，学生不仅是知识的接受者，更是知识的参与者和创造者。

（四）重视实践与创新能力的培养

在"研学—导学—创学三步四变"教学模式中，创学阶段的实践与创新能力的培养对学生的整体发展至关重要。通过将理论知识应用于实际问题，学生不仅能够加深对知识的理解，更重要的是能够激发创新思维，培养解决实际问题的能力。

在创学阶段，学生被鼓励将他们在研学和导学阶段所学的理论知识应用于实际问题的解决，这种学习方式使学生的学习不再局限于课本和理论，而是转向更加实际和应用性的方向。通过参与真实世界的项目，学生能够在实践中遇到各种挑战，这些挑战要求他们运用所学知识，同时也激发他们发现新问题、提出新想法。在解决这些挑战的过程中，学生的创新能力得到了锻炼和提升，在这个过程中，学生不仅是在应用知识，更重要的是在创造新的知识。他们被鼓励去尝试新的方法，去探索未知的领域。这种探索和创新的过程不仅加深了学生对知识的理解，更重要的是培养了他们的创新思维和实践能力。在这一过程中，学生学会了如何面对新问题，如何在复杂和不确定的环境中做出决策，以及如何将理论知识与实际问题结合起来。创学阶段还特别强调团队合作和交流。在解决实际问题的过程中，学生需要与他人协作，共同探讨和解决问题。这种团队合作的过程不仅提高了学生的沟通能力和团队协作能力，也促进了知识的共享和创新思维的碰撞。在这个过程中，学生可以从不同的角度看待问题，从而产生更多创新的想法和解决方案。在创学阶段的学习过程中，教师的角色更多的是指导者和支持者，即为学生提供必要的资源和指导，帮助其在创新实践中取得成功。同时，教师也要鼓励学生自主学习，自主探索，培养其独立思考能力。在这个过程中，学生学会了如何在指导和自主学习之间找到平衡，如何在实践中不断学习和成长。

（五）协同合作共享交流

在"研学—导学—创学三步四变"教学模式中，对协同合作与共享交流的重视是其显著的教学特点之一。这种模式通过激励学生之间的协作与交流，不仅促进了知识和经验的共享，也大大增强了学生的团队合作能力和沟通技巧。在这一教学模式下，团队合作项目成为学习过程的核心环节。学生被分配到不同的团队中，共同完成特定的项目任务，这种学习方式使学生必须在团队中分工合作，共同解决问题。在这个过程中，每个学生都需要发挥自己的长处，也要学会倾听和理解他人的观点。这样的学习环境不仅促进了学生之间的互助和协作，也使他们在解决问题的过程中学会了互相尊重和信任。研讨会是另一种促进协同合作和共享交流的有效方式。在研讨会中，学生有机会分享自己的想法和研究成果，听取其他同学的见解和建议，这种交流方式不仅开阔了学生的视野，也增强了他们的批判性思维能力。在研讨会的氛围中，学生被鼓励开放思维，积极参与讨论，这样的经历对他们未来在多元化环境中的沟通和协作能力的培养至关重要。这一教学模式还强调通过各种渠道促进学生之间的互动与交流。例如，通过在线论坛、社交媒体平台等，学生可以在课堂之外继续讨论和交流，进一步加深对学习内容的理解和掌握。这种线上与线下相结合的交流方式，为学生提供了更多元化的交流平台，使知识的共享更为便捷和广泛。在协同合作与共享交流的过程中，教师的角色也非常关键，他们不仅是知识的传递者，更是协作与交流的促进者。教师需要创造一个开放和包容的学习环境，鼓励学生表达观点，同时也要教会他们如何有效地进行团队合作和沟通。教师还需要对学生的协作过程进行适当的引导和调整，确保每个学生都能在团队中找到自己的位置，并充分发挥自己的作用。总的来说，在"研学—导学—创学三步四变"教学模式中，协同合作与共享交流不仅是知识传递的重要方式，也是培养学生综合素质的关键环节。通过开展团队合作项目、研讨会以及利用各种交流平台，学生的团队协作能力和沟通技巧得到了显著提升。这种合作学习的环境不仅有助于学生在学术上的成长，也为他们未来在职场和社会中的有效沟通与协作打下了坚实的基础。

（六）形成性评价

在"研学—导学—创学三步四变"教学模式中，形成性评价的应用是对传统结果导向评价方式的重要补充和创新。不同于仅仅关注最终成果的评价方式，形成性评价更加关注学习过程中的持续进步和成长，它强调在学习过程中对学生进行持续的观察、指导和反馈，从而帮助学生更好地掌握知识，提高学习效率。形成性评价的核心在于将评价融入学生的学习过程，使其成为学习的一部分，而不是学习的终点。在这种评价模式下，教师通过定期观察学生的学习活动，记录他们的进步和挑战，及时给予反馈和指导。这种及时的反馈不仅能帮助学生了解自己的学习状态，还能激励学生继续努力，同时也帮助教师了解学生的学习需求，调整教学策略。形成性评价的方法多种多样，包括但不限于口头反馈、写作评注、同伴评价、自我评价等，这些方法都有助于增强学生的自我意识和责任感，鼓励他们主动参与学习过程。例如，同伴评价不仅能促进学生之间的交流和合作，还能帮助他们从不同的视角看待问题，提高他们的批判性思维和分析能力。自我评价则鼓励学生反思自己的学习过程，了解自己的强项和弱点，制定改进策略。在实施形成性评价时，教师的角色极其重要，他们需要确保评价的公正性和有效性，为学生提供具体的、有建设性的反馈，帮助他们识别和克服学习中的障碍。此外，教师还需要灵活运用不同的评价方法，根据学生的个性和需求进行调整，确保每个学生都能从评价中受益。形成性评价还包括对学生学习态度、参与度、合作能力等非学术方面的评价。这些评价能够帮助学生了解自己在学习过程中的表现，促进他们的全面发展。例如，通过评价学生的团队合作能力，教师可以鼓励学生在团队项目中发挥更积极的作用；通过评价学生的参与度，教师可以激励学生在课堂讨论中更加主动。

第二节 "研学—导学—创学三步四变"混合教学模式的具体步骤

一、研学阶段的具体实践路径

研学阶段是"研学—导学—创学三步四变"混合教学模式的初始阶

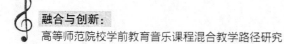

段，其重点在于培养学生的自主学习能力和探索精神。在这个阶段，教师和学生共同参与一个以学生为中心的学习过程，学生的主动探索和研究是这一阶段的核心。

在研学阶段的实施中，教师采用慕课、微助教等线上平台，发布具有挑战性和探索性的预习任务，旨在通过线上自主学习的方式，激发学生的学习兴趣，引导他们主动探索和学习。这一过程不仅涉及知识的传授，更重要的是培养学生的自学能力、批判性思维和问题解决能力。

在设计预习任务时，教师会创造吸引学生注意力的情境，如虚构的故事、真实的案例或者与学生生活密切相关的问题，使学生能够在探索过程中感受到学习的乐趣和价值。例如，在音乐教学中，教师可以设计一个探索不同音乐风格如古典音乐、爵士音乐等的任务，让学生在实际听感体验中，发现并探讨不同音乐背后的文化和历史背景。

通过慕课和微助教等平台，教师不仅能够发布学习任务，还能够创建线上讨论区，鼓励学生在小组内进行讨论和交流。学生可以分享学习心得、提出疑问或对其他同学的观点进行评论，形成一个积极的学习社群。此外，利用这些平台的测试和测评工具，教师可以及时了解学生的学习进度和知识掌握情况，为学生提供个性化的反馈和指导。

为了满足不同学习风格和需求的学生，教师在设计预习任务时，会尽量采用多样化的教学资源和活动类型。例如，除了阅读材料和观看视频外，还可能包括互动式的模拟活动、案例分析、创意写作等。这些任务不仅能够增强学生的学习动机，还能够帮助他们从多个角度理解和掌握知识。

在学习过程中，教师鼓励学生提出问题和发掘兴趣点，这些问题和兴趣点将作为后续线下课堂讨论的基础。通过这种方式，学生不仅能够在学习中发现自己的需求和兴趣，还能够促进与教师和同学之间的互动及交流。

在设置学习任务时，教师应尽量选取与现实世界相关的问题和案例，让学生能够理解学习内容在现实生活中的应用。例如，在教授音乐理论时，教师可以让学生研究某首儿童歌曲的和声，或者探讨音乐如何影响人的情绪和行为。

研学环节主要在线上完成。教师会提前在慕课平台发布制作好的SPOC课程资料，包含教学视频、知识点文档、趣味小测试、单元学习测验等，然后发布学习指南，提出问题，邀请学生带着问题完成线上自主学习和小组合作式学习，并进行线上讨论，回答教师的提问。

以高师学前教育音乐课程《音乐基础》中的第三章"节奏节拍"为例，为了组织学生学习第一节中"节奏"的内容，教师会在课前组织研学活动，具体流程如下。

第一步，上传《节奏》微课；第二步，发布学习指南：看微课完成线上讨论、视频作业；第三步，引导学生找出最主要的学习问题或兴趣点，一起制定学习目标、整合教学目标；第四步，发布线上单元测验。请学生针对教师提问在线上讨论墙上进行回复。学生会提出自己的学习问题，每个学生或者每个学习小组反馈的问题或者难点各有不同，但也可以看出所提到频次最多的问题或者难点，教师组织线上讨论区互动，最终结合学生反馈最多的问题，重新整理教与学的目标。

研学阶段最重要的是利用费曼学习法，让学生通过线上自主学习，组织小组讨论及学习互助，通过教与学的互助学习激发学生学习兴趣及对知识点的初步理解和掌握，并在这一环节完成目标双导任务。目标双导是教师与学生共同完成的，也会有一定的流程。主要步骤如下：第一步，结合教学内容与学生现状设定教学目标；第二步，根据教学目标有针对性地提出问题，并让学生线上思考、讨论；第三步，根据教师问题及教学目标，学生线上自学发现问题，激发自身对新知识的探索欲望；第四步，进行线上小测验，即学生线上学习的前测。

二、导学阶段的具体实践路径

导学阶段是"研学—导学—创学三步四变"混合教学模式的第二阶段，这一阶段是学生将自主探索成果转化为系统化知识，并加深理解和巩固学习成果的过程。这一阶段要求教师既要有深入的专业知识，又要有高效的教学技能，同时也需要对学生的学习过程进行细致的观察和及时的反馈。通过这种方式，导学阶段能够为学生提供扎实的知识基础，

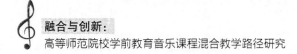

为下一阶段的创学做好准备。导学阶段的核心目标在于加深学生对知识的理解并使学生巩固学习成果，重点是教师的有序指导和学生对研学阶段成果的深化理解。

在导学阶段，教师面临如何将线上自主学习的成果转化为线下课堂教学的有效互动的挑战。这一阶段的核心在于通过精心设计的线下活动，让学生的线上学习成果得到巩固和深化，同时针对学生在线上学习中遇到的困难和挑战进行针对性的解答与补充。通过目标双导形式，即明确教学目标和学习目标，教师能够更加精准地进行教学设计，确保学生能够在理解和掌握知识的同时，培养其批判性思维和解决问题的能力。

基于慕课和微助教等平台的测试结果与数据分析，教师能够准确地识别学生在学习过程中遇到的难点和误区。这些数据为教师提供了宝贵的信息，帮助他们在设计线下课堂活动时，能够更加有针对性地安排教学内容，确保重难点得到重点讲解和实践。

将思政元素融入教学不仅能够拓宽学生的知识视野，还能够在潜移默化中培养学生的价值观和道德观。例如，在音乐教学中，教师可以通过分析不同音乐作品背后的历史背景和文化内涵，引导学生思考音乐与社会变迁的关系，以及音乐如何反映和影响人们的思想情感。通过这种方式，学生不仅能够学习到音乐知识，还能够提高人文素养和社会责任感。

多媒体教学资源，如音乐视频、案例分析等，能够使课堂更加生动有趣，增加学生的学习兴趣。通过观看音乐演出视频，学生不仅能够直观地感受音乐的魅力，还能够学习到音乐表演的技巧和表达方法。案例分析则能够让学生深入了解音乐作品的创作背景和艺术特点，从而更加全面地理解和欣赏音乐。

导学具体步骤如图 5-5 所示。

图 5-5 导学具体步骤

（一）系统化教学

系统化教学将学生在研学阶段获取的碎片化知识整合成一个有机的、系统的知识结构。这一过程要求教师不仅拥有扎实的学科知识，还要具备将复杂理论简化并有效传授的能力。

在这个阶段，教师的任务是帮助学生理解不同信息之间的内在联系和逻辑关系。系统化教学能帮助学生在知识的海洋中找到定位，使他们理解各个知识点在整个学科体系中的位置和作用。教师通过将散乱的知识点编织成一个完整的知识网络，使学生能够从更高的层面理解和掌握学科知识。

系统化教学是导学阶段的核心，它不仅帮助学生将碎片化的知识整合成系统的理论和概念，还帮助学生从更宏观的角度理解和吸收知识。通过这种教学方式，学生可以构建起完整且有逻辑的知识体系，为他们的未来学习和发展打下坚实的基础。

（二）深化理解

在深化理解的过程中，案例分析和实例演示是极其有效的教学手段，它们能使学生的学习过程更加生动、实际，从而使学生更易于理解和记忆。在音乐课上，这种教学方法尤为重要，因为音乐是一门结合理论和

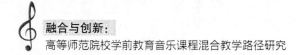

实践的艺术。例如，当教师讲解音乐理论，如和声学、节奏或音乐形式时，可以通过分析著名作曲家的作品来加深学生对这些理论的理解。教师在分析贝多芬的《月光奏鸣曲》时，可以指出其独特的和声使用和结构构造，让学生明白理论在实际作品中的应用。通过这样的分析，学生不仅能更好地理解音乐理论，也能欣赏到音乐作品的美妙之处。教师还可以通过现场演示来教授某些音乐技巧。例如，在教授吉他演奏时，教师可以演示不同的弹奏技巧，让学生看到这些技巧是如何在实际演奏中被应用的。学生可以通过观察和模仿来学习这些技能，这种实践学习方法对于提高他们的音乐技巧是非常有帮助的。

（三）互动提问

在音乐课上，互动提问是激发学生思考和课堂参与的关键手段，这有助于加深学生对音乐知识的理解，也有助于培养他们的批判性思维和沟通能力。举例来说，当教师在课堂上讲解不同音乐风格时，可以通过提出开放性问题来激发学生的思考。例如，教师可以问："巴洛克音乐和古典音乐有哪些不同？"这样的问题鼓励学生思考两种风格的特点，促使他们回顾所学知识，并主动参与课堂讨论。

在分析具体音乐作品时，教师也可以提出诸如"你认为这首歌曲的主题是什么？"或者"这首曲子的节奏给你带来了什么样的情感体验？"之类的问题。这些问题不仅促使学生深入思考作品的内容和形式，还鼓励他们从个人的角度进行感性的解读和表达。

教师可以通过互动提问来探讨音乐与其他艺术形式的关系，比如，"音乐与绘画在表达情感上有什么相似之处和不同之处？"这样的问题可以拓宽学生的思维范围，帮助他们从更广阔的角度理解音乐艺术。

通过这种方式，音乐课上的互动提问不仅激发了学生的好奇心和探究欲，还增强了他们的批判性思维和沟通能力。学生在这样的课堂氛围中更加积极主动，对音乐的理解也更为深刻和全面。

（四）知识巩固

通过作业、小测验等形式，教师能有效地测试和了解学生对音乐理论与实践技能的掌握情况。这些活动不仅帮助学生加深了对所学内容的理解和记忆，还为教师提供了重要的反馈，从而调整教学方法和内容。例如，在学习了特定的音乐理论后，如和声学或节奏，教师可以布置相关的作业，如分析一首曲目的和声结构，或者编写一个特定节奏的旋律。这样的作业要求学生将理论应用到实际的音乐创作或分析中，加深理解并巩固记忆。在实践技能的教学中，如乐器演奏教学，教师可以通过小测验来评估学生的演奏技巧和表达能力。例如，教师可以要求学生准备一段独奏作为测验内容，通过这样的演奏练习，学生能够在实际演奏中巩固和展示他们的技艺。教师还可以利用音乐会或学校活动作为知识巩固的机会，学生在这些活动中表演，可以帮助他们在真实环境中应用所学技能，增强自信心和舞台表现力。

三、创学阶段的具体实践路径

创学阶段是"研学—导学—创学三步四变"混合教学模式中的最后一个阶段，它标志着学生从理论学习转向实践应用的过渡。在创学阶段，教学活动达到了一个新的高潮，这个阶段的核心是让学生通过实际的创作和合作，将所学的理论知识运用到实践中，从而实现知识的深化和技能的提升。通过设计与乐理、视唱练耳紧密相关的创编任务，教师不仅能够引导学生深入探索音乐的本质，还能够激发学生的创造力，培养学生的协作能力和批判性思维。

在创学阶段的开始，教师会组织一系列活动来激发学生的创作灵感，这些活动可能包括音乐欣赏、讨论音乐作品的创作背景和艺术特征、探讨音乐与情感之间的关系等。通过这些活动，学生不仅能够获得创作的灵感，还能够拓宽他们的音乐视野，为后续的创作活动打下坚实的基础。

在激发了学生的创作灵感之后，教师会设计一系列与音乐课程中所学知识点相关的创编任务。这些任务旨在让学生将所学的音乐理论知识应用于实际的音乐创作。任务的设计既要有一定的挑战性，以促进学生的深入思考和创新，又要考虑学生的实际能力和兴趣，确保每个学生都能够积极参与创作活动。在创学阶段，学生通常会被分成小组进行创作活动。这种团队合作的方式不仅能够促进学生之间的交流和合作，还能够帮助学生学习如何在团队中发挥自己的长处，并从他人的创意中获得灵感。为了确保团队合作的效果，教师会指导学生如何进行有效的团队沟通和协作，如何平衡团队成员之间的差异，并提供团队合作的策略和技巧。

创作活动的一个重要环节是展示分享。学生在这一环节中有机会将自己的创作成果展示给同学和教师，通过这个过程，学生不仅能够获得他人的反馈和建议，还能够从他人的创作中学习到新的知识和技能。基于反馈和建议，学生将有机会对自己的作品进行改进和提升，这个循环的过程不仅能够帮助学生深化对音乐理论的理解，还能够不断提升他们的创作能力。

在这一阶段，学生需要将在研学阶段和导学阶段所获得的知识与理解应用于实际的创新项目，这一过程不仅是知识应用的体现，更是对学生创新能力和实践技能的重要考验。

创学具体步骤如图 5-6 所示。

图 5-6　创学具体步骤

（一）项目设计

在音乐教育中，项目设计作为创学阶段的起点，为学生提供了一个展示创造力和应用所学知识的绝佳机会。在这个环节中，学生被鼓励独立或与团队合作，设计出既具有创新性，又能体现他们音乐知识和技能的项目。例如，学生可以设计一个以音乐为主题的科学实验，如探究不同音乐节奏对心理状态的影响。这样的项目不仅需要他们运用音乐理论知识，还需要他们理解音乐与人类心理之间的联系。又如，学生在创作一首歌曲或一段乐曲时，要运用和声学、旋律创作和节奏安排方面的知识，同时可以探索融合不同音乐风格或使用非传统乐器的创新方式。这样的项目不仅展示了他们的音乐技能，还表现了他们的创意和原创性。

（二）实践操作

实践操作是创学阶段的核心，在这一阶段，学生需要将他们的项目设计付诸实践，这可能涉及实验操作、数据收集、产品制作等多种形式。例如，学生可能需要在实验室进行一系列科学实验，或者在社区进行实地调查。在这个过程中，教师需要为学生提供必要的指导和支持，确保学生能够安全有效地进行实践活动。实践操作不仅能够使学生将理论知识应用于实际情境，也能够使他们培养解决实际问题的能力。

（三）团队协作

团队协作是实现项目成功的关键因素。在创学阶段，学生通常需要在团队中合作，共同完成项目。这种团队协作不仅能促进学生之间的交流和合作，还能培养他们的团队精神和协调能力。在团队合作的过程中，学生可以学习如何沟通、如何分工协作、如何集思广益。这种合作经验对于学生未来在社会或职场中的团队协作有着重要的意义。

（四）成果展示

成果展示是创学阶段的重要环节。在这一环节中，学生需要向同学和教师展示他们的项目成果，可能是一个模型、一份研究报告或一个实验演示。成果展示不仅是学生展示他们工作成果的机会，也是他们展示自己学习成果的舞台。通过展示，学生可以得到他人的反馈和评价，这对于他们改进工作和学习有着重要的帮助。

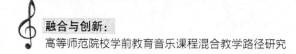
（五）评估反思

评估反思是创学阶段的收尾环节。在这一阶段，学生和教师需要对项目进行全面的评估，包括项目的成功之处和需要改进的地方。这种反思和评估不仅有助于学生对自己的工作有一个全面的了解，也有助于他们从中学习到宝贵的经验，为未来的学习和工作打下坚实的基础。

第三节　"研学—导学—创学三步四变"混合教学模式的注意要点

一、全面评估反馈

在现代教学过程中，全面评估反馈机制是确保教学质量和促进学生全面发展的重要手段。特别是在混合教学模式下，实施"多主体＋多方式"的开放性课程评价，不仅能够从多个维度全面地评价学生的学习成果，还能够激发学生的学习动力，培养他们的创新思维和综合能力。

在多主体评价体系中，教师的评价起到了关键作用，学生自评、生生互评以及导师评价同样重要。这种评价体系鼓励学生从不同角度审视自己和他人的学习成果，促进了学生之间的交流和合作。例如，通过生生互评，学生可以学习如何客观地评价他人的工作，并从中获取灵感和学习策略；学生自评则鼓励学生进行自我反思，认识自己的优点和不足，从而制订出更有效的学习计划。

将线下小组活动参与度与小组活动展示评价相结合，关注了学生的最终成果，重视了学生在学习过程中的参与度和合作态度。课堂展示评价与课外实践评价的结合，则进一步扩大了评价的范围，不仅局限于课堂内的表现，也包括学生在课外的学习和实践活动。个人展示与小组擂台赛的结合，既考查了学生的个人能力，也考查了他们在团队中的协作和竞争能力。

通过多维度、全方位的引导，教师可以创造一个沉浸式学习环境，激励学生主动探索和学习。例如，在小组擂台赛中，学生需要在限定时间内完成任务并进行展示，这种竞赛形式不仅增加了学习的趣味性，也提高了学生解决问题的能力，使他们发展了团队合作的精神。通过这样的活动，学生可以在实践中深化对知识的理解，并在竞争和合作中发展个人的综合能力。

线上学习平台的利用，为学生学习成绩的客观公正记录提供了可能。通过收集学生在线上学习过程中的数据，如学习时长、完成任务的质量和速度等，教师可以更客观地评价学生的学习表现。同时，线上平台还可以提供即时反馈，帮助学生及时了解自己的学习进度和存在的问题，使他们更有效地调整学习策略。

二、课程反思改进

音乐魔法课堂的成功实施不仅取决于精心的规划和教学，还需要教师在课程结束后进行深入的反思和评估。

这个过程是确保课程持续改进和发展的关键。通过对课程进行反思和调整，教师可以更好地理解学生的需求，评估教学方法的有效性，并根据反馈进行必要的调整，以更有效地促进学生的音乐学习和创造力发展。课程反思是教师对自己的教学实践进行评估的过程，包括反思课程的内容、教学方法、学生参与度以及课堂氛围等各个方面。教师可以思考哪些教学活动是有效的，哪些地方需要改进，学生在哪些方面表现出兴趣、在哪些方面有进步，以及课堂上是否存在问题或挑战。例如，如果教师发现学生在某个音乐活动中特别活跃，则可以考虑在未来的课程中加入更多类似的活动；相反，如果某部分内容或方法似乎未能引起学生的兴趣或参与，教师则需要考虑如何进行调整。收集学生的反馈是了解他们学习体验的重要途径，教师可以通过问卷调查、小组讨论或一对一的交谈来收集学生的意见和感受。学生的反馈可以为教师提供关于课程哪些方面受欢迎、哪些方面需要改进的宝贵信息。例如，学生可能对课堂上的某个音乐游戏特别感兴趣，或者对某个音乐概念感到困惑，这些反馈将直接影响教师对课程内容和教学方法的调整。根据反思和反馈结果对课程进行调整与改进是确保教学质量和学生学习效果的关键，这可能包括修改课程内容、引入新的教学材料、改变教学策略或调整课堂布局等。重要的是，教师应保持开放和灵活的态度，愿意根据学生的需要和反馈进行改变。例如，如果学生对某种音乐风格特别感兴趣，教师可以在课程中加入更多相关的内容；如果学生在音乐创作方面遇到挑战，教师可以给予学生更多的指导和支持。

第六章 混合教学模式的优化与评价

第一节 混合教学模式的优化策略

一、探寻混合教学的创新方法

混合教学模式结合了线上和线下的教育资源，以创建一个多元化、互补性强的学习环境。在这种模式下，教师可以通过多种渠道进行创新。混合教学的创新方法如图 6-1 所示。

图 6-1 混合教学的创新方法

（一）尝试微课程

微课程（也称微学习）是一种将教学内容分解为小块、容易消化的单元的教学方式。这些单元通常很短，只需要几分钟到几十分钟就可以完成。与项目式学习相结合，微课程可以创建一个非常灵活和个性化的学习环境，从而更好地满足不同学生的需求。微课程可以更好地适应不同类型的学习者，有些人更喜欢自主控制他们的学习节奏，有些人则更需要社交互动和合作。在一个综合了微课程的环境中，学生可以根据自

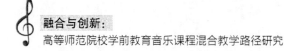
己的喜好和需求来选择学习材料与任务，从而实现更高水平的个性化。这种教学模式允许更多的跨学科合作。微课程通常关注某一特定主题或技能，跨越多个学科或领域。从教师的角度看，微课程提供了更多的教学机会，教师可以更容易地进行个性化教学，根据学生的表现和需求进行调整。这种灵活性不仅有助于提高教学质量，还有助于提高教学效率。例如，教师可以先用一系列微课程来教授基础概念，然后组织一个综合项目来检验和巩固学生的知识。除了教学的灵活性和个性化外，微课程还有助于激发学生的积极性和主动性。这是因为这种模式强调了学生对自己学习过程的主导权，从而更容易激发他们的内在动机。当学生觉得他们可以控制自己的学习过程，并看到自己的努力能够产生实际的成果时，他们通常会更加投入和积极。

（二）进行项目式学习

项目式学习在混合教学的环境中具有很大的应用潜力。混合教学结合了线上和线下的优点，能为教师提供更加个性化和多元化的教学方式。在这样的环境下，项目式学习可以更加灵活和多样。例如，学生可以在线上平台进行自我导向的研究，同时利用课堂时间与同学及教师进行更深入的讨论和合作。数字工具如协作软件和数据分析工具也可以方便地整合到项目中，使团队协作更加高效。项目常常可以跨学科，让学生有机会将不同领域的知识和技能融合在一起。反向课堂模式也可以与项目式学习相结合：学生在课外时间掌握必要的基础知识，而课堂时间则更多用于实际操作和项目开发。这样的教学模式不仅能让学生更好地将知识运用于实际问题解决，也有助于培养他们的团队合作能力和问题解决能力。最重要的是，这种模式允许持续反馈和评估，不仅教师可以根据项目进展调整教学策略，学生也能及时了解自己在项目中的表现，以便作出相应的调整。

在混合教学的环境中实施项目式学习通常开始于确定一个符合教学目标的项目主题。一旦主题确定，教师就会规划线上和线下的活动，并确保所有必要的资源和平台设置都能方便地让学生访问。项目通常在实体课堂中启动，以便学生能明确了解项目的背景、目标和预期成果。然后，学生会进入自主学习和团队协作的阶段，在这一阶段，他们会将线上和线下的任务与活动相结合，以推进项目。教师则会在关键时刻提供指导和反馈，确保项目能按照预定目标进行。在项目结束后，学生需要整合并呈现他们的成果，通常包括口头报告或书面文档。这一过程不仅能够让他们得到同伴和教师的反馈，还为他们提供了一个评估学习成果的机会。项目结束之后，无论是教师还是学生，都应进行总结和反思，以便不断改进教学和学习过程。

（三）探寻不同学科的差异化教学模式

探寻不同学科的差异化教学模式是现代教育改革的重要组成部分，旨在通过创新的教学方法和技术，满足各学科独特的学习需求和目标。尤其是在学前教育音乐课程中，融合跨学科、跨领域的教学模式和依托虚拟教研室信息平台的应用，为课程的整体性提升提供了新的可能。

在高师学前教育音乐课程中，融合跨学科、跨领域的教学模式意味着将音乐与其他学科如文学、艺术、科学甚至数学结合起来，创造一个多元化的学习环境。这种融合不仅可以拓宽学生的知识视野，还可以激发他们的创造力和批判性思维能力。例如，结合音乐与故事讲述，教师可以帮助学生更深刻地理解音乐作品背后的情感和故事，同时提升他们的语言表达能力和理解能力。

利用虚拟教研室信息平台，可以建设跨学科、跨领域的虚拟教研室，这不仅为教师提供了一个共享资源、交流经验的空间，也为高师学前教育音乐课程的开发和教学方法提供了新的思路。通过这个平台，教师可以轻松获取到最新的教学资源，包括数字教材、在线课程和知识图谱等，这些资源能够帮助教师更有效地组织教学内容，提高教学质量。

知识图谱作为一种新型的信息组织方式，能够将复杂的知识结构化表示，这对于跨学科、跨领域的教学模式尤为重要。在高师学前教育音乐课程中，以知识图谱为基础构建在线课程，可以帮助学生更清晰地看到音乐与其他学科之间的联系，促进知识的整合和应用。此外，知识图

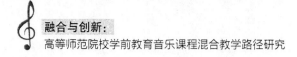

谱还可以作为教学的导航工具，引导学生通过探索不同的知识节点，自主学习和探索新知识。

数字教材的建设是实现差异化教学模式的重要手段之一。在高师学前教育音乐课程中，数字教材不仅包含传统的音乐理论和技能训练，还可以结合互动游戏、模拟演奏等现代教学技术，提高学习的趣味性和互动性。通过数字教材，学生可以在虚拟环境中进行音乐创作、演奏和欣赏，这种注重实践性和体验性的学习方式，能够有效提高学生的音乐素养和创造力。

通过上述策略的实施，高师学前教育音乐课程可以实现整体性的提升。跨学科、跨领域的融合不仅丰富了教学内容，还开阔了学生的思维；虚拟教研室信息平台和数字教材的应用，提高了教学效率和质量；以知识图谱为基础的在线课程建设，更是为学生提供了一个系统性学习的路径。这些创新的教学模式和技术的应用，共同推动了高师学前教育音乐课程向更高层次发展。

二、创新混合教学的技术手段

混合教学模式为教育实践提供了多样性和灵活性。为了更有效地实施混合教学，教师需要不断创新技术手段，以适应不断变化的教育需求和环境。

（一）虚拟现实技术在混合教学中的应用

虚拟现实技术在混合教学中的应用已经逐渐从实验阶段转向广泛实施阶段，尤其在为学生提供沉浸式、直观和互动性强的学习体验方面显示出了巨大潜力。通过虚拟现实技术，混合教学能够实现一种全新的教育模式，它不仅激活了学生的感官体验，也极大地丰富了教师的教学内容和方法。

在科学、技术、工程和数学领域，虚拟现实可以使抽象的科学概念和复杂的数学理论变得更加直观与可理解。例如，通过穿戴 VR 头盔，学生可以进入一个三维的分子世界，亲自观察和操作分子结构，这对于深化他们对化学和生物的理解是非常有帮助的。同样，在地理和环境科学的教学中，虚拟现实技术也可以用于模拟自然灾害、气候变化等现象，从而让学生在安全的环境中体验和分析这些紧迫的全球问题。

在人文和社会科学方面，虚拟现实技术为学生提供了一种全新的学习视角和方法。在历史课程中，虚拟现实技术可以用于重现古代文明或重大历史事件，仿佛让学生置身那个时代，从而更深刻地理解历史的复杂性和多样性。同样，在文学和艺术课程中，虚拟现实技术也能够为学生提供丰富的文化体验，比如参观虚拟博物馆和艺术画廊，或者模拟不同的文化背景和生活环境。

虽然虚拟现实技术在混合教学中有着巨大潜力，但它也面临一系列挑战和问题。首先，设备和软件的成本问题，虽然近年来虚拟现实技术硬件的价格有所下降，但对于大多数教育机构来说仍然是一个不小的负担。其次，虚拟现实内容的开发和维护也需要大量的时间与资源，这不仅需要教育者具备一定的技术专长，也需要他们与程序开发者、设计师和其他专业人士进行密切合作。最后，如何有效地将虚拟现实体验与传统教学活动相结合，以及如何评估虚拟现实教学的效果和影响，也是在当前研究和实践中需要解决的重要问题。

虚拟现实技术为混合教学提供了一种新颖而高效的工具，它能够极大地丰富教学内容，提高学生的参与度和学习效果，同时也为教育者提供了更多的教学可能性和灵感。然而，充分发挥虚拟现实在混合教学中的作用，还需要教育界、产业界和政府部门进行更多的合作与投资，以解决相关的技术、经济和教育问题。只有这样，虚拟现实才能真正成为混合教学中不可或缺的一部分，为21世纪的教育实践带来更多的创新和突破。

（二）增强现实技术在混合教学中的应用

增强现实技术是一种通过电脑生成信息——包括图像、音频、视频和 GPS 数据——来增强用户对真实世界的感知的技术。与全封闭的虚拟现实不同，增强现实技术允许用户在现实世界和虚拟信息之间自由切换，这一特点使其在混合教学的环境中具有极大的应用价值。通过增强现实技术，混合教学不仅能将学生从传统的教室空间中解放出来，还能将他

们引入一个更广阔、更个性化的学习空间。在科学教学中，增强现实技术可用于可视化复杂的科学原理和模型。想象一下，在一堂物理课上，学生可以用手机或平板电脑扫描教科书中的二维码，在设备上看到一个动态的三维模型，演示万有引力、电磁场等概念。这样的互动体验不仅让学生更容易理解抽象的科学概念，而且能极大地提高他们的学习兴趣。在人文学科，如历史或文学，增强现实技术可以用于展示与课程相关的历史场景或文学作品的背景。例如，学生在学习古罗马历史时，可以通过增强现实技术"走进"一个古罗马的广场或斗兽场，看到历史人物和事件的"实景"再现。这种方式不仅能增强学生对学科的兴趣，还能加深他们对历史和文化背景的理解。在语言学和外语教学中，增强现实技术也显示出了巨大的潜力。通过扫描文本或图像，学生可以立即看到与单词或短语相关的图片、音频或视频解释，这有助于他们更快地掌握新词汇和语法结构。此外，与本土文化和风俗有关的内容也可以作为语言学习的补充，帮助学生更全面地了解目标语言的社会和文化背景。增强现实技术在音乐教学中的应用也呈现了一种全新的模式，为学生与音乐互动的方式提供了更多维度的丰富性。增强现实技术不仅能提升学生对音乐基础知识和理论的认识，而且能为学生提供一种更直观和互动的学习体验，尤其是在学习乐器演奏、音乐理论和音乐历史等方面。在乐器演奏教学中，增强现实技术可以通过覆盖在真实乐器上的虚拟图层，向学生展示正确的手指放置位置或演奏技巧。例如，在钢琴教学中，学生通过 AR 眼镜或智能手机应用程序，可以看到键盘上哪些键应该按下，甚至可以看到一些视觉提示，如琴键上方出现的音符或颜色编码，这些都有助于他们更准确地理解和记住乐谱。在音乐理论和作曲方面，增强现实技术可以通过动态视图和模拟来解释复杂的音乐概念。例如，学生可以通过应用增强现实技术在虚拟空间直观地观察和分析音阶、和弦或旋律结构，这比传统的书面教材或二维图表更容易理解。此外，增强现实技术也可以用于模拟音乐的创作过程，让学生在一个三维的、互动的环境中进行作曲和编排，这不仅有助于提高他们的创意思维，还可以加强他们对音乐结构和组成的理解。

（三）社交媒体在混合教学中的应用

社交媒体在当今的教育领域已成为一种不可或缺的工具，特别是在混合教学的环境中，它的应用为教师的教学与学生的学习带来了前所未有的活力。与传统的课堂教学相结合，社交媒体不仅极大地拓宽了信息和资源的传播渠道，还为学生和教师提供了更为灵活和个性化的学习与交流方式。在信息和知识的获取方面，社交媒体提供了丰富的学术和教育资源。教师和学生可以关注与其专业或学科相关的组织、专家和论坛，以获取最新的研究成果、教学方法或行业动态。这些平台也允许用户分享和传播自己的研究成果或学习经验，从而形成一个开放和多元的学术社群。在学习互动和合作方面，社交媒体平台也为混合教学提供了有益的支持。教师可以通过这些平台发布与课程相关的图片、视频或文章，以吸引学生的兴趣，提高学生的参与度。学生则可以通过评论、点赞或转发这些内容，与教师和同学进行实时的互动与讨论。在课堂管理和评估方面，社交媒体也为混合教学带来了不少便利。教师可以通过社交媒体平台发布课程计划、教学大纲或考试安排等信息，以便学生更好地规划和安排自己的学习时间。通过对学生在社交媒体上的参与和表现进行分析与评估，教师也可以更准确地了解其学习状态和需求，以便及时调整教学方法和策略。然而，社交媒体在混合教学中的应用也面临一些挑战和问题。如何确保信息的准确性和权威性、如何防止学生在社交媒体上过度分散注意力，以及如何解决数字鸿沟和教育不平等，都是需要教育者和政策制定者共同努力与探索的。

（四）移动应用在混合教学中的应用

移动应用在混合教学中的应用极大地推动了教育技术的进步，将学习的门槛降低到了前所未有的程度。通过使用智能手机和平板电脑等移动设备，教师和学生可以随时随地参与教学活动，这无疑极大地拓宽了教育的范围和深度。移动应用改变了人们接触和处理信息的方式。传统的教学模式往往受限于课堂和教材，但通过移动应用，学生可以直接使用丰富的在线资源，如电子图书、学术论文、视频教程等。这样的自主学习环境不仅为学生提供了更多样化的学习材料，也允许学生根据自己的节奏和兴趣进行学习，从而提高他们学习的针对性和效果。移动应用在教学互动和参与方面也具有巨大的潜力。很多教育应用都具备实时互动和反馈功能，如在线问答、即时聊天、虚拟小组讨论等，这不仅方便了教师和学生之间的沟通，还有助于营造一个更加开放和包容的学习社群。在这样的环境中，学生更愿意分享想法和成果，也更容易从他人那里获得支持和鼓励。移动应用也为教学评估和管理提供了更多的工具与选项。现代教育应用通常都具备强大的数据分析和追踪功能，可以自动记录学生的学习进度、成绩、参与度等多个维度的数据。通过这些数据，教师可以更准确地了解学生的学习情况，从而为学生进行更有效的个性化指导。不过，移动应用在教学中的广泛应用也带来了一系列挑战和问题。例如，过度依赖电子设备可能会导致学生注意力分散，降低课堂效率。此外，不是所有学生都能够轻易地获取到高质量的移动设备和网络服务，这在一定程度上加剧了教育不平等的问题。因此，在推广移动应用的过程中，教师需要充分考虑这些因素，以确保教育资源的公平分配和有效利用。

（五）大数据分析在混合教学中的应用

大数据分析能够为教学提供更深刻、更全面的洞见。与传统的教学评估方法相比，大数据分析能够捕捉到更多维度的信息，包括学生的学习行为、互动模式、成绩趋势等，从而为教师提供更为精准和个性化的教学支持。大数据分析可以显著提升教学的针对性和有效性。传统的教学评估往往依赖期末考试和作业成绩，这些只能反映学生的学习结果，而非学习过程。但通过大数据分析，教师可以实时追踪学生在在线课程中的活动，如观看视频的次数、参与讨论的频率、完成练习的速度等。这些数据不仅能够准确地反映学生的学习态度和能力，还能够为教师提供有力的依据，以调整教学内容和方法。大数据分析还有助于提高教学的公平性和普惠性。通过分析大规模的学生数据，教师可以更轻易地识别出那些容易被忽视的群体，如学习困难学生、低收入家庭学生等。一且这些问题被发现，就可以通过个性化的教学方案和资源配置来解决，从而确保每个学生都能获得高质量的教育。大数据分析也能够为教师提供更为全面和深入的教学评估。传统的教学评估通常只涉及学生和教师两个层面，但大数据分析能够整合更多的信息，如教材的使用情况、教室的硬件设备，甚至是学校的教育政策等。通过这些数据的综合分析，教师不仅可以更准确地评估教学的质量和效果，还能为未来的教育改革提供有力的支持。

在实际应用中，混合教学模式结合大数据分析，已经在多个方面产生了显著的影响。例如，在一个大型的大学在线及面对面混合课程中，大数据分析被用于跟踪学生对不同类型教材的交互方式——从观看视频讲座到参与在线讨论，再到完成互动式练习。利用从学习管理系统中获得的数据，教师能够确定哪些课程内容更受学生欢迎，哪些课程内容需要进一步改进。不仅如此，通过观察学生在虚拟环境中的行为，教师能够提前识别出可能面临学习困难的学生，并提前给予其个性化的指导和支持。还有一些更为先进的实践，比如使用机器学习算法自动分析学生的作答模式，以预测其在未来考试中的表现。一旦系统发现某个学生有可能在某一主题上表现不佳，就会自动推送相关的补充材料或练习，以便学生在考试前进行有针对性的准备。

总体来说，通过结合大数据分析，混合教学模式不仅提高了教育质量，也让教学更加个性化和公平。虽然这一过程还存在诸多挑战，但其潜在价值和长远影响是不可否认的。从长期来看，大数据将成为推动教育创新和改革的重要力量。

三、打造丰富充实的教学资源库

在高师学前教育专业中，音乐课程实践是一个综合性的教育过程，它不仅包括音乐知识和技能的传授，还包括音乐教育的各个方面，从音乐理论的学习到实际教学方法的应用，再到利用现代技术资源进行音乐创作和教学实践。这一过程强调理论与实践的紧密结合，旨在全面提升未来教师的音乐教育能力。

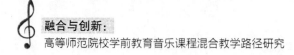
在课程设计方面，高师学前教育音乐课程不仅注重学生对音乐理论的掌握，如音乐史、音乐理论基础、儿童音乐心理学等，还重视学生实践技能的养成，包括声乐和器乐演奏技巧的提高、音乐教学法的探索以及音乐游戏和活动的设计与实施。通过这样的课程设置，学生能够在深入理解音乐教育理论的基础上，积累丰富的实践经验。

实践活动的设计旨在让学生有机会亲自参与音乐教学的全过程，从课程规划、教学内容的设计到教学方法的选择和应用，每一步都需要学生的深入思考和实际操作。例如，通过校内外的实习，学生可以在真实的教学环境中尝试自己做教学设计，收集教师和同学的反馈，不断调整和优化教学策略。同时，通过参与音乐会和演出，学生能够锻炼舞台表现力和组织协调能力。

随着技术的发展，数字音乐资源和互动技术在音乐教育中的应用越来越广泛。高师学前教育音乐课程鼓励学生探索和利用这些现代技术资源，如数字音乐软件、在线音乐教育平台等，以更加创新和有效的方式进行音乐教学与创作。此外，高师学前教育音乐课程还注重培养学生的文化多样性意识，通过向学生介绍世界各地的音乐文化，拓宽学生的视野，增强他们的跨文化交流能力。

总而言之，高师学前教育音乐课程的实践是一个全面而深入的教学过程，它不仅包含音乐知识和技能，还包含对教育理念的探索、对教学方法的实践以及对现代技术应用的探索，最终目的是培养具备高度教育理念、专业技能和创新能力的音乐教育者。

第二节　混合教学模式的评价体系

一、高师学前教育专业音乐课程评价的重要性

在高师学前教育音乐课程中，教学评价是一个至关重要的环节，它不仅能够帮助教师了解学生的学习进度、理解程度以及学习效果，促进

学生的自我反思和自主学习，而且能够对学生的学习过程和成果进行全面、细致的评估，确保他们在音乐学习中获得有效的指导和支持。因此，混合教学模式背景下的教学评价对于高师学前教育音乐课程的重要性不言自明。

（一）个性化指导与反馈

在高师学前教育音乐课程的混合教学模式中，学生可能分散在不同的地理位置，拥有不同的学习进度和学习风格。通过教学评价，教师可以更好地了解学生的学习需求和能力水平，为他们提供个性化的指导和反馈。通过观察学生的在线作业、课堂讨论参与度和提交的学习成果，教师可以及时发现学生在学习上的困难，并提供具有针对性的帮助和建议，从而更好地促进他们的学习。

（二）激发学生的学习动力和积极性

在高师学前教育音乐课程的混合教学模式中，学生需要具备一定的自主学习能力和自我管理能力。通过教学评价，教师可以激发学生的学习动力和积极性，帮助其建立学习目标，并监督其的学习进度。及时的形成性评价和正向的反馈可以增强学生的学习信心，激发其学习热情，提高学习效果。

（三）促进学生合作与交流

高师学前教育音乐课程的混合教学模式通常涉及学生之间的合作与交流。教学评价可以促进学生之间的合作与交流，培养他们的团队合作精神和交流能力。学生可以通过评价同学的作品和参与在线讨论，分享自己的音乐经验和见解，促进彼此共同进步。

（四）提高教师的教学质量和效果

教学评价是提高教师教学质量和效果的重要手段。通过分析学生的学习表现和成果，教师可以及时调整教学策略和课程设计，更好地满足学生的学习需求和学习目标。教学评价也可以帮助教师评估课程的有效

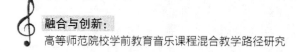

性和教学效果，为其未来的课程改进提供参考和指导。

（五）促进持续改进与创新

混合教学模式在高师学前教育音乐课程中的应用是一个不断发展和演进的过程。通过教学评价，教师可以及时发现课程设计和教学方法中的不足，持续改进与创新。教师可以根据学生的反馈和评价结果，不断调整课程内容和教学活动，使之更符合学生的学习需求和学习方式，从而提高课程的质量和效果。

可见，混合教学模式背景下的教学评价在高师学前教育音乐课程中具有重要的意义。通过个性化指导与反馈、激发学生的学习动力和积极性、促进学生合作与交流、提高教师的教学质量和效果以及促进持续改进与创新等方面的作用，教学评价可以帮助学生获得更好的学习体验和学习成果，促进其持续发展和进步。因此，教师应重视教学评价，在课程设计和教学实践中使教学评价充分发挥作用，为学生提供优质的音乐教育。

二、完善混合教学的评价体系

由于混合教学模式是多元化的，因此教学评价体系也需要进行相应的改进和完善。

（一）制定多元评价指标

随着混合教学模式的普及，其教学评价体系也面临前所未有的挑战。一个完善的评价体系是衡量混合教学成效的重要工具，也是优化教学质量的关键因素。因此，有必要制定多元的教学评价指标。

多元评价指标的制定首先要摒弃那种只依赖单一考试成绩来评价学生的旧观念。混合教学模式强调学生的主体性和自主性，因此，混合教学模式背景下的教学评价也应该更加注重学生的实际操作能力、合作精神、创新思维和其在学习过程中的参与度。在这种背景下，项目评价、在线讨论和同行评价等方式应该得到更多的关注与重视。混合教学模式下，教师应该考虑其他多元化的评价指标。例如，教师可以通过观察和记录学生在学习过程中的表现、参与度和互动情况来评估他们的学习态度和习惯。为了更好地适应混合教学模式，教师要建立一个更为多元化和全面的评价体系。这个体系应该充分考虑学生的多方面能力和需求，确保每一位学生都能够在这种教学模式下获得全面的发展，取得更大的进步。

（二）实行在线与离线评价

混合教学成功的关键在于建立有效的评价机制，这不仅包括传统的面对面评价，还包括在线评价。这两者不应该是孤立的，而应该是相互补充和增强的。在面对面评价中，教师可以通过观察学生的表现来准确判断其对学习内容的理解程度和技能掌握情况。面对面的互动也为教师提供了机会，使其可以观察学生在非语言方面的反应，如肢体语言、面部表情等，这些都是在线上教学中难以捕捉的细微但重要的信息。同时，面对面评价还可以更灵活地调整评价方式，即时地为学生给出反馈和指导，这对于那些需要被即时指导和激励的学生来说尤为重要。在当今数字化、网络化的教学环境中，在线评价同样不可或缺，它不仅方便、高效，还可以实现个性化教学。在线评价可以是同步的，也可以是不同步的，它允许教师在任何时间、任何地点对学生的学习进行跟踪和评价。例如，通过在线测验、作业和项目，教师可以迅速了解学生在掌握课程内容方面的进展，并据此调整教学计划。此外，一些先进的在线评价工具还能分析学生的答题习惯和时间管理能力，为教师提供更多维度的评价数据。更重要的是，在线与离线评价可以相互促进，形成一个更全面、更综合的评价体系。比如，在面对面课堂上进行的小组讨论或者实验操作，可以通过后续的在线问卷或者短视频进行进一步的评价和巩固。相反，如果学生在在线测试或者作业中表现不佳，教师则可以在随后的面对面课堂中，对这些学生进行个别指导或者为其提供更多的实践机会。

这种多元化的评价方式还能适应不同学生的学习风格和需求。有些学生在面对面的环境中更能集中注意力，而有些学生则可能更喜欢线上的自主学习。通过综合运用在线与离线评价，教师不仅能更全面地了解学生的学习状态，也能更精准地发现学生的优点和不足，从而为学生制订更加个性化的评价方案。

（三）强化混合教学的过程性评价

混合教学模式下，过程性评价的重要性不容忽视。传统的教学评价多聚焦于最终结果，如期末考试成绩或项目成果，但这些往往不能全面反映学生的学习情况。

与之不同，过程性评价着眼于学生的学习过程，包括他们如何获取信息、解决问题、与人合作，以及他们在学习过程中的心理和情感状态。这种评价方式更加全面，能够使教师捕捉到学生在学习过程中的变化和成长。在混合教学环境中，强化过程性评价意味着教师需要在面对面教学和在线教学中都进行持续、细致的观察和分析。在面对面教学中，教师可以通过实时观察学生的行为和反应，以及与学生进行实时互动，来评估他们的参与度、思考层次和实际能力。此外，面对面教学还为教师提供了直接解答学生问题的机会，为学生提供即时反馈，以及鼓励学生进行更高层次的思考和讨论。线上学习的过程性评价同样重要，但其实施方式和重点可能有所不同。在线平台通常具有丰富的数据跟踪和分析功能，这使教师可以更容易地了解学生的学习习惯、时间管理和在线互动情况。例如，通过跟踪学生在在线课程中的点击路径、停留时间以及完成的任务和测试，教师可以得到关于学生学习进度、疑惑和困难的实时信息。这不仅可以用于及时调整教学计划，还可以作为个性化教学和辅导的依据。总之，过程性评价并不只是对学生学习过程的单向评价，也是一种反向反馈机制，有助于教师的自我反思和提升。通过持续观察和分析学生的学习过程，教师可以更清晰地了解自己所使用的教学方法和策略的优点与不足，从而不断优化教学设计和实施方式。

三、混合教学模式背景下高师学前教育音乐课程教学评价的主要类型介绍

在高师学前教育音乐课程的教学中，过程性评价、结果性评价和增

值性评价是三种关键的评价方式，它们针对教学的不同方面和阶段，共同构成一个全面的评价体系，以促进学生音乐素养的提升和教师教学技能的发展。

（一）过程性评价

1.过程性评价的作用

过程性评价旨在监控和支持学生的学习过程，重视学生能力的形成和发展，以及学生对学习策略的应用。过程性评价可以全面反映学生的学习进展和教师的教学效果，尤其在高师学前教育音乐课程中，它可以更加精准地捕捉学生的学习态度、能力发展和创造性成果。在高师学前教育音乐课程的实施过程中，过程性评价涵盖学生学习过程的各个阶段，从课前准备到课中参与，再到课后的应用与创造，形成了一个连续的评价体系。

首先，过程性评价可以进行实时反馈。过程性评价强调对学生学习过程中的实时监测和反馈，要求教师及时了解学生的学习进度和对知识的理解程度。在音乐课程中，教师可以观察学生在课堂上的参与情况、理解能力和表现水平，从而调整教学策略，更好地满足学生的学习需求。

其次，过程性评价可以促进学生的学习反思。过程性评价可以帮助学生进行学习反思，及时发现自己的学习困难和不足之处。通过教师的反馈和指导，学生可以更好地认识自己的学习状态，及时调整学习策略，提高学习效果。

最后，过程性评价可以为学生进行有效的个性化指导。过程性评价可以为学生提供个性化的指导和支持。通过观察学生的学习表现，并与学生进行交流，教师可以了解学生的学习特点和需求，为其提供具有针对性的学习建议和帮助，促进其个人成长和发展。

2.过程性评价的关注点

在高师学前教育音乐课程中，过程性评价特别关注以下几个方面。

（1）学习参与度。评价学生在课堂上的参与度，包括课堂讨论、小组活动、音乐游戏和演唱等。

（2）教学实践。考查学生在模拟教学或实习教学中的表现，评价其音乐教学设计的创意、适应性及互动性。

（3）学习态度和反思。鼓励学生进行自我反思，撰写学习日志，评价自己的学习态度和其在课程中遇到的困难及解决策略。

（4）评价内容。包括学生参与课堂讨论的积极性、课堂表现、音乐作品的创作和演绎过程、个人和团队练习的投入程度等。

（5）评价方法。采用观察记录、学习日志、同伴评价、自我评价等形式，重点在于捕捉学生在学习过程中的关键时刻，观察学生的学习态度。

（6）反馈机制。教师可以提供具体、及时的反馈，帮助学生了解自己在音乐技能和表达上的进步与不足，鼓励学生进行自我改进。

在课前阶段，学生通过观看线上微课，可以自主学习音乐理论、乐器演奏方法及音乐创作技巧等内容。这种自主学习模式不仅能够增加学生学习的灵活性，还能够根据学生的学习进度和兴趣点进行个性化调整。在线测试作为检验学生课前学习成果的一种手段，能够及时反馈学生的学习状况，帮助教师调整教学计划。此外，平台讨论的参与情况和学生自学成果的汇报也是课前评价的重要内容。通过讨论和分享，学生可以互相学习、启发思考，促进学习深度和广度的拓展。

课中阶段是过程性评价的关键，涉及学生在音乐课堂上的表现和互动。出勤情况直接反映了学生对音乐学习的态度和参与程度；测试和课堂参与情况则更多地体现了学生的学习效果和积极性。对学生团队协作能力的评价，特别是在音乐合作演出、集体创作等活动中，不仅考查了学生的音乐技能，还考查了他们的沟通、协调等社交能力。同时，学生在课堂上发现和解决问题的能力、分析表现创造音乐的能力，这些都是音乐教育中非常重要的能力，它们有助于培养学生的创新思维和独立解决问题的能力。

课后阶段的评价主要关注学生将所学知识应用于实践的能力，以及他们在音乐创作方面的成果。通过创编作品的分享，学生不仅能够展示自己的音乐才华和创造力，还能够通过同学的反馈和互评学习到更多的音乐知识与创作技巧。这种课后的知识应用和创作分享，不仅能巩固学生的音乐技能，还能激发他们对音乐学习的兴趣，促进他们音乐素养的发展。

　　整个过程性评价体系，通过对学生在音乐学习过程中的表现、参与和创造成果的全面评价，形成了一个覆盖课前、课中、课后的评价网络。这种评价方式不仅能够更加全面、准确地反映学生的学习情况，还能够为教师提供更多的教学反馈，帮助他们优化教学策略，提高教学质量。

（二）结果性评价

　　1.结果性评价的作用

　　结果性评价集中于学习过程结束时对学生学习成果的评定，以衡量学生的学习效果。在音乐教育中，这通常涉及对学生演奏技能，音乐理论知识，音乐活动设计、组织和音乐分析能力的评估。

　　结果性评价在高师学前教育音乐课程中具有重要作用，它主要通过对学生学习成果的评估，反映教学目标的实现程度，帮助教师进行教学质量的评估和提升。

　　首先，结果性评价可以客观地衡量教与学的成果。结果性评价可以客观地衡量学生在高师学前教育音乐课程中所取得的学习成果，包括对音乐理论知识的掌握程度、音乐技能的运用水平、音乐情感的体验能力等方面。通过对学生的学习成果进行评价，教师可以及时发现学生的优势和不足，为进一步的教学提供参考。

　　其次，结果性评价可以有效评估教师的教学效果。结果性评价是教师教学效果的重要评价指标。通过分析学生的学习成绩和表现，教师可以客观地评估教学方法和教学策略的有效性，了解学生对教学内容的理解程度，为自己调整教学策略、改进教学方法提供依据。

　　再次，结果性评价可以改进教学方式。结果性评价可以为改进教学方式提供重要参考。通过分析学生的学习成果和教学效果，教师可以发现教学中存在的问题和不足，及时调整教学内容和教学方法，改进教学策略，提高教学质量。

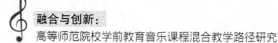

最后，结果性评价能够提高教育质量。结果性评价是提高教育质量的重要手段之一。通过对学生学习成果的客观评价，教师可以及时发现教学过程中存在的问题，从而加以改进，提高教育质量，实现教育目标。

因此，结果性评价对于高师学前教育音乐课程来说是至关重要的，它不仅能够反映学生的学习成果和教学效果，还能够改进教学方式，提升教育质量，为学前音乐教育的发展提供有力支持。

2. 结果性评价的关注点

结果性评价是指在课程结束时，对学生所达成的学习成果进行评价。在高师学前教育音乐课程中，这种评价主要关注以下几个方面。

（1）音乐知识和技能。评估学生对音乐理论的理解、音乐欣赏能力，以及乐器演奏能力和声乐技巧掌握程度。

（2）学前音乐教学能力。通过模拟教学和教学案例分析，评价学生的音乐教学设计、实施和评价能力。

（3）创新和创造力。评估学生在音乐创作、儿歌创编和教学材料设计方面的创新能力与创造性。

（4）评价内容。学生的表演技巧、音乐理论考试成绩、创作作品的质量、音乐知识掌握程度等。

（5）评价方法。使用标准化测试、评分标准等方式进行评价，确保评价的客观性和公正性。

对学生在学习过程结束时的知识和技能进行评价，直接体现了教育成果的实质性进展。这种评价方式强调对学生的学习成果进行量和质的分析，旨在全面反映学生的音乐基础知识与技能、音乐创编能力、音乐活动设计与组织、自主学习能力以及对传统本土和红色音乐的理解程度。

（三）增值性评价

1. 增值性评价的作用

增值性评价是指对学生在知识掌握、知识应用、职业素质和自主学习参与方面的提升情况进行全面评估，这种评价方式关注学生的起点和终点，试图量化教学过程对学生能力增长的贡献。

首先，增值性评价强调学生在音乐学习过程中的个性发展和成长。通过评价学生在音乐表演、创作和理论知识等方面的表现，教师可以培养学生的音乐素养和审美能力。

其次，增值性评价鼓励学生进行终身学习和自我提高。通过评价学生的学习历程和成长轨迹，教师可以激励学生不断追求卓越，持续提高自己的音乐水平和专业素养。

最后，增值性评价可以促进学生对社会作出贡献。通过评价学生在音乐领域的创新和发展，教师可以培养学生的社会责任感和使命感，激励他们为社会文化事业的发展作出积极贡献。

增值性评价在教育评价体系中占据着独特的位置，特别是在学前音乐教育领域，它通过衡量学生在学习过程中的成长和进步，为教师、学生提供了更加全面和深入的教育效果反馈。

与传统的过程性评价和结果性评价相比，增值性评价更加关注学生能力提升的程度，而不只是他们达到的相应水平。在高师学前教育音乐课程中，这种评价形式尤为重要，因为它能够真实反映教育活动对于促进学生音乐能力、职业素质以及自主学习能力发展的作用。

2.增值性评价的关注点

在高师学前教育音乐课程中，增值性评价关注以下几个方面。

（1）能力提升。通过对比学生入学和结课时的音乐理论知识、演奏技能和教学能力，评估学生在音乐教育方面的进步。

（2）教学理念的发展。评价学生对于音乐教育在学前教育中的作用的理解深度及其教学理念的成熟度。

（3）自我成长。关注学生的自我认知、自我效能感以及对学前教育职业的认同感。

（4）评价内容。对学生在课程开始和结束时进行能力测试，对比学生在音乐理论、演奏技巧、音乐欣赏和分析等方面的进步。

（5）评价方法。采用预测试和后测试，以及控制组设计等研究方法，确保评价的准确性。

（6）应用价值。增值性评价有助于教师识别教学方法的有效性，为

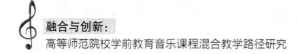

教学改进提供依据，同时有助于公正地评价教师的工作成效，尤其是在音乐教育领域，它强调了教育投入与学生能力提升之间的关系。

知识掌握情况提升率是增值性评价中的一个核心指标，它通过对比学生在学习周期开始和结束时的知识掌握水平，量化学生在音乐理论、乐器演奏、音乐欣赏等方面的成长。通过这种评价，教师可以了解到学生在特定知识领域的进步情况，从而更有针对性地调整教学方法和内容，满足学生的个性化学习需求。

知识应用能力提升率则从另一个角度衡量学生的学习成效，它关注的是学生将所学知识应用于实际情境的能力提升。在音乐教育中，这不仅包括学生在音乐创作、演出和教学实践方面的表现，还包括他们如何将音乐知识融入跨学科学习和日常生活。通过评估学生的实际表现，增值性评价能够促进学生将理论与实践相结合，提高他们的创新能力和问题解决能力。

职业素质提升情况的评价则着眼于学生作为未来音乐教育工作者的职业能力发展，包括音乐教育理念的形成、教学策略的掌握、班级管理能力的提升，以及与学生、家长和同事之间的沟通交流能力。

学生自主学习参与情况的评价强调了学生在学习过程中的主动性和积极性。通过观察和记录学生参与自主学习活动的频率、深度和创造性，增值性评价揭示了学生自我驱动学习的能力和习惯的形成程度，这对于培养学生的终身学习能力和适应未来社会发展的能力具有重要意义。

总的来说，过程性评价、结果性评价和增值性评价各有侧重，在高师学前教育音乐课程中各具特色，共同促进学生的全面发展和成长，构成了一个综合的评价体系，旨在全面提高高师学前教育专业教育音乐课程的质量和效果。通过将这三种评价方式相结合，教师可以更好地理解学生的学习需要，不仅能够促进学生的全面发展，评估教学策略的有效性，也能够促进学生在音乐领域的全面发展，为提高教学质量提供了有力的评价和反馈机制。

第七章　线上线下混合教学模式应用于高师学前教育专业音乐课程的创新与实践

第一节　高师学前教育专业音乐课程应用混合教学模式开展教学的实践案例

一、混合教学模式背景下高师学前教育专业音乐课程教学路径创新与实践的关键要素

线上线下混合教学模式融合了传统教学与现代技术的优点，有效提高了教师的教学效率和学生的学习体验。混合教学模式背景下高师学前教育音乐课程教学路径创新与实践主要分为三个阶段。

（一）教学准备阶段

1.线上资源开发

教师开发了一系列适合学前教育音乐课程教学的线上微课，涵盖基础音乐理论、歌曲演唱、节奏练习、音乐游戏等，这些微课旨在激发学生的学习兴趣，为学生提供自主学习的机会。

2.线下教材准备

结合自编教材和市场上优秀的教育资源，教师准备了一套丰富的线下教学材料，包括打击乐器、儿童歌曲集、音乐游戏等，旨在为学生提供实践操作的机会。

（二）教学实施阶段

1. 课前测验

通过对线上微课的学习，学生可以在课前完成自我测验，了解自己对即将学习内容的预备知识掌握情况，教师也可以根据测验结果调整教学计划。

2. 线上线下结合的教学

在课堂上，教师结合线上微课和线下互动进行教学。例如，先让学生在线上观看一段关于节奏感培养的微课，然后在课堂上进行节奏拍打的实践活动。

3. 课堂互动

利用教学 App 进行实时问答和小测验，增强学生的参与感和互动性。教师可以在这一环节即时获取学生反馈，调整教学策略。

（三）教学反馈与调整阶段

1. 学习数据分析

教师利用学习管理系统分析学生的在线学习行为和成绩，识别学习难点和兴趣点，为后续教学提供依据。

2. 课程反馈

通过线上调查和线下讨论，教师可以收集学生对课程的反馈，了解他们对混合教学模式的接受度和改进建议。

3. 教学调整

基于收集到的数据和反馈，教师要不断调整和优化教学内容、方法和资源，以更好地满足学生的学习需求。

通过这种混合教学模式，学生不仅能在课堂上通过实践活动学习音乐，还能通过线上资源在任何时间、任何地点进行自主学习，极大地提高了学习的灵活性和效率。此外，教师通过实时数据分析和反馈调整教学方法，能够使教育更加个性化，更好地满足学生的需求。未来，这种模式有望进一步优化，利用更多的技术和资源，为高师学前教育音乐课程带来更多创新和进步。

二、混合教学模式背景下高师学前教育专业音乐课程教学实践案例

混合教学模式背景下高师学前教育音乐课程的教学实践可以从多个维度展开，包括课程设计、实施策略、学生互动、技术应用、评估与反馈等。以下呈现两个具体的实践案例，分别为高师学前教育音乐课程《音乐基础》中第三章"节奏节拍"的教学设计和第一章"音的性质"的教学设计。

（一）《音乐基础》节奏节拍——节奏魅力教学设计

1. 基本信息

课程名称：音乐基础

授课对象：学前教育专业本科大一年级学生

授课课题：第三章　节奏节拍

授课时数：2 课时

授课形式：理实一体化

参考教材：丁凯，刘渝东. 乐理与视唱练耳 [M].2 版. 北京：科学出版社，2015.

其他资源：

信息资源：SOPC 教学平台、慕课平台、教学视频、FLASH 动画；

环境资源：多媒体教室、奥尔夫实训室；

物质准备：白板、打击乐器、钢琴。

2. 教学目的与要求

（1）课程标准。

该课程是学前教育专业必修课程之一，其目标是培养学生视谱能力、综合感知力、记忆力、表现力与审美能力，对唱、奏等专业技能表现有基础性作用，也对后续音乐技能课程素质的培养有辅助作用。学前教育专业学生通过学习本课程掌握基本乐理知识、视唱能力、听记能力，能够为学习其他音乐课程、发展音乐才能打下良好的基础。

节奏节拍这一章是音乐课程的基础，在音乐课程中，节奏节拍是必

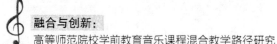

须掌握的一个知识点。学生对本章的学习不仅为本课程后续知识点的学习打下了基础，也为音乐类其他课程的学习作了良好的铺垫。本次教学主要围绕节奏展开，通过不同的活动设计，学生能够对节奏、节拍有一定的概念，并掌握常用的节奏型。

（2）教学目标。

①认知目标。

第一，了解节拍、节奏的关系、含义；

第二，通过对音符时值长短的不同组合，了解常用节奏型。

②技能目标。

第一，通过声势、念白、改编童谣、创编节奏，提升模唱、分析、听辨节奏的能力；

第二，对不同节奏型进行组合，边打拍子边进行清晰稳定的节奏练习；

第三，通过节奏模打、歌曲听觉分析，加强理论与技能的结合应用。

③情感态度目标。

体验传统音乐的节奏美，探索音符长短组合的魅力及合作的乐趣。

3. 教学重点

（1）了解节奏、节奏的关系。

（2）练习常用节奏型，边打拍子边进行节奏练习。

4. 教学难点

能够掌握不同的节奏型并边打拍子边进行清晰稳定的节奏练习。

5. 学情分析

本课的教学对象为学前教育专业四年制本科一年级学生，他们大多数都没有经过系统的专业音乐训练，对音乐的理解也只停留在很肤浅的层面。但大一新生具有强烈的好奇心，认知的敏锐性、灵活性较强，思维发展处于成熟期，具有一定的独立性和探索性。他们的认知方式呈现由以外部权威为主、转向以内部理性为主的特点，对于互联网学习、团队合作式的学习都有浓厚的兴趣。

在课堂教学中，教师应从学生的实际体验出发，设计丰富多彩的教学活动，吸引学生的兴趣，发展音乐认知、表现和审美能力，全面提高学生的音乐素质与理论修养。

6.教学方法与手段

本课为新授课，积极践行杜威的"做中学"及维果斯基的"支架式教学"，结合金字塔理论及费曼学习法，采用"自主学习、合作探索、强化应用、突出实践"的教育理念，倡导积极主动、勇于探索的学习精神和合作探索式的学习方式，注重提高学生的音乐表现力与创造力，以高阶性、创新性、挑战性、需求性和融合性的教学为标准，把枯燥难懂的音乐理论知识讲授转换为浅显易懂、生动有趣、注重实践与应用的方式和内容，开展以亲身体验为主的教学模式，在教与学的和谐统一中实现教学目标。高师学前教育音乐课程主要以学生为主体，充分发挥学生的主观能动性，带动学生自我思考、探究、实践、创造的潜能。本课采用要素组合的方式，课前进行线上资源共享、给予任务清单的教学方式，引发学生思考，并使学生通过视唱练习感受音程的和声效果，运用分组探讨、合作的方式创编音乐，加强师生互动、生生互动，注重讲练结合，从而突出重点、突破教学难点，进一步巩固知识点。

（1）教法：教师根据对教材和学生的分析，根据教学要点，采用翻转课堂、启发引导、乐谱视唱及多媒体辅助教学方法进行教学；

（2）学法：学生自主探索，与其他同学进行合作、探究、交流。

7.教学内容及过程设计

根据教学内容分析和学情分析，确定教学目标和教学重难点，为提高教学效率，增强学生实际应用能力，实现教学最优化，本课采用线上、线下混合教学，同时结合学生心理，采用各种调动学生学习积极性的教学策略，借助慕课、SPOC平台及微视频，解决教师授课时长不足、学生学习难度大等问题，促进学生自主探究学习，融入中国传统童谣及音乐，让学生在感受和喜爱中华民族音乐美感的同时构建高效课堂。

课前：教师在SPOC平台发布学习任务，让学生明确教学目标，了解学习任务。学生通过线上学习，初步熟悉节奏与节拍的相关知识点，通过小组互助讨论、合作式学习，进行自主学习及评测。

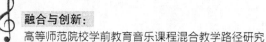

课中：教师亲身示范，让学生直观感知到本次课程任务的重要性和实用性，并通过耳熟能详的儿童歌曲来感受节奏与节拍的关系。通过学生在课前预习讨论中总结的问题及在课前测验中出错多的问题，教师总结出本节课需要解决的知识点，运用金字塔理论和费曼学习法，让学生当小教师进行分享，教师进行总结和补充，强化知识点。采用任务驱动、实训演练等方法，促使学生自主学习、协作探究，充分发挥其学习主体作用，体现了学中做、做中学，做学合一的教学理念。教学中借助课程平台、声势、念白、两人小组合作练习、学习小组创编练习等教学手段，提高了学习效率，逐一强化教学目标，突破了教学的重难点，同时使学生真正"动"起来，"活"起来。教师通过点评、组内互评、组间互评等方式，及时对学生进行评价，形成课上与课后、教师与学生、学生与学生、过程与结果的多元评价体系，便于教师及时了解学生的学习情况并及时调整教学进度。

课后：学生对所学内容进行巩固，为了增强学生对知识点的运用乐趣，教师可以运用合作式学习和音乐和声效果，布置有关节奏的合作视频制作任务，让学生体验音乐创作的乐趣。

（1）课前准备。

①教师活动。

第一，将本次课程的任务单和教学微视频放至中国大学慕课平台与SPOC平台；

第二，要求小组长带领小组成员在课前预习教学相关内容；

第三，进行线上测验，并作数据分析；

第四，参与讨论区讨论，进行知识点答疑；

第五，对学生进行课前学习情况评估。

②学生活动。

第一，通过网络平台学习教师下发的资料；

第二，小组讨论相关知识点，并做总结、讨论、交流，互相教学；

第三，下载课前任务单，完成并提交课前测试；

第四，在课程讨论区提出问题并讨论。

（2）声势导入。

①教师活动。

第一，看教师做声势，猜儿童歌名；

第二，跟教师一起做（手打节奏，脚打拍子）；

第三，挑战声势（脚踩节奏，手打拍子）；

第四，引出课程内容——节奏与节拍。

②学生活动。

第一，猜歌名；

第二，用手打节奏，用脚打节拍；

第三，用脚打节奏，用手打节拍。

（3）小组汇报预习中发现的问题。

①教师活动。

第一，教学平台学习成果展示；

第二，慕课限时测评；

第三，倾听学生自主学习时出现的问题。

②学生活动。

第一，认真观看课前学习完成情况；

第二，在慕课平台完成课前知识点测试。

（4）节奏练习。

①教师活动。

第一，请学生选择不同的名词，组成不同的节奏型；

第二，请学生运用念白练习不同的节奏型；

第三，邀请学生做指挥，进行不同节奏型的组合；

第四，安排学生进行两人组练习。

②学生活动。

第一，确定名词主题，选择不同字数的名词，为名词选择相适应的节奏型；

第二，选择喜欢的声势打拍子，并做念白节奏练习；

第三，跟随指挥做练习；

第四，两人互练。

（5）创编练习。

①教师活动。

第一，请学生分组进行童谣节奏改编；

第二，将改编材料拍照上传慕课平台；

第三，让学生分小组上台展示创编成果（要求学生边打拍子边念童谣，一遍童谣，一遍节奏）；

第四，师生点评。

②学生活动。

第一，小组确定童谣，并进行节奏改编；

第二，上传并练习改编后的童谣，掌握边打拍子边打节奏的技巧；

第三，展示并互相点评。

（6）听辨节奏。

①教师活动。

第一，弹唱儿童歌曲，请学生模打节奏；

第二，引导学生分析歌曲中常用的节奏型。

②学生活动。

第一，倾听儿童歌曲，识记节奏并模打节奏；

第二，分析歌曲中的节奏型。

（7）课后测验。

①教师活动。

第一，为学生提供节奏视唱练习；

第二，提供慕课测试练习题；

第三，呈现测试结果，强化难点节奏型。

②学生活动。

第一，能够快速识别不同节奏型，并能够合拍清晰，准确打击节奏；

第二，进行慕课测试；

第三，对难掌握的节奏型进行专项训练。

（8）总结评价。

①教师活动。

第一，邀请学生进行课堂总结；

第二，给出学生课上考核成绩。

②学生活动。

进行本次课的课堂总结。

（9）课后任务。

①教师活动。

第一，根据课上所学，结合慕课资料，小组共同录制节奏合作练习短视频；

第二，预习下节课内容。

②学生活动。

记录任务。

8.教学总结

（1）借助网络平台完成任务发布、前测、中测、后测、互动交流、在线知识点学习、相关知识课程拓展，引导学生自主学习，有效提高学习效率；

（2）通过课前测验、课堂测验、教师过程评价，实现合理评价；

（3）从结果看，使用信息化教学手段能真正做到以学生为主体，培养了学生自主学习、团队协作、解决问题的能力，提升了学生的岗位意识和职业素养；

（4）运用先学后教、当堂训练的教学模式，真正实现以学生自主学习为中心的课堂教学模式。

（二）《音乐基础》音的性质——音乐要素综合运用教学设计

1.基本信息

所属课程：音乐基础

课程性质：专业

单元课次：第二次课

授课形式：综合教学

授课对象：学前教育专业本科一年级学生

授课学时：1 课时

授课类型：综合实践课

授课教材：陈星 . 基本乐理与视唱练耳 [M].3 版 . 南京：南京师范大学出版社，2019.

教材分析：

第一，《音乐基础》是学前教育专业学生必须掌握的一门理论与实践密切结合的专业必修课。《基本乐理与视唱练耳》是指导学生学习音乐基本理论、对学生进行视唱技能、音乐听觉及音乐素质训练的一本综合教材，主要包含乐理与视唱练耳两大板块。

第二，本课选自高师学前教育专业教材中的基础乐理模块，此内容包含所有音乐学习的内容。音强指声音的大小，也就是音乐中的强弱；音高指声音的高低，是旋律中音乐线条的基础；音值是声音的长短，其构成了音乐的另一个重要内容——节奏；而音色则呈现音乐的声音特色，丰富音乐色彩。后续所学的乐音体系、记谱法、节奏节拍、常用记号、音程、和弦以及视唱练耳中涉及的旋律、节奏、和声都与此内容有关。

2. 教学理念

（1）杜威"从做中学"教育理论。杜威指出"从做中学"也就是"从活动中学""从经验中学"，它使学生从学校获得的知识与在生活中的活动联系了起来，使他们能从那些真正有教育意义的活动中学习，从而更好地成长和发展。本课程设计正是以该理论为依据，与学生的实际生活相联系，使学生在活动中学习。学生在这个过程中不但学得开心，而且能活学活用。

（2）支架式教学法。支架式教学法是基于建构主义学习理论提出的一种以学习者为中心，以培养学生的问题解决能力和自主学习能力为目标的教学法。支架式教学法的重点是通过循序渐进的过程，为学生提供适当的辅助，从而激发学生的潜能，使学生不断进步，在短时间内从被动学习转变为主动学习。

（3）情境教学法。这种教学方法指的是在教学过程中，教师有目的地引入或创设具有一定情绪色彩的、以形象为主体的生动具体的场景，使学生拥有一定的态度体验，从而帮助学生理解教材，并使学生的心理机能得到发展。

围绕以学生为主体的做中学、学中做的教育理念设计与组织教学，在建构主义理论指导下，为学生提供支架式学习，创设情境，激发学生学习内驱力，让学生在情境中感悟、在情境中体验、在情境中内化。

3.教学内容分析

（1）音的性质主要指声音的物理性质，主要有音高、音强、音值和音色。这也是音乐中最重要的四种音乐要素，音乐要素涵盖了《音乐基础》所有内容，如乐音体系中会涉及音高和音值，节奏节拍中会涉及音强和音值，音程和和弦会涉及音高、音色等。所以，对于刚学习乐理的学生来说，掌握这四种音乐要素的综合运用对后续知识点的学习与理解有着非常重要的意义。

（2）四种音乐要素的不同组合会有不同的情绪或情感表达，比如紧密的音值与高亢的音高或响亮的音色相结合容易让人产生紧张的情绪感觉，缓慢的音值与低沉的音高或沉闷的音色相结合容易让人产生悲伤的情绪体验。通过为故事配音效，学生可以亲身实践，对四种音乐要素不同组合产生不同音效的含义有更进一步的体验。

4.学情分析

（1）认识水平与能力状况。

①许多学生由于在成长过程中对正规的音乐学习接触较少，音乐基础薄弱；

②个别学生有过音乐学习经历，但对于音乐基础知识及视唱练耳训练处于最初级水平；

③思维活跃，具有一定的独立性和探索性。

（2）学生存在的学习问题。

①大部分学生的音乐基础不好，对音乐学习的信心及音乐学习内驱力不足；

②学生音乐能力存在差异性，单纯课堂集体讲授式教学不易消除所有学生的知识盲点。

（3）学习需要与学习行为。

①唤醒学生的音乐学习需求，使音乐课程与学生的学习基础、课程价值、职业需求紧密结合；

②创设情境，激发学习兴趣；

③自我导向学习——教学与学习目标双导、教学与学习问题双导。

5. 教学目标

（1）知识目标。

①熟知音的四种基本要素为音高、音色、音强、音值；

②通过活动，学生能够知道音的四种基本要素经过不同组合可以有不同的音响效果。

（2）能力目标。

①学生能够分辨音的四种要素，并说出听到的声音具有音的哪种性质；

②能够将四种音乐要素运用在实际音乐活动中。

（3）价值目标。

①乐于参与小组合作学习，体验创编的快乐；

②通过感受音效故事情节及情感变化，体会英雄的无私奉献、爱国爱岗情怀，展现新时代青年的责任与担当。

6. 教学重难点

能够将四种音乐要素运用在实际音乐活动中。

7. 教学方法

（1）情境创设法。

①实际应用：

第一，准备一个关于某一英雄的故事，注重对故事情节中动作声音的描述；

第二，教师课前创设并示范序曲和第一幕，让学生有整体感知体验，清晰创编音效的注意事项和关键点；

第三，提供道具、打击乐器、生活用品，营造情境氛围；

第四，制作与故事相关的课件作展示背景。

②解决的问题。

第一，乐理知识实用性不强，不能联系实际生活体验；

第二，学生只会单独对每个音乐要素进行分析，无法进行综合分析及探索；

第三，知识点偏物理特性，学生缺乏兴趣；

第四，学生对音乐四要素综合运用的审美体验弱，无法通过课程内容体会音乐要素的不同组合有不同的意义和情绪感受。

（2）启发法。

①实际应用。

第一，点评时使学生围绕音乐要素进行思考；

第二，情绪情感与音乐要素的关联性启发。

②解决的问题。

第一，防止学生只关注表演，而忽略学习的重难点——音乐要素的综合运用；

第二，学生对音乐四要素综合运用的审美体验弱，无法通过课程内容体会音乐要素的不同组合有不同的意义和情绪感受。

（3）项目式教学法。

①实际应用。

第一，课前：线上学习预习任务及检测；

第二，课中：练习环节任务导向及检测；

第三，课后：延伸性学习任务布置。

②解决的问题。

第一，激发学生自我导向式学习；

第二，学习解决问题的过程与方法。

（4）鼓励式教学法。

①实际应用。

第一，引导学生在互评时不指责，只给建议与鼓励；

第二，善于发现学生表现良好的地方，点评时注重提升学生对音乐学习和表现的自信心。

②解决的问题。

第一，学生认为音乐学习比较困难，有畏难情绪；

第二，学生学习音乐的热情不足，没有建立自己能学好音乐的自信心。

8.学习方法

（1）情境表演法。

①实际应用。

第一，根据教师提供的线上学习资源、课前音效故事序幕和第一幕示范，掌握创编音效的要领，培养分析音效的能力；

第二，小组分析故事剧情，根据故事选择合适的音效，并通过打击乐、嗓音、声势或其他声响呈现出来；

第三，讨论情境表演中的音效性质，并表演。

②解决的问题。

第一，学生自主探索空间较小，探索与体验音乐机会缺乏；

第二，调动了学生参与学习的积极性；

第三，激励学生参与多元智能的学习；

第四，使学生的学习更加个性化和具有创造性。

（2）费曼学习法与合作探究。

①实际应用。

第一，小组讨论，互为人师，讲解相关知识点，并结合自己所理解的拓展知识给出任务解决方案；

第二，收集建议，共同制订最优方案；

第三，分工练习，讨论需要调整或改变的环节或细节；

第四，不断优化，提升效果。

②解决的问题。

第一，使学生掌握了团队合作学习的方式方法，提升了学生的团队合作意识；

第二，提升了学生自主发现问题、探索问题、解决问题的能力；

第三，培养了学生互帮互助的社交与学习意识。

（3）问题导向。

①实际应用。

第一，结合教学内容与学生现状设定教学目标；

第二，根据教学目标有针对性地提出问题，使学生进行线上思考、讨论；

第三，根据教师问题及教学目标，学生线上自学发现问题，激发对新知识的探索欲望。

②解决的问题。

第一，激活师生双向活动，凸显学生学习主体地位；

第二，提升了学生的思维能力，培养了学生的问题解决能力；

第三，激发了学生探究性学习的热情，提升了学生音乐学习的内驱力。

9.本次课的教学亮点

（1）将思政内容与教学重难点有机结合，贯穿整个创学环节，学生通过对音乐要素的探索，结合音效创编及音效故事情景剧的表演，不断了解某一英雄平凡而伟大的一生，体验不同音乐要素组合产生的情绪情感变化。教师通过该课程激励学生以英雄人物为标杆，做像该英雄那样的人——勇担风险、无私奉献、爱国敬业，展现新时代青年的责任与担当。

（2）将音的性质分辨与探索这一教学重难点由传统的教师讲授、示范、提问，转变为以学生为主体，使学生通过自主学习、探索，小组合作，把课堂变为学生表演的舞台。展示、互评、师评不仅强化了学生对音乐要素综合运用的主观体验，同时激发了学生表现音乐、创造音乐的兴趣和热情，使学生从被动学真正转变为主动学、玩中学。

（3）从结果看，使用信息化教学手段能真正做到以学生为主体，培养学生自主学习、团队协作、解决问题的能力，提升学生的岗位意识和职业素养。本节课运用了教育信息技术、微助教、学生互评、学习讨论

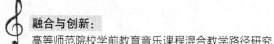

关键词展示等方式，以及构建主题教育理念，使教师将感受与经验相结合，最大化利用教学资源。

（4）将情境创编融入知识点的学习和巩固，采用"研学—导学—创学三步四变"音乐教学模式引导学生形成学习共同体，激发学生主动探索的兴趣和热情，真正营造以学生自主学习为中心的教学氛围。

10. 教学评价与反思

（1）教学评价。本节课重点围绕音的四种性质——音高、音强、音色、音值的分辨与综合应用展开教学，整个课堂以学生为主体，运用启发引导的形式组织教学，课前课后还要进行线上学习、实训实练，以提升教学效果。本次教学活动主要围绕"导学"和"创学"这两个环节进行设计，因为对第一章内容的学习是学生初次接触"三步四变"教学模式，所以教师在导学环节融入创学步骤，让学生能够在教师引导下了解如何进行课后创学环节的实践。通过层层递进，教师可以不断给予学生更多自主探索的空间，使学生反复讨论、创编适合故事情境的音响效果，分析出所采用的音效具有音的哪种性质。

在教学资源利用上，本节课运用了教育信息技术、慕课、微助教、学生互评、学习讨论关键词弹幕展示等方式，利用建构主义教育理念的原则，建构框架，把感受与经验相结合，最大化利用教学资源。

（2）教学反思。因为时间关系，本节课无法让更多学生分享自己对该英雄的感受与想法，以及通过创编并表演音效情景剧后对音乐要素的认识。教师可以通过线上讨论的方式，请学生把个人感受分享出来。

第二节　高师学前教育专业音乐课程应用混合教学模式开展教学的改进与优化措施

一、鼓励教师培训

教师培训无疑是混合教学模式背景下高师学前教育音乐课程改进与

优化措施中一个重要的环节。教师的教学水平和技能直接影响其自身的教学质量与学生的学习体验。

在混合教学模式背景下的高师学前教育音乐课程中，教师的角色从知识的传播者转变为学生学习过程中的引导者。为了让教师更好地适应混合教学模式，提高教学设计与实施能力，鼓励教师培训成为重要的改进与优化措施之一。

（一）混合教学模式理念的培训

通过混合教学模式理念的培训，教师能够深刻理解混合教学模式的核心理念与设计原则，掌握多样化的教学模式，重新定义自己与学生的角色定位，提高课程设计与教学实施能力，从而在实际教学中更好地运用混合教学模式，提升自身的教学质量与学生的学习效果。

1. 深刻理解混合教学模式的核心理念

针对音乐教师提供混合教学模式理念的培训，使他们深刻理解这一教学模式的优点与灵活性，掌握线上与线下教学活动的合理搭配。通过培训，教师可以了解混合教学模式允许其根据课程内容与学生特点灵活选择教学方式，在不同的教学场景中切换线上与线下教学，满足学生的个性化学习需求。通过多种教学资源和方法的组合，如录播视频、在线讨论、小组合作、实验实践等，教师可以为学生打造丰富多样的学习体验。混合教学模式能够灵活调整教学计划与策略，使其更好地适应学生的学习节奏与风格，提高教学效率与效果。

2. 重新定义教师与学生的角色

教师在混合教学模式中，从传统的知识传播者转变为学生学习的引导者、支持者和合作伙伴，因此，其在教学过程中需要特别注重激发学生的学习兴趣与创新潜力。学生已经从传统教学中被动接受知识的对象转变为主动探究与应用知识的主体，在教师的指导下，他们可以灵活高效地制订学习计划，安排学习进度。

3. 掌握混合教学模式的设计原则

为了更好地在高师学前教育音乐课程中实施混合教学模式，教师在

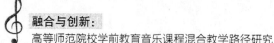

音乐课程教学设计中需要始终坚持以学生的需求与兴趣为导向，为学生提供个性化与灵活的学习路径；要合理搭配线上与线下教学活动，将线上学习的自主性与线下互动的及时反馈相结合，增强学生的学习效果；要丰富教学资源与活动，为学生提供多样化的学习体验。

4.教学设计与实施策略的培训

帮助教师掌握"研学—导学—创学三步四变"教学模式、翻转课堂与项目式学习等创新教学策略，指导他们如何在教学设计中灵活运用这些策略。

5.结合实际案例进行教学理念的实践

通过一些成功案例，教师可以展示如何运用混合教学模式设计课程、开展教学活动，并结合学生反馈调整教学方法。高校要组织教师进行教学理念的实战演练，使教师模拟设计利用混合教学模式开展的音乐教学活动，制订教学计划，落实具体实施方案，并在培训团队的指导下完成一系列教学任务。

（二）现代教育技术的培训

通过现代教育技术的培训，教师可以熟练掌握各类在线教学平台、录播视频与多媒体资源的制作工具，以及数字音乐软件与学习管理系统的使用方法，将其融入混合教学模式的音乐课程教学设计与实施中，为学生提供更丰富的学习资源，全面提高混合教学模式音乐课程的质量与效果。

1.在线教学平台的使用培训

教师要熟悉主流在线教学平台的主要功能，包括课程内容上传、在线测验、讨论区、作业提交、公告通知等，掌握课程创建、学生管理、内容发布、考核设置等基本操作。

2.课程组织与管理培训

教师要了解如何在在线教学平台上合理组织与管理课程内容，制订详细的教学计划。教师还要学习如何利用平台的学习数据分析功能，及时了解学生的学习进度与情况，以便对其进行具有针对性的指导与反馈。

3.互动与交流功能的应用

教师要利用在线讨论区、问答区、直播授课、录播视频等功能，提升师生的互动与交流。利用公告与通知功能，及时发布课程信息与学习资源，提高课程管理效率。

4.录播视频与多媒体教学资源的制作培训

学习使用录屏软件制作高质量的教学视频，包括录屏、剪辑、字幕与特效添加等。熟练掌握硬件设备（如摄像机、麦克风、电子白板等）的使用，确保录制过程中音频与视频的质量。

掌握多媒体教材、互动课件、案例分析与音乐创作演示等教学资源的制作方法，提高课程内容的丰富性与直观性。学习利用数字音乐软件制作与编辑音乐素材，将其融入多媒体教材与课件中，增强音乐课程的教学效果。

5.虚拟模拟实验与虚拟乐队练习的开发培训

学习使用虚拟现实与增强现实技术，开发虚拟模拟实验，为学生提供虚拟环境中的音乐演奏与创作练习，提高他们的实际操作能力。利用在线平台与音频合成软件，设计虚拟乐队练习活动，让学生能够通过远程协作进行合奏与演出，提高团队合作能力。

6.音乐创作与演示软件的使用培训

学习使用数字音乐制作软件制作与编辑音乐素材，为课程提供丰富的音乐创作资源。掌握乐谱软件和音频编辑软件的基本操作，将音乐理论与音乐制作有机结合，提高教学质量。

（三）加强教师之间的教学经验交流

1.教学经验分享会

高校要定期组织教师开展混合教学模式经验分享会，让他们展示在实际教学中采用的教学方法与技巧，分享使用混合教学模式进行音乐课程教学的成功案例与实践经验。

2.教学研讨会与工作坊

举办教学研讨会与工作坊，鼓励针对混合教学模式应用在音乐课程教学中的共性问题进行深入讨论，集思广益，共同探索提高教学质量的有效策略。

（四）设立教师教学支持团队

1.教学技术支持

设立专门的教学技术支持团队，为教师提供在线平台的使用指导与技术支持，解决他们在教学中遇到的技术问题。

2.教学咨询与辅导

建立教学咨询与辅导团队，为教师提供教学设计、教学方法与评价策略方面的专业咨询，帮助他们不断优化音乐课程教学的质量与效果。

（五）提供多样化的教师发展机会

1.进修与学习机会

为教师提供参加国内外相关学术会议、进修课程与学习交流的机会，拓展他们关于混合教学模式的知识。

2.教学科研项目支持

支持教师开展与混合教学模式音乐课程教学相关的教学科研项目，结合实践探索教学模式与策略的创新，为提高混合教学模式音乐课程的教学质量提供理论与数据支撑。

二、探索多样化的混合教学模式

混合教学模式的核心在于将线上与线下的教学相结合，通过灵活运用多种教学资源与方法，提升教师的教学效果与学生的学习体验。为了充分发挥课堂教学的潜力，教师需要学习多样化的混合教学模式。

（一）翻转课堂模式

翻转课堂模式强调"将知识传授放在线上，将知识内化放在课堂"，即鼓励学生在课前通过在线平台自主学习理论知识，将课堂时间用于讨论、答疑与实际操作。

1. 实施策略

线上部分——教师提前录制课程视频，准备多媒体教材与互动练习，并上传在线平台。学生通过观看视频、完成练习进行课前预习。

线下部分——教师通过课堂讨论、小组合作与实际操作等形式，解答学生疑问，加深他们对知识的理解。

个性化指导——教师根据学生的课前预习表现，制定个性化的指导策略，为不同层次的学生提供差异化教学。

2. 优势

提高学生的自主学习能力，培养他们对知识的探索精神；有效利用课堂时间进行深度互动与知识应用，提高教学质量。

（二）"研学—导学—创学三步四变"混合教学模式

该模式强调学生对知识的自主学习与创新应用，分为研学、导学和创学三个阶段。学生在线上自主学习课程知识点，在线下与教师互动解决在学习过程中遇到的问题，最后通过小组创编音乐活动、即兴创作与表演音乐作品，使自己拥有自主学习、知识迁移与应用能力以及创新力、表现力、思维力。

1. 实施策略

研学阶段（线上部分）——学生通过在线学习平台自主学习音乐课程知识点，包括乐理、作曲技巧等内容，为课堂学习奠定基础。

导学阶段（线下部分）——教师与学生面对面互动，通过小组讨论与实际操作解决学生在音乐学习和操作中遇到的问题，深化他们对知识的理解。

创学阶段（线上线下相结合）——学生在教师的指导下，将所学音乐理论与实践技能应用于音乐作品的创作，如编写歌曲与策划音乐会，培养自己的创造性与应用能力。

2. 优势

深化学生对知识的理解，提高他们的音乐应用与创作能力；培养学生的自主学习能力与创新精神，增强他们的学习兴趣与动力。

（三）项目式学习模式

项目式学习以音乐创作或项目表演为载体，指导学生的项目设计、实施与展示，培养他们的团队合作与项目管理能力。

1. 实施策略

项目设计——教师与学生共同进行音乐创作或项目表演，明确项目目标与任务，如组织音乐会、编写音乐剧等。

项目实施——学生以小组形式合作完成项目任务，在教师的指导下制订实施计划，开展编曲、排练与表演等活动。

项目展示——学生通过音乐会或演出展示项目成果，分享创作经验与心得体会，接受教师和同伴的评价与反馈。

2. 优势

培养学生的团队合作、项目管理与创新能力，提高他们的实际操作水平，让学生在真实的项目中应用音乐理论与技能，学以致用。

（四）合作式学习模式

合作式学习模式强调通过小组合作完成学习任务，使学生之间互帮互助，实现深度的知识学习与技能提升。

1. 实施策略

小组讨论——教师根据学生的能力水平与兴趣将他们分成若干小组，每个小组负责解决一个音乐问题或完成一个学习任务。

角色分工——每个小组内部进行角色分工，如组长、记录员、汇报员等，每人负责一部分工作，确保任务按计划完成。

互帮互助——组员之间互相帮助，取长补短，提高整体的学习效率与成果。

2. 优势

提高学生的沟通交流与团队合作能力，帮助学生实现进步与成长，增强学生的学习动力与参与度，培养他们解决问题的能力。

（五）任务驱动学习模式

任务驱动学习模式是指教师通过设计与实际问题相关的学习任务，激发学生的学习兴趣，让他们在解决问题的过程中掌握音乐理论知识与技能，培养他们的创新与实践能力。

1. 实施策略

任务设计——教师根据课程内容与学生能力水平，设计若干与实际问题相关的学习任务，如编曲、配音、排练等。

任务分配——学生根据自身兴趣与强项选择任务，并制订详细的任务计划与具体的实施策略，按计划完成任务目标。

成果展示——学生通过演出、报告等形式展示任务成果，并接受教师和同伴的评价与反馈。

2. 优势

将知识学习与实际问题相结合，实现学以致用，提高学生的实际操作能力；激发学生的学习兴趣，培养他们的创新思维与解决问题能力。除了以上优化建议外，教师间的合作和导师制度也应该加强。资深教师可以通过实际教学经验来指导年轻教师，也要从年轻教师那里吸收新鲜的教学观念和技术应用。这样的相互学习和共享能有效地提升教师的整体教学水平。与外部教育机构和技术公司的合作也是提升教师能力的有效途径。比如，与高等教育机构或研究中心合作，共同开发专门针对混合教学模式音乐课程教学的教材，这些内容可以解决教师在实际教学中遇到的问题。

三、促进学生互动平台的发展

学生互动平台的发展，为混合教学模式音乐课程教学提供了一个多元化和互动性强的学习环境，还能有效地连接线上与线下的教学活动。一个健全、活跃且多元的学生互动平台可以让学生在课堂之外获得更多的学习资源和实践机会，也可以提升他们的学习积极性和自主性。

在混合教学模式音乐课程教学中，一个好的学生互动平台应能够支

持各种类型的教学活动和资源共享,包括课件下载、作业提交、在线测试、音乐作品展示和互评等。对于音乐课程来说,平台应支持音频和视频文件的上传与分享,以便学生展示自己的作品。即时通信和讨论版功能也是必不可少的,因为它们能让学生和教师保持持续的沟通与交流。学生互动平台也可以成为促进跨文化和跨学科交流的重要工具。通过平台,学生可以与不同地域、拥有不同文化背景的人建立联系,甚至有机会参与国际音乐活动和项目。然而,仅仅拥有一个功能全面的平台是不够的,如何有效地将其整合到教学中才是关键。教师应该在教学设计中充分考虑平台的使用,使其成为教学活动的自然延伸,而不是额外负担。例如,在讲解一种特定的音乐技巧或理论知识后,教师可以布置相关的在线活动或测试,以检验学生对于技巧与知识的理解和应用。又如,在学生完成了一个音乐创作或演出项目后,教师可以要求他们将作品上传平台,并邀请同学进行评价。

为了进一步提高平台的使用效率和学生参与度,持续地评估和优化是必要的,这可以通过定期的用户反馈、数据分析和教学观察来进行。具体来说,教师可以通过跟踪和分析学生在平台上的行为模式,如访问频率、资源下载量和在线互动次数等,来了解他们对平台的接受度和使用情况。基于这些信息,教师可以对平台进行相应的调整和优化,如增加更多受欢迎的资源、改进界面设计、添加新的互动功能等。另外,教师应该鼓励学生积极参与平台的建设和维护,因为这也是一种富有教育意义的实践活动。学生可以参与各种与平台相关的任务和项目,如内容策划、技术支持、用户培训和社群管理等。

综上所述,促进学生互动平台的发展是混合教学模式音乐课程教学优化的重要一环。一个好的平台不仅能提供丰富和多样的学习资源,还能激发学生的学习兴趣和创造力,为教师提供方便和高效的教学支持工具。

四、引入高质量的开放教育资源

高质量的开放教育资源为混合教学模式音乐课程教学带来了全新的

可能性。开放教育资源通常包括免费可用、可修改和可分享的教学资料，对于提升教师的教学效果和学生的参与度有着很大的作用。高质量的开放教育资源能够丰富音乐课程教学的内容和形式，对于教师来说，这意味着更多的选择和灵活性。如果教师想在课堂上介绍一种非传统的音乐风格或文化，他们可以轻松地找到相关的教学视频、文章或乐谱，并将其整合到教学计划中。这样不仅能提高课堂的趣味性和多样性，还能拓宽学生的知识体系和文化视野。开放教育资源也能有效地支持学生的个性化和自主学习。由于这些资源通常以数字形式存在，因此，学生可以随时随地根据自己的兴趣和需求进行访问与使用。这一点在混合教学模式中尤为重要，因为它可以填补线上和线下教学的空缺，使学生在课堂之外继续加深自己对于知识点的理解。例如，学生在学习了课堂上的基础内容之后，可以通过开放教育资源进行进一步的阅读和实践，以加深对音乐理论或技巧的理解。成功地引入和使用开放教育资源并非易事，需要教师进行全面和细致的准备。在选择资源时，教师需要确保它们的质量和适用性，这可能需要他们投入大量的时间和精力进行搜索与评估，或者与其他教育机构及专家进行合作交流。

除了内容质量外，教师还需要考虑资源的可访问性和兼容性，确保所有学生都能方便地使用。一旦选定了教学资源，下一步就是如何将其有效地整合到教学中，这可能涉及教学设计、学生评估等多个方面的调整和优化。

具体实践方面，在混合教学模式音乐课程教学中引入高质量的开放教育资源可以通过多个途径实现。例如，教师可以进行市场调研，找出哪些开放教育资源是可靠、高质量和与课程目标相匹配的。确定资源后，教师就可以思考如何将它们融入现有的课程设计。对于音乐理论课程，教师可以在讲授基础概念如音阶、和弦和节奏后，引导学生使用特定的开放教育资源进行自主学习和实践，这些资源可能是一系列与音乐理论相关的互动测试、模拟软件或视频教程。对于实践性更强的课程，如乐器教学或合唱指导，开放教育资源可以以视频演示、在线主题研讨或者乐谱资源的形式纳入课堂，这些资源可以被用作课后作业，让学生在非课堂时间也能继续练习和提高。与此同时，学生可以在在线平台提交自己的音乐作品，无论是编曲、演奏，还是混音。这些作品可以是开放教育资源的一部分，供其他学生学习和参考，从而形成一个持续更新和互相支持的学习社群。教师可以与其他学校或教育机构合作，共同开发或筛选高质量的开放教育资源，这不仅可以降低学校与教育机构的成本和工作量，还可以让更多的教师和学生受益。值得注意的是，教师在使用开放教育资源时，需要考虑不同学生的学习风格和节奏。比如，对于那些更偏向实践和操作的学生，教师可以提供更多与实际演奏或创作相关的资源和任务；而对于那些更喜欢理论和分析的学生，则可以给予更多关于音乐历史、文化和理论方面的阅读与研究材料。

在整个过程中，教师要密切关注学生的反馈和表现，以便及时调整教学计划和资源使用策略，这可以通过问卷调查、课堂观察或学生成绩分析等方式来进行。

五、提供稳定可靠的技术支持

在当前数字化、网络化越来越普遍的教学环境下，从课堂管理系统和在线测验平台，到音乐制作软件和虚拟合成器，稳定可靠的技术支持能够极大地提高混合教学模式音乐课程教学的质量和效率。

音乐教学有其特殊性，往往比一般科目需要更多的技术设备和软件支持。例如，在音乐制作课或录音技术课中，学生可能需要使用专业的数字音频工作站和各种音频插件。在这种情况下，高性能的计算机硬件和稳定的网络环境就显得尤为重要。任何技术问题，无论是硬件故障，还是软件故障，都可能导致教学中断，影响学生的学习体验和教师的教学效果。技术支持也会直接影响教学的实施。混合教学模式通常涉及线上和线下教学的结合，因此需要有强大而可靠的在线教学平台来支持。这些平台不仅需要具备丰富的教学资源和互动功能，还需要有良好的用户体验和高度的可访问性。例如，如果一个在线音乐课程平台具备实时的多人协作和高质量的音频流功能，那么学生就能实现在家里也能像在现实教室一样，与教师和同学进行有效的沟通与合作。除了硬件和软件外，技术支持还包括对教师和学生的培训。不论是最先进的音乐制作软件，还是最基础的在线教育平台，如果使用者不知道如何有效地利用它们，那么这些工具的价值就会大打折扣。因此，定期的技术培训和持续的技术支持服务是非常必要的。这不仅能提高教师和学生的技术素养，还能及时解决教学中可能遇到的各种技术问题。技术支持还应该包括对学生个体差异的考虑。例如，一些学生可能因为地理、经济或其他原因，无法获得高质量的硬件和网络服务。在这种情况下，学校和教师应当为学生提供一些额外的支持，如补贴或租赁服务，以确保所有学生都能平等地参与混合教学模式音乐课程教学。具体的实践应从以下步骤来着手。在教室环境中，确保高质量音响系统和投影设备的稳定运行是基础。这些设备不仅要与教师的教学需求相匹配，还要能够容易地与学生的个人设备进行对接。同时，在进行远程教学时，拥有一个高可用性和低延迟性的在线教学平台也是非常关键的，这样的平台能够为教师与学生提供丰富的多媒体教学资源，如音乐片段、视频教程和互动练习，以及方便的检索功能。软件应用也很关键。例如，高质量的视频会议软件和网络音频传输技术可以使教师和学生在不同地点进行实时的音乐合作，这丰富了混合教学模式音乐课程教学的教学手段和内容。为了确保这些工具能够被有效地利用，对教师和学生的技术培训是不可或缺的。通过专门的培训课程，他们不仅能掌握如何操作各种软硬件设备，还能学会如何处理在使用过程中遇到的技术问题。需要强调的是，技术支持并不仅仅是提供先进设备或软件，更重要的是要确保这些技术手段能够满足教学的实际需求，并得到教师和学生的认可，这需要教师与技术人员紧密合作，以及对学生的反馈认真对待和及时处理。

六、开展长效教学评估

长效教学评估是一个持续的、全面的过程，旨在从多个角度和维度对教学活动进行深入分析和总结，从而使教师更准确地了解教学效果，识别教学中存在的问题，推动各方面的持续改进。

教师在实施长效教学评估时，通常会涉及对课程内容、教学方法、

教学资源、学生参与度、学业成绩等多个方面的综合评价。其中，课程内容的评估主要是为了使教师了解课程是否能够满足学生的学习需求和兴趣，是否与音乐行业或学术界的最新动态和要求相匹配。而教学方法的评估则更多地集中在教学活动的具体操作和实施环节方面，包括课堂讲授、小组讨论、实践操作、远程在线学习等。对于教学资源的评估，尤其是在混合教学模式音乐课程教学中，包括对教材、多媒体资料、在线平台和工具等的评估，它们是否先进、完善，以及是否能够得到有效地利用，都是评估的重要内容。对于学生参与度和学业成绩的评估，则更多是从学生的角度出发，了解他们对课程的态度、兴趣和满意度，以及他们通过课程内容是否能够实现预定的学习目标。在长效教学评估中，除了对以上各方面进行系统性的数据收集和分析，还需要对各种评估结果进行综合对比，以便找出其中可能存在的关联性和规律，这通常需要教师、学生、管理人员以及其他利益相关者共同参与和合作。各方的共同努力不仅能使教师更全面、更准确地了解混合教学模式音乐课程教学的实际效果和影响，还能使教师更有针对性地提出改进和优化的方案与措施。

长效教学评估还具有很强的开放性和灵活性，它不仅可以根据教学实践的不断发展和变化进行相应的调整和更新，还可以与其他类型或形式的评估和研究相结合，使教师从中获得更多的信息和启示。比如，将长效教学评估与课程修订、教师培训、技术支持等其他改进措施相结合，形成更为完善和高效的教学质量保证体系。

第八章　高师学前教育专业音乐课程应用混合教学模式开展教学的发展趋势与展望

第一节　当前高师学前教育专业音乐课程混合教学模式的发展趋势

一、混合教学是当代教育领域具备发展潜力的教学法

混合教学因其灵活性、多样性和高度的适应性，逐渐成为当代教育领域具备发展潜力的教学法之一。

传统的教学方式有其优点，但也存在局限性。例如，面对面的课堂教学可以为教师和学生提供即时的反馈与交流，其强调的是集中式、同步的学习模式，这在一定程度上限制了学生的学习自由度；而在线学习虽然能够突破时间和空间的限制，但缺乏即时的人际互动和教师的即时指导，这可能会影响学生的学习质量，降低学生的学习积极性。

混合教学正是在这种背景下应运而生的。它不仅继承了传统教学和在线学习的优点，还通过科技手段打破了教与学的时间和空间界限，使教育资源和教学方式更加丰富与多元。在混合教学模式下，教师可以根据课程内容和学生特点，灵活地运用多种教学资源和方法，如录播视频、在线讨论、小组合作、实验实践等提高教学效果。

在混合教学中，教师和学生的角色也得到了重新定义与拓展。教师不再是知识的唯一传播者，而是成为学生学习过程中的引导者和合作伙伴。教师让学生通过在线平台进行课前预习和课后复习，教师则通过线上线下的实时交流和反馈，促进学生的自主学习和深度思考。学生在这种教学模式中从被动接受知识的对象转变为主动探究和应用知识的主体，

他们在教师的指导下，能够更加灵活和高效地安排自己的学习计划与进度。混合教学不仅适用于基础教育阶段，也逐渐被高等教育和职业培训所采纳。在高等教育中，混合教学能够更好地满足学生多元化和个性化的学习需求，提高教育的可及性和效率；而在职业培训中，通过混合教学，培训者可以更加灵活地安排时间和地点，获取最新的行业知识和技能，提升自身的职业素养和竞争力。

混合教学的广泛应用并非偶然，它是随着现代社会和技术的快速变化逐渐兴起的。它弥补了纯粹面对面教学和完全在线教学两者的不足，构建了一个更加平衡和综合的教学环境。对于教育机构来说，这不仅意味着可以为学生提供更加多样化的教学资源和渠道，还意味着可以更好地适应不同学生的学习需求。例如，在特殊教育方面，混合教学具有极大的潜力和价值。传统的特殊教育往往需要高度个性化的教学计划和一对一的教学支持，这在面对面教学中可能很难实现。然而，通过混合教学，教师可以利用在线资源和工具，为有特殊需要的学生提供更加个性化和灵活的教学服务，如远程教学、视听辅助设备等。另一个值得关注的方面是社会和文化多样性。在全球化和多元文化的背景下，混合教学可以作为一个"桥梁"，连接不同文化和社会背景的学生与教师。通过在线平台，学生可以接触到更加多元和全球化的教学资源与观点，也能在面对面的课堂中，与教师和同学进行更加深入与具体的交流和合作。在教学方法和理念方面，混合教学也展现出了巨大的创新潜力。以往，教学常常以教师为中心，注重知识的传授和积累。然而，在混合教学模式下，教师和学生的关系变得更加平等与互动，教学内容也更加注重实际应用和综合能力的培养。例如，教师可以通过在线模拟和实验，让学生在虚拟环境中进行实际操作和实践，然后在面对面的课堂中，对这些经验和数据进行分析与讨论。

从长远看，混合教学代表了教育领域具有前瞻性和创新性的发展方向。它不仅能为学生提供更优质和高效的教学服务，还能更好地满足现代社会多元化和个性化的教育需求。更重要的是，混合教学有助于构建一个更加开放、平等、合作的教育生态系统，促进全球教育的发展。

二、混合教学与以音乐教学为主的各类艺术课程混合程度日益加深

混合教学作为一种多元、灵活的教学模式，在各个领域中得到广泛应用，艺术教育也不例外。特别是在以音乐教学为主的各类艺术课程中，混合教学与传统艺术教育的混合程度正在不断加深。这一趋势反映了教师和学生都越来越认识到，技术和艺术可以相互促进，共同构建更加丰富和高效的教学环境。

音乐教学本身就具有高度的实用性和表现性，这使它与混合教学的结合尤为自然和有力。传统的音乐教学往往强调师生面对面的实时互动和指导，但这种模式在某种程度上限制了学生的学习时间和空间，也增加了教育资源和机会的不平等；而混合教学则通过在线资源和工具，打破了这些限制，使音乐教学更加灵活和个性化。例如，学生可以通过在线平台观看高质量的音乐表演和解析视频，在家里就能进行有效的课前预习和课后复习；教师则可以通过在线测试和作业，实时了解学生的学习进度和问题，为学生提供更加具有针对性的教学和辅导。此外，混合教学还可以促进教师和学生之间的在线互动与合作，如远程合奏、在线讨论等，这不仅能提高学生的音乐技能，还能培养他们的团队合作和社交能力。

混合教学也为音乐教育带来了全新的教学内容和方法。传统的音乐教学通常注重乐理知识和演奏技巧的传授，忽视了对学生音乐创作和审美的培养。然而，在混合教学模式下，教师可以更加方便地引入各种音乐软件和应用，教授音乐编曲、录音、剪辑等现代音乐制作技术，这不仅能拓宽学生的音乐视野，还能提高他们的创造性。此外，混合教学还为音乐教育提供了一个国际化和多元化的平台。通过利用在线资源，学生可以接触到不同文化和风格的音乐，与全球的师生和艺术家进行实时互动与合作，这不仅能提高学生的音乐素养和审美情趣，还能培养他们的跨文化交际和自我表达能力。

值得一提的是，混合教学并不仅适用于专业音乐教育，也逐渐被引入非专业的音乐教学。无论是学校的音乐课，还是社区和家庭的音乐活

动，都可以通过混合教学得到有效的改善和提升。例如，一些学校和教育机构已经开始尝试将在线音乐教学与传统的课堂教学相结合，为学生提供更加灵活和多样的教育服务与机会。当然，混合教学在音乐教育中的应用也面临一些挑战和问题，如教学资源的质量和安全性、师生的技术准备和心理适应、评价和认证的标准与机制等。但这些问题并不是不可解决的，其需要教育者和研究者不断的探索与实践，以找到更加合适和有效的解决方案。

混合教学模式在高师学前教育音乐课程中的应用还可能形成一种全新的"音乐教育生态系统"。在这个系统中，不同类型和层次的音乐教育资源与机构可以通过网络平台进行有效的整合和共享，形成一个开放、多元、互联的音乐教育网络。例如，一些大型音乐学院和研究机构可以提供高级和专业的在线课程与认证，而一些小型的音乐学校和教师则可以注重为学生提供基础和实用的音乐教学服务。从社会和文化角度看，混合教学在音乐教育中的应用具有巨大的潜力和价值。音乐作为一种全球性和跨文化的艺术形式，其教育和传播不应局限于特定的地区与群体。混合教学模式为音乐教学提供了一个理想的平台和途径，用于促进全球范围内的音乐教育和文化交流。通过在线资源和社交媒体，学生可以更容易地接触到不同文化和历史背景的音乐与艺术作品，从而拓宽自己的视野，丰富自己的情感。

三、混合教学在高师学前教育专业音乐课程教学中的独特优势

混合教学在高师学前教育音乐课程教学中具有显著的优势和潜力。这种教学模式通过融合传统的面对面教学和现代的在线教学，不仅丰富了教学手段和内容，还提高了教学质量，为未来学前教育工作者的培养提供了一个更加多元化的平台。

高师学前教育音乐课程教学是一个涵盖教育学、心理学、音乐学的综合性学科。在这样一个跨学科的背景下，混合教学能够为学生提供一个更为灵活和高效的学习环境。通过在线课程和多媒体资源，学生可以随时随地获取到最新的教育理论和音乐知识，与全球的专家和同行进行

交流和合作。这不仅能够拓宽学生的视野和知识面，还能够提高他们的独立思考和创新能力。混合教学也有助于解决高师学前教育专业音乐课程教学中一些长期存在的问题。例如，传统的音乐教学往往侧重学生的技术和演奏，而忽视了其音乐审美和文化内涵，而在线平台和资源则可以为学生提供更多关于音乐历史、文化和心理的学习材料和案例，帮助他们建立一个更加全面和深刻的音乐观念。同时，通过实时的在线测试和反馈，教师可以更准确地掌握学生的学习进度和学生在学习过程中遇到的问题，从而进行更有针对性的教学调整和干预。

在高师学前教育音乐课程教学中，混合教学还能为学生提供一个更加开放和包容的学习氛围。传统的音乐教学通常是基于一种固定和单一的教学模式与标准进行的，这往往会限制学生的个性；而混合教学则可以通过个性化的在线课程和活动，满足不同学生的不同需求和兴趣。例如，对于那些在某一方面具有特殊才能或兴趣的学生，教师可以提供更多高级的和专业的学习资源与机会，激发他们的潜能和热情。

当然，混合教学在高师学前教育音乐课程教学中的应用也面临一系列的挑战和问题，如技术设备和网络条件的限制、教师和学生的技术准备与心理适应，以及数据安全和隐私保护等。这些问题并不是不可解决的，只要教师能够认真地面对和解决这些问题，混合教学就有可能在高师学前教育音乐课程教学中发挥更大的优势，取得更好的效果。

混合教学在高师学前教育音乐课程教学中具有独特的优势，它不仅能够丰富和拓展教学内容与资源，还能够提高教学效率和质量，促进教学目标的实现。随着科技和社会的不断进步，这种教学模式有望在未来得到更广泛的应用和推广，为提高我国学前教育音乐课程教学的整体水平和国际竞争力作出更大的贡献。

第二节　高师学前教育专业音乐课程混合教学模式的发展前景与挑战

一、学前教育专业音乐课程应用混合教学模式的发展前景

混合教学模式背景下的学前教育音乐课程具有良好的发展前景。混合教学模式背景下的音乐课程结合了线上和线下的教学方法，旨在为学生提供更加灵活和多样化的学习体验。

（一）进一步提升学前教育专业学生的教学技能

在当前的教育领域，随着技术的不断进步和教学模式的日趋多样化，混合教学模式背景下的学前教育音乐课程成为一种创新的教育方法。对于学前教育专业的学生来说，这种创新的教育方法为他们提供了宝贵的学习和实践机会。混合教学模式背景下的学前教育音乐课程融合了线上和线下的教学资源与手段，不仅能够加深学生对音乐教育的理解，更能够通过实际操作和实践活动，使他们掌握如何高效地结合这两种资源进行创新和有效的教学设计。

混合教学模式背景下的学前教育音乐课程能够让学前教育专业的学生深入理解音乐教育的多维度功能，包括音乐在提升幼儿智力发展、情感表达、社交能力以及创造力方面的重要作用。通过线上平台，学生可以接触世界各地的音乐教育理论和实践案例，拓宽他们的视野，增进他们对不同音乐文化和教育方法的了解。这种广泛的知识积累为他们将来设计具有包容性和创新性的音乐教学活动提供了坚实的基础。

混合式音乐课程通过实践教学环节，如在线音乐制作、虚拟合唱团等活动，使学生直接运用所学的知识，将理论与实践紧密结合。这种实践机会不仅能够提升他们的音乐技能和教学能力，更重要的是能够培养他们的创新思维和问题解决能力。学生在实践过程中会遇到各种挑战，

比如如何使用有限的资源创造有趣的音乐教学活动，以及如何调整教学策略以满足不同学习者的需求。通过解决这些问题，他们能够逐步建立自信，为将来独立开展教学活动打下坚实的基础。

混合式音乐课程还强调了技术在教学中的应用。在数字化时代，掌握各种教育技术工具，如在线课堂平台、音乐制作软件等，已成为现代教师的必备技能。通过学习，学生不仅能够熟悉这些工具的操作，更重要的是，他们能够学会如何创造性地将这些技术工具应用于教学设计，以吸引幼儿的兴趣，提高教学效果。

（二）进一步增强学前教育专业学生的技术能力

在当前数字化时代背景下，技术能力的培养已成为教育领域的一大趋势，尤其是对于学前教育专业的学生而言，掌握和运用教育技术与数字工具已经成为他们的关键能力之一。混合式音乐课程作为一种前沿的教学模式，不仅在音乐教育领域展现了其独特的价值，也为学生提供了一个宝贵的平台。学生通过实践学习和应用各种数字工具，如音乐制作软件、在线课堂管理平台等，能够进一步增强他们的技术能力。

通过学习音乐课程，学前教育专业的学生将有机会深入探索和应用一系列先进的教育技术工具。例如，音乐制作软件能够让学生在没有传统乐器的情况下，创作和编辑音乐，从而大大拓宽音乐教学的可能性。此外，通过使用在线课堂管理平台，学生可以学习如何有效组织和管理线上教学活动，包括布置作业、进行学习进度跟踪、通过线上讨论促进学生间的互动与合作。

这样的技能训练不局限于音乐教育领域。随着教育技术的不断发展，这些技能可以被广泛应用于其他教学领域，为学生未来的教育工作提供更加广阔的视野和更多的可能性。只有掌握了这些技术工具的操作和应用，学生才能够设计出更加多样化、互动性更强的教学活动，从而满足不同学习者的需求，提升教学效果。

混合式音乐课程中的技术应用还能够激发学生的创新意识和探索精神。在实际应用过程中，学生会遇到各种技术挑战和问题，他们需要动

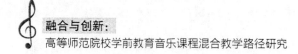

脑筋思考解决方案，这种过程不仅能够加深他们对技术工具的理解，还能够锻炼他们的问题解决能力和创新能力。例如，如何利用有限的技术资源创造出具有吸引力的音乐学习内容，如何通过技术手段增强远程音乐教学的互动性和参与感，都是他们在学习过程中需要考虑的问题。

混合式音乐课程强调了技术在促进教育公平方面的作用。线上学习平台可以使更多偏远地区或经济条件较差的学生享有高质量的音乐教育资源，这不仅增强了学生的社会责任感，也让他们意识到了技术在解决教育不平等问题中的潜力。

（三）进一步促进学前教育专业学生的自主学习

对于学前教育专业的学生而言，混合式音乐课程提供了一个极佳的平台，不仅能够促进他们的自主学习，还能够激发他们的自我驱动能力，这对于他们未来的职业生涯具有重要的意义。

混合式音乐课程通过结合线上学习资源和线下互动教学，为学生提供了一个灵活多样的学习环境。在线部分允许学生根据自己的时间安排和节奏学习，他们可以在任何时间、任何地点访问课程材料，进行自我学习。这种灵活性不仅有助于学生更好地平衡学习与生活，还有助于培养他们的时间管理能力和自律性。

通过混合式音乐课程，学生可以根据自己的兴趣和需要选择学习内容。现代教育技术为学生提供了丰富多样的学习资源，包括在线视频教程、互动音乐游戏、虚拟乐器练习等，学生可以根据自己的兴趣爱好和学习目标选择适合自己的学习方式与材料。这种个性化的学习路径不仅能够提升学生的学习兴趣，还能够促进他们的深度学习和对知识点的理解。

自主学习过程中的自我评估也是混合式音乐课程的一个重要组成部分。学生需要定期评估自己的学习进度和成效，反思学习方法的有效性，思考如何改进学习策略。这种自我反思和评估能力是自主学习的关键，它能够帮助学生建立自我监控和调整学习的能力，这对于他们未来的职业发展和终身学习至关重要。

混合式音乐课程还鼓励学生参与更多的社群学习和协作。通过在线论坛、社交媒体，学生可以与来自不同背景的同学交流学习经验，分享学习资源和创意想法。这种协作学习不仅能够扩大学生的学习视野，还能够提升他们的沟通能力和团队协作能力。

　　混合式音乐课程通过不断地激励学生，促使他们探索未知领域，培养他们解决问题的能力。在学习过程中，学生会遇到各种问题和挑战，需要他们进行独立思考并寻找解决方案。这种问题解决过程不仅能够使学生树立创新意识，提高批判性思维能力，还能够激发他们的学习热情和探索精神。

（四）进一步增加学前教育专业学生的实践机会

　　对于学前教育专业的学生而言，混合式音乐课程提供的实践机会，如在线音乐教学实践、虚拟音乐创作等，不仅能够增强他们的实际操作能力，还能够帮助他们将理论知识转化为可应用于幼儿园等实际教育环境的技能。这种结合了理论与实践的学习方式，对于学生未来的职业生涯发展具有重大的意义。

　　通过混合式音乐课程的实践活动，学生可以在安全的环境中尝试和探索各种音乐教学方法与技巧。例如，在虚拟音乐创作项目中，学生可以利用数字音乐软件创作自己的音乐作品，这不仅能够激发他们的创造力和音乐才能，还能够让他们体验设计和实施创造性教学活动的过程。通过这样的实践，学生不仅能够深入理解音乐创作的原理和技术，还能够掌握如何引导幼儿通过音乐活动表达自己的情感和想法。

　　混合式音乐课程中的在线音乐教学实践为学生提供了一个模拟真实教学环境的平台，让他们能够在不直接面对幼儿的情况下，先行练习和完善自己的教学方法与技能。通过录制教学视频、设计在线课程和参与互动活动等方式，学生可以在实践中学习如何有效地传达音乐知识、如何管理线上课堂，以及如何通过远程教学工具与幼儿互动。这些经验对于学前教育专业的学生来说，不仅对未来可能面临的线上教学工作有直接的帮助，也能够提升对教育技术的理解和应用能力。

实践机会的增加还意味着学生能够在实际教学中遇到并解决各种问题，从而积累宝贵的经验。无论是处理技术问题，设计适合不同年龄段幼儿的音乐活动，还是适应和优化远程教学的方法，这些挑战和问题的解决过程都是学习与成长的重要组成部分。通过实际操作，学生能够更加深刻地理解音乐教育的复杂性和挑战性，也能够增强解决问题和适应变化的能力。

混合式音乐课程中的实践活动还为学生提供了与同行交流和合作的机会。在团队项目和协作任务中，学生不仅可以分享想法和创意，从同学的反馈和评价中学习，还可以通过观察和分析他人的工作获得灵感。

二、学前教育专业音乐课程应用混合教学模式开展教学活动面临的挑战

学前教育音乐课程应用混合教学模式开展教学活动面临的挑战既多样又复杂，涵盖技术、教育理念、资源分配以及教师培训等多个方面。

（一）教师技能培训有待完善

随着混合式音乐课程在学前教育专业中的日益普及，教师技能培训的完善显得尤为重要。

混合教学模式的特点使教师不仅要精通传统的音乐教学方法，还要掌握一系列新的技术技能和在线教学策略。对于学前教育专业的学生来说，他们正处于职业生涯的起步阶段，具有适应这种新型教学模式的能力将直接提升他们未来的教学效果，促进他们未来的职业发展。

技术应用能力的培养是教师技能培训中的重要组成部分。在混合式音乐课程中，教育技术工具不仅用于课程内容的呈现，更是实现教学互动、学生反馈和学习评估的重要手段。因此，学前教育专业的学生需要熟练掌握各种在线学习平台的操作，如虚拟课室管理、音乐制作软件使用，以及其他数字资源的应用。这些技能的掌握不仅能够提高他们的教学质量，还能够增强他们在未来教育市场中的竞争力。

（二）创新教学方法与教育理念

在推进混合式音乐课程时，教育理念和文化的创新成为关键的驱动力。然而，这种创新的过程不可避免地会遭遇来自传统教育体系和观念的挑战。很多教育者、家长对于在线学习的有效性抱有疑问，认为这种新型的教学模式无法达到传统面对面教学的效果。对于学前教育专业的学生来说，这不仅需要他们在技术和教学方法上进行创新，更要求他们在推广和实施教学活动的过程中，努力改变这些传统观念。

（三）资源分配不平等

在推广应用混合教学模式进行学前教育音乐课程教学的过程中，资源分配的不平等是一个不可忽视的问题。

尽管技术和网络的普及为教育的发展提供了便利，但教育资源的不均等分配，尤其是资金、教学材料和专业培训的不均等分配，仍然是制约混合式音乐课程实施和发展的重要因素。这种不平等主要体现在城市和经济发达地区与偏远、经济欠发达地区之间，后者在接受和实施新型教育模式方面面临更多的挑战。

学前教育专业的学生是接受混合式音乐教学的受教育者。面对资源分配不平等的问题，教育部门要具备解决问题的意识和能力，以促进教育公平。

（四）评估和反馈机制的复杂性

在混合式音乐课程中，确保学习质量和教学效果的关键之一在于建立有效的评估和反馈机制。

对于学前教育专业的学生来说，这一挑战尤为突出，因为远程教学环境增加了评估学生学习进度和理解程度的复杂性。在这种教学模式下，学生的学习活动分布在线上和线下，他们的互动、参与度以及学习成效需要通过不同的方式进行监测和评价。

这时，混合式音乐课程的评估不仅要考量学生对知识的掌握程度，还要评价学生的创造力、音乐表现能力以及团队合作能力。这要求评估

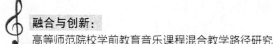

方法必须是多元化的，也要具有灵活性，以适应不同学习者的特点和需求。例如，除了传统的笔试和线上测试外，教师还可以采用学生作品的呈现、音乐创作和表演等形式，以及同伴评价和自我评价等方法对学生进行综合评估。

（五）部分学生的学习动机不够强烈

在混合式音乐课程中，学生学习动机的保持尤为关键，特别是对于学前教育专业的学生而言，他们在接受线上学习时，缺乏面对面互动可能会感到孤立，进而丧失学习动力。这就要求教师采取创新的方法和策略，以激发和保持学生的学习热情与参与度。例如，混合式音乐课程的线上学习需要设计得更具吸引力和互动性，以刺激学生的学习兴趣。引入多媒体教学材料、音乐游戏、虚拟合作项目等元素，可以大大增加学习的趣味性和参与感。例如，让学生利用音乐软件在线创作音乐，或让学生通过虚拟乐队进行远程合作，这些都是增强学生在线学习动机的有效方法。

参考文献

[1] 庞钊珺 . 中外学前教育简史 [M]. 成都 : 西南交通大学出版社 ,2022.

[2] 侯莉敏 . 学前教育概论 [M]. 北京 : 国家开放大学出版社 ,2022.

[3] 霍习霞 , 范喜庆 . 学前教育史 [M].2 版 . 上海 : 复旦大学出版社 ,2021.

[4] 祁占勇 . 学前教育政策与法规 [M]. 西安 : 陕西师范大学出版总社 ,2021.

[5] 李军 . 线上线下混合式教学 : 军队院校混合式教学经验分享 [M]. 西安 :
    陕西人民出版社 ,2021.

[6] 林立芹 . 深度学习场域下的混合式教学 [M]. 长春 : 吉林出版集团股份
    有限公司 ,2021.

[7] 刘淑娟 . 高校思想政治理论课混合式教学研究 [M]. 北京 : 九州出版社 ,2021.

[8] 聂鑫 , 王旭 , 肖丽 . 思想政治理论课混合式教学研究 [M]. 北京 : 北京航空
    航天大学出版社 ,2022.

[9] 韩佳伶 . 智慧课堂背景下混合式教学模式改革研究 [M]. 长春 : 吉林大学
    出版社 ,2021.

[10] 杜环欢 , 韩中谊 , 林瑞青 . 思想政治理论课混合式教学研究 [M]. 北京 : 九
    州出版社 ,2021.

[11] 张芳芳 . 基于建构主义的大学英语混合式教学研究 [M]. 北京 : 九州出
    版社 ,2022.

[12] 吴雨珊 . 混合式教学的海南音乐文化高等教育传承研究 [J]. 艺术大
    观 ,2023(14):124-126.

[13] 田恪 . 新形势下混合式音乐课堂教学模式研究 [J]. 艺术评鉴 ,2022(20):93-96.

[14] 王晓潇 . 线上线下混合式教学模式对高校音乐守正创新的作用研究 [J].
    艺术评鉴 ,2022(17):92-95.

[15] 李芸芸 . 混合式教学在高校音乐教育专业声乐课程中的设计与应用 [J].
    艺术大观 ,2022(26):115-117.

[16] 朱天 . 混合式音乐课堂的探究 : 以古筝教学为例 [J]. 戏剧之家 ,2022(20):
    163-165.

[17] 钱玲玲 . 互联网 + 背景下的音乐混合式教学 [J]. 文理导航 ,2022(15): 43-45.

[18] 覃思 . 广西民族地区走进经典与奥尔夫音乐教育相融合的混合式教学模

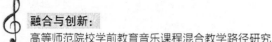

式构想 [J]. 艺术评鉴 ,2021(24):59-62.

[19]　何艺 , 王宇歆 . 高校音乐混合式教学思考 [J]. 教书育人 (高教论坛),2021 (30):92-93.

[20]　吴成贵 . "互联网 +" 背景下初中音乐混合式教学探析 [J]. 教学管理与教育研究 ,2021,6(20):99-101.

[21]　张静 . 高校学前教育音乐专业线上线下混合式教学实践探究 [J]. 新课程研究 ,2021(20):83-84.

[22]　王睿 . 新疆高校音乐类专业建构主义课程混合式教学设计实施策略研究 [D]. 乌鲁木齐 : 新疆师范大学 ,2021.

[23]　唐鹤鸣 . 高师音乐混合式教学模式的研究 [J]. 戏剧之家 ,2021(11):95-96.

[24]　戴黛琳 . 新形势下混合式音乐课堂教学模式探究 [J]. 中国音乐教育 ,2021(4):43-50.

[25]　卫朝雅 . 音乐课堂混合式教学的激趣评价尝试 : 以乐曲《可爱的动物》为例 [J]. 现代教学 ,2021(合刊 1):159-160.

[26]　贺梁 . 基于慕课的混合式教学法在音乐教学中的应用 [J]. 中国文艺家 ,2019(10):204.

[27]　关心 . 建构主义视角下音乐学科双线融合教学研究 : 以高中音乐教学为例 [D]. 黄石 : 湖北师范大学 ,2023.

[28]　曹佩佩 . 高校音乐课线上线下混合式教学模式探究 [J]. 艺术教育 , 2022(9):88-91.

[29]　龙秒 . 混合式教学模式下高校音乐教师角色的转型之探究 [J]. 大众文艺 ,2022(13):136-138.

[30]　李芸芸 . 高校音乐教育专业混合式教学模式的改革与探究 [J]. 戏剧之家 ,2022(18):196-198.

[31]　翟佳星 . SPOC 模式下音乐自主学习能力培养研究 : 以西安市碑林区某标准化中学为例 [D]. 西安 : 西安音乐学院 ,2022.

[32]　覃思 .《奥尔夫元素性音乐教育》课程混合式教学模式的研究与实践 [J]. 艺术评鉴 ,2021(23):67-70.

[33]　闫昱 . "以学生为中心" 理念下地方高校音乐专业混合式教学实践研究 [J]. 青海师范大学学报 (社会科学版),2021,43(4):145-150.

[34]　何艺 , 陈萌 . 教育信息化时代高校音乐表演课程混合式教学初探 [J]. 艺术研究 ,2021(1):130-131.

[35] 郭琳琳 . 混合式教学法在中国传统音乐课程中的实践 [J]. 艺海 ,2019(8):
120-121.

[36] 李文亮 . 论混合式教学模式在高校音乐理论课程教学的应用与实践 [J].
艺术品鉴 ,2019(11):129-130.

[37] 史晓玲 , 王福朋 . 浅谈学前教育专业音乐混合式教学改革 : 对初中起点五
年制音乐教学的思考与实践 [J]. 大众文艺 ,2018(24):197-198.

[38] 刘英曼 . 高师音乐混合式教学模式研究 [J]. 戏剧之家 ,2018(31):147-148.

[39] 程扬 ."慕课"背景下高校音乐教学改革初探 [D]. 曲阜 : 曲阜师范大学 ,2018.

[40] 徐婷婷 . 混合式教学模式对培养高职学生音乐综合素质的价值研究 [J].
知识窗 (教师版),2018(1):61.

[41] 梁艺 . 基于乡村音乐课堂的混合式工作坊教学模式研究与实践 : 天等乡
村 "音乐教师工作坊" 系列研究 [J]. 广西教育学院学报 ,2017(5):183-187.

[42] 陈蓉蓉 . 基于网络教学平台的混合式教学在中职音乐的应用 : 以《命运
交响曲》信息化教学设计为例 [J]. 智库时代 ,2017(10):133,136.

[43] 田丽红 . 探析信息化背景下中职音乐课堂的新型教学模式的运用 [J]. 科
幻画报 ,2022(12):174-176.

[44] 宋冬菊 , 蒲晓冬 . 混合式教学模式在弹唱教学中的应用研究 [J]. 艺术评
鉴 ,2022(10):114-116.

[45] 唐毅梅 . 国家中小学网络云平台同步课程服务农村基础薄弱小学音乐教
学的探索 [J]. 中国现代教育装备 ,2022(10):27-29.

[46] 吴颖 . 外国民族音乐课程运用 O2O 教学模式实践 [J]. 大庆社会科
学 ,2021(6):148-152.

[47] 李艺 . 高校音乐线上教学优化策略探讨 [J]. 高教学刊 ,2021,7(28):76-81.

[48] 肖瑞 . 新媒体时代内蒙古高校中国传统音乐课程创新型教学模式探析 [J].
艺术教育 ,2021(7):56-59.

[49] 赵应淇 . 信息化环境下高校音乐课混合式教学模式研究 [J]. 北京印刷学
院学报 ,2021,29(增刊 1):181-183.

[50] 李强 .OBE 与 PBL 向度 : 学前教育专业 "三环四组" 音乐课程群建构 [J].
湖北开放职业学院学报 ,2023,36(23):44-47.

[51] 张艺潇 . 奥尔夫音乐教学法课程混合式教学模式探究 : 以河北北方学院学
前教育专业为例 [J]. 河北北方学院学报 (社会科学版),2023,39(4):92-94,102.

[52] 马小镭 . 学前教育专业《教师音乐技能（综合）》课程思政教学的探索

与实践 [J]. 成才 ,2023(16):99-101.

[53] 李晴 . 高校本科学前教育专业音乐教育研究 [J]. 教育教学论坛 ,2023(31):125-128.

[54] 冯婷 . 学前教育专业音乐技能模块化教学模式建设分析 [J]. 戏剧之家 ,2023(18):169-171.

[55] 王君璞 . 学前教育专业钢琴课程教学路径探析 [J]. 湖北工业职业技术学院学报 ,2023,36(3):66-70.

[56] 周圆 .OBE 理念下学前教育专业音乐课程优化与创新路径 [J]. 品位·经典 ,2023(11):143-146.

[57] 王诗尧 , 单乐 . 学前音乐教育中融入茶文化的有效策略 [J]. 福建茶叶 ,2023,45(5):111-113.

[58] 汤凌茜 . 吴增芥幼儿音乐教育理念与当代价值 [D]. 绍兴 : 绍兴文理学院 ,2023.

[59] 周思远 . 张雪门音乐和游戏同构课程观及其当代价值 [D]. 绍兴 : 绍兴文理学院 ,2023.

[60] 樊文华 . 专业认证背景下学前教育专业音乐课程教学改革探究 [J]. 艺术大观 ,2023(9):103-105.

[61] 徐士博 . 学前教育专业音乐课程思政实践路径研究 [J]. 文科爱好者 ,2023(1):12-14.

[62] 孙志国 . 民族民间音乐融入学前教育专业课程教学的意义与策略 [J]. 高教论坛 ,2023(2):55-57.

[63] 张煜晗 . 探究奥尔夫音乐教学法在高职院校学前教育专业教学中的运用 : 以 "视唱练耳" 课程为例 [J]. 戏剧之家 ,2023(4):175-177.

[64] 张丹 . 学前教育专业声乐教学创新与研究 [J]. 大众文艺 ,2023(2):132-134.

[65] 曾茜 . 高职院校学前教育专业音乐教学现状分析及对策初探 [J]. 戏剧之家 ,2023(2):190-192.

[66] 徐星月 , 郭莘舫 , 崔小红 . "三标对应双循环系统" 育人模式下的学前教育音乐核心课程群建构 [J]. 中国音乐教育 ,2023(1):50-58.

[67] 汤凌茜 , 黄敏学 . 吴增芥《幼稚园的音乐》的文本分析与当代价值 [J]. 绍兴文理学院学报 ,2022,42(12):103-109.

[68] 王婷 . 课程思政背景下学前教育专业音乐课程教学策略研究 [J]. 教师 ,2022(36):117-119.

[69] GONG Z. Teachers'role in facilitating outdoor game education:a qualitative study in Jingmen vocational college preschool education settings[J].pacific international journal,2023,6(4):165-169.

[70] WENG L, CAO J. Exploration of training the undergraduate preschool education professional talents based on teacher professional identity[J]. Curriculum and teaching methodology,2023,6(22):99-104.

[71] ANDREA K, ALENA S. A comparison of the functions and conditions of preschool education in state and forest kindergartens during the COVID-19 pandemic in the Czech Republic and Denmark[J].Magistraladerti na,2023,18(1):47-70.

[72] YU X, LIU D, LI D. Visual analysis of the integration of traditional Chinese culture into preschool education[J].The educational review,USA,2023,7(8):1171-1177.

[73] LI H, ZHAO H. Study on the design method of Montessori educational kindergarten under the perspective of preschool education[J].Journal of humanities, arts and social science,2023,7(8):1535-1540.

[74] BONANÇA S R, BULHÕES F C P, LEONIDO L, et al. Decree-Law54/2018: perspectives of early childhood educators on inclusion in preschool education in Portugal[J].Education sciences,2023,13(7):737.

[75] BRANIMIR M, SNJEŽANA D. Music in the curriculum of early childhood and preschool education[J].Croatian Journal of education:Hrvatski časopis za odgoj i obrazovanje,2023,25(2):639-671.

[76] WANG N, GUO X Q, WANG Y J, et al. A study on the practicum requirements for teacher student in preschool education programs in Xizang Universities[J].Communication & education review,2023,4(2):49-64.

[77] RAD D, REDES A, ROMAN A, et al. The use of theory of planned behavior to systemically study the integrative-qualitative intentional behavior in Romanian preschool education with network analysis[J].Frontiers in psychology,2023(13):1017011.

[78] SHAAISTA M, DEEVIA B. Men who teach early childhood education:mediating masculinity, authority and sexuality[J].Teaching and teacher education,2023,122:103959.

附录 《混合教学模式下的高师学前教育音乐课程教学改革实践与研究》课题报告

【摘要】本课题报告介绍了《混合教学模式下的高师学前教育音乐课程教学改革实践与研究》项目，该课题在南宁师范大学进行，目的是通过混合教学模式优化学前教育音乐课程，解决学生音乐基础不均、自主学习动力不足以及教学内容与学生高阶能力培养脱节等问题。研究采用"研学—导学—创学三步四变"混合教学模式，通过目标双导式教学、巧妙融入思政元素以及多样化评价体系等方法强化了课程的互动性和实用性。通过实证研究，该模式显著提高了学生的学习兴趣、参与度、学习内驱力和合作学习能力，促进了学生高阶思维和创新能力的发展。研究成果证明，混合教学模式有效提高了教师的教学质量和学生的音乐素养，为高师学前教育音乐课程提供了创新的教学策略和实践方向。

【关键词】混合教学；高师学前教育音乐课程；教学改革

引言

在当今教育领域，学前教育的重要性日益凸显。学前阶段是儿童认知、情感和社会发展的关键时期，而音乐教育作为学前教育中的重要组成部分，对于培养儿童的综合素养和情感智力具有不可替代的作用。高师学前教育音乐课程作为培养学前教育专业人才的重要载体，其教学质量和教学模式的改革与创新对于提高学前教育水平至关重要。

本课题的研究旨在探讨混合教学模式在高师学前教育音乐课程中的应用，以及其对教学改革和实践的影响。混合教学模式融合了传统面授教学与现代信息技术手段的特点，通过多样化的教学方式和资源，提高学生的学习兴趣，促进学生学习效果的提高，培养学生的自主学习能力。

在高师学前教育音乐课程中，混合教学模式的引入将为教师提供更多灵活的教学方式，有助于教师创造更具创新性和针对性的教学环境，进一步推动学前教育音乐课程的发展。

本课题的研究将围绕以下几个方面展开：首先，通过文献综述和理论分析，探讨混合教学模式在学前教育音乐课程中的理论基础和实践价值；其次，基于实地调研和案例分析，探究混合教学模式在高师学前教育音乐课程中的具体应用情况和效果；最后，结合教育实践，提出相关教学改革建议，以期为高师学前教育音乐课程的教学改革和实践提供参考与借鉴。

本课题的研究的展开旨在为高师学前教育音乐课程的教学改革和实践提供理论支持与实践指导，推动学前教育音乐课程的发展，促进学前教育质量的提高，为培养优秀的学前教育专业人才贡献力量。

一、绪论

（一）研究背景

在当前全球教育改革与创新的大潮中，混合教学模式因其结合线上与线下优势的特性，被广泛应用于高等教育领域。特别是在师范院校的学前教育音乐课程中，这种教学模式显得尤为关键。因此，《混合教学模式下的高师学前教育音乐课程教学改革实践与研究》项目应运而生，旨在通过创新的教学模式优化课程结构，提高教师的教学效果与学生的学习效果。

然而，当前高师学前教育音乐课程存在一些问题，如传统的面授教学模式难以满足学生个性化的学习需求、学生音乐基础不均衡、自主学习动力不足以及课堂教学内容与高阶能力培养之间存在脱节等，高师学前教育音乐课程群亟需有效的教学策略来应对这些挑战。聚焦学前教育专业学生在混合教学环境下的音乐学习，尤其是探索如何提升学生的内在学习动力和学习效果，课题组团队成员围绕如何在混合教学改革下以学生为主体、激发学生音乐学习自主性，重点思考了以下问题。

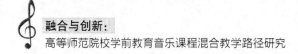
如何优化混合教学模式以增强学前教育专业学生的音乐课程学习动机和参与度？

混合教学模式中学生的音乐学习行为表现如何？

在混合教学模式下，如何有效培养学生的自主学习能力？

混合教学模式如何影响学前教育专业学生音乐创造性思维的养成与实践能力的发展？

如何利用混合教学模式实现学前教育音乐课程教学内容与方法的创新？

通过对这些问题的系统研究，本课题能够深化对混合教学模式在学前教育音乐课程中应用的理解，特别是它如何提升学生的学习体验、如何激发学生的学习动力，以及如何促进学生能力的全面发展。这不仅将推动教学方法的创新，也将为学生提供更丰富、更高效和更具个性化的学习路径。

1. 研究动机

深入研究混合教学模式下的高师学前教育音乐课程教学改革实践与研究的动机主要包括以下几个方面。

首先，随着信息技术的发展，混合教学模式作为一种融合传统教学和现代技术手段的教学方式，为学前教育音乐课程的优化和创新提供了新的思路与可能性。课题组成员希望通过研究混合教学模式在高师学前教育音乐课程中的应用，探索新的教学模式和方法，提高学前教育音乐课程的教学质量和效果。

其次，中华人民共和国教育部提出的"金课"要求强调教师的课程质量和创新性，要求课程内容、教学方法和教学效果达到一定水平。课题组成员认为，混合教学模式是实现"金课"目标的一种有效途径，因此，有必要深入研究该模式在学前教育音乐课程领域的应用和效果。

再次，随着 AI 智能技术的不断发展，教育领域也面临数字化、智能化的转型。课题组成员希望探索 AI 技术在学前教育音乐课程中的应用，结合混合教学模式，为学前教育音乐课程的教学实践和研究提供新的思路与方法。

最后，深入研究混合教学模式下的高师学前教育音乐课程教学改革实践与研究，不仅能够推动学前教育音乐课程的教学改革和提升，也对我国整个学前教育领域具有重要的借鉴意义，有助于提高我国学前教育的整体质量和水平。

2.混合教学在全球音乐教育中的发展趋势

混合教学模式在全球音乐教育领域逐渐成为一种主流趋势，其发展呈现以下几个显著特点。

（1）技术与音乐教育的融合。

随着信息技术的不断发展，数字化工具和在线资源在音乐教育中的应用日益广泛。混合教学模式充分利用了这些技术工具，使学生可以通过互联网获取丰富的音乐资源，并且可以通过虚拟学习环境进行远程学习和协作。

（2）对个性化学习的重视。

混合教学模式可以根据学生的个体差异和学习需求进行灵活调整，实现个性化教学。学生可以根据自己的学习进度和兴趣选择适合的学习路径与资源，从而更有效地提高学习效果。

（3）跨界合作与交流。

混合教学模式打破了传统教学的地域限制，促进了跨地域和跨文化的合作与交流。学生可以通过网络平台与全球范围内的音乐教师进行互动和合作，学习经验，获取资源，丰富学习体验。

（4）教学方式的创新。

混合教学模式促进了音乐教育教学方式的创新和多样化发展。传统的面授教学与现代在线教学相结合，使教师可以采用多种教学方法和活动形式，如实践演奏、听力训练、视听资料分析等，促进学生在不同维度的发展。

（5）教师角色的转变。

在混合教学模式下，教师不再是单一的知识传授者，还是学习的引导者和支持者。在这一教学模式下，教师需要具备更多的技术能力和教学策略，以便更好地引导学生进行自主学习和合作学习。

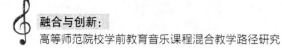

由此可见，全球音乐教育中混合教学模式的发展趋势是以技术与音乐教育的融合、对个性化学习的重视、跨界合作与交流的开展、教学方式的创新以及教师角色的转变为主要特点的，这些特点有助于提升音乐教育的质量和效果，促进学生音乐素养的发展。

3. 高师学前教育音乐课程所面临的主要挑战

根据课题组成员的调研和前期研究，高师学前教育音乐课程的教学改革实践面临一些挑战，这些挑战会直接影响教师的教学效果和学生的专业发展。具体挑战如下：

（1）学生音乐基础的不均衡性。

学生入学时展现出的音乐基础水平不一，有零基础的学生，也有具备一定音乐知识背景的学生。这种差异性要求教师采用一种灵活多样的教学策略，使音乐课程教学能够个性化地适应每名学生的具体需要。因材施教不仅要求教师调整教学内容的广度和深度，还要求教师具备高度的适应性和敏感性，以便精确识别和响应不同学生的不同学习需求。

（2）学生自主学习动力不足。

多数学生在自主学习时缺乏持续的动力，这常常导致他们学习的积极性和效果不佳。学生的自主学习动力受多种因素影响，包括但不限于学习材料的吸引力、学习环境的激励机制，以及个人的学习态度和习惯。教师需要设计富有吸引力的课程内容和激励机制，如增加互动性、游戏化学习元素和实时反馈，提高学生的参与度，增强学生的学习成就感。

（3）课堂教学内容与高阶能力培养脱节。

当前的教学内容往往侧重理论传授，课堂教学内容强度大，高阶能力培养支撑不足，无法培养学生的创造性思维和实际操作能力。学生掌握了大量的理论知识，却缺乏将这些知识应用于实际的能力。这种脱节现象限制了学生高阶思维能力的发展，如批判性思维、创造性解决问题等。因此，教师在做课程设计时需要更多地融入案例分析、项目驱动学习和跨学科应用，以培养学生的实际操作能力和创新意识。

在当前教育环境下，传统的音乐教育模式面临一系列挑战。特别是在广西壮族自治区这样一个多民族、多语言、多文化的省份，学前教育音乐课程更需要关注地域特色和学生个体差异，以实现教学质量提高的目标和教育公平。

目前，课题组成员所在的南宁师范大学在培养学前教育专业人才方面具有得天独厚的优势。学校秉承"德才并育、知行合一"的办学理念，立足广西，借鉴区域文化，致力于培养具有深厚专业知识和较强实践能力的复合型学前教育专业人才。在这样的教育背景下，本课题得到当地教育部门及南宁师范大学的大力支持，不断推动教学改革的顺利进行和实践的有效实施。

（二）研究目标

本课题旨在通过混合教学模式的实施，解决学前教育音乐课程在教学方法、学生参与度以及课程内容方面遇到的问题。为解决上述问题，课题组成员积极举办研讨会，制定了教学改革目标。具体如下：

1.优化教学模式，提高教师教学效率和学生学习体验

教师要设计并实施针对学生不同学习需求的个性化教学路径。通过使用线上平台，学生可以根据自身水平选择适合自己的学习内容，个性化学习路径将会使其实现更高的课程完成率。

同时，教师可以利用线上资源增强教学内容的多样性和互动性，以提高学生的学习动力和参与度。

2.增强学生的自主学习能力和高阶思维

混合教学模式中的研学和创学阶段能够促进学生批判性思维、创新能力和问题解决能力的发展。学生将通过参与实际项目和案例分析，提高利用所学知识解决实际问题的能力。通过小组合作和项目驱动，学生的团队协作能力及领导力也将得到增强。

同时，教师可以创设多样化的学习环境，包括案例分析、项目驱动学习，以及跨学科的应用任务，帮助学生形成发现问题—解决问题—问题迁移的思维模式，提升学生解决问题的能力与创造、变通能力。

3.提高课程内容的实用性和现代化水平

教师要结合前沿教育技术和理论，更新和优化学前教育音乐课程的

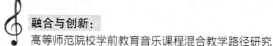
课程内容。同时，融入具有地方特色的音乐文化等元素，能够将之与音乐教育深度融合，增强课程的价值引导作用。

综合上述研究目标，课题组成员希望通过教学改革实践，优化高师学前教育音乐课程的教学策略和内容，培养学生的高阶思维能力和实践技能，提升师范生的整体教育质量。通过实际数据的监测和分析，教师能够验证这些教学改革措施的有效性，并据此调整和优化未来的教学实践。

（三）研究意义

本课题的研究意义不仅体现在理论探索上，也具有广泛的实践价值，以下分别从理论和实践两个层面进行详细阐述。

1. 理论意义

本课题的研究将为混合教学模式提供一个具体的应用实例，扩展现有的教学理论，特别是在音乐教育领域。通过实证研究，本课题能够验证混合教学模式在提高教学效果和学习效率方面的理论假设，丰富该领域的教学模式与路径。课题结果将丰富混合教学模式和学前教育音乐课程领域的研究内容，为相关领域的教育改革提供参考和借鉴。

2. 实践意义

本课题的研究将促进学前教育教师的专业发展，特别是在运用新技术和新方法进行音乐教学方面。教师将通过实践混合教学模式获得宝贵的经验，这不仅能提升其教学技能，也能增强其在未来教育技术环境中的适应能力。此外，本课题还将促进师资队伍持续的专业成长，教学展示、教学研讨会等为教师提供了学习教学方法和交流实践活动的平台。

总之，本课题在理论与实践层面上的双重意义，将为高师学前教育音乐课程的教学方法和策略提供创新的视角与实用的指导，对未来音乐教育教学改革具有推动作用。

二、文献综述

（一）混合教学模式的核心概念界定

有学者认为："混合教学是面对面教学与在线教学的结合，糅合了两种历史上各自独立的教学模式：传统的面对面教学与在线学习，即在教学内容上结合了一定比例的在线教学及面对面教学。"[①]Bliuc 称："混合学习描述了一种新的学习方式，它实现了学生与学生、学生与教师、学生与资源之间面对面（现场）交互与在线交互的结合。"[②] 而 Goodyear 认为："所谓混合，不仅仅是面对面教学与在线教学的混合，更是在'以学生为中心'的学习环境下教学与辅导方式的混合。"[③]

综合以上三位学者的概念，课题组认为混合教学模式是一种结合了传统面对面教学和现代在线学习技术的教育方法。这种模式旨在通过线上教学和线下活动的优势互补，提高学生学习的灵活性和互动性，使学生可以在教师直接指导下学习的同时，自主地探索课程内容。

（二）国内外研究现状分析

在教学改革初期，为了解本课题的最新研究动态，课题组采用文献研究法，借助中国知网、万方等数据库内的文章以及相关著作，对高师学前教育音乐课程教学改革及混合教学模式进行分析，立足前人的研究成果和基础，加深和拓宽课题组对研究课题的理解，在已有研究成果的基础上确定本课题的研究重点和可能的突破点。

① BONK C J,GRAHAM C R.The handbook of blended learning:global perspectives,local designs[J].HarperCollins UK,2005.

② BLIUC A M,Goodyear P,ELLIS R A.Research focus and methodological choices in studies into students' experiences of blended learning in higher education[J].The internet and higher education,2007,10(4):231-244.

③ GOODYEAR V.DUDLEY D. "I'm a Facilitator of learning!" Understanding what teachers and students do Within student-centered physical education Models[J]. Quest,2015,67(3):274-289.

近年来，以"高师学前教育音乐课程改革"为研究主题的文献发文量呈现平稳下降趋势，而以"混合式学习模式"为研究主题的文献发文量呈现加速上升趋势。可见，在大教育背景下，线上线下混合式学习模式的研究越来越受到关注。

课题组以关键词"混合式""音乐教学改革"在文献数据库中共检索出5篇文章。其中，关于高等教育的文献1篇，是由曲阜师范大学程扬写的硕士学位论文《"慕课"背景下高校音乐教学改革初探》，这篇文献主要围绕高师音乐教育展开研究，与学前教育音乐教学改革无关。此外，与学前教育相关的研究文章也有1篇，是由史晓玲、王福朋在《大众文艺》上发表的论文《浅谈学前教育专业音乐混合教学改革——对初中起点五年制音乐教学的思考与实践》，这篇论文主要对中职院校的学前教育音乐课程改革做了研究和探讨。

课题组成员分别以"混合教学模式""高师学前教育音乐课程教学""混合教学＋学前教育音乐课程""混合教学＋高师学前教育音乐课程""学前教育音乐课程教学改革""互联网＋高师学前教育音乐课程教学"为关键词在中国知网上进行检索，搜出4700多篇相关研究成果，但研究将混合教学应用在高校学前教育音乐课程中进行教学改革的文献较少，关于学前教育音乐课程教学与混合教学的研究更多在中、高职院校展开，而普通高等院校甚少将两者结合进行研究。剔除与本课题无太多关联的文献，课题组得到有效样本72篇，其中，多数是以"混合教学"或"高师学前教育专业音乐教学"为单一关键词的参考文献。笔者通过对文献进行整合与梳理，得到以下结论。

1.国外相关研究综述

（1）关于混合教学的研究。

通过对国外的研究文献进行梳理，课题组发现关于混合教学的研究主要涉及概念、意义、教学准备、教学设计与实施及评价等方面。因内容较多，笔者主要梳理了对本课题更有参考价值的概念界定。

美国是世界上最先进行混合教学模式探索的国家，混合教学模式在美国的发展速度非常快。其中，名为"Teach to one Match"的混合教学项目的教学成果显著，成为美国学校办学的一种特色。"Teach to one Match"混合教学模式的核心是个性化学习，即以学生为中心，根据学生每天的学习情况与任务完成进度，安排其第二天的学习。在这种教学模式背景下，课程的安排适应学生的学习特点，计划的制订符合学生的学习需要。混合教学课程一般分为三个部分——"学习"、"实践"和"评估"。其中，评估是这一模式的关键，评估的结果决定了学生接下来的学习内容。加拿大艾伯塔大学（University of Alberta）曾经对三门本科课程进行"面授 + 网络学习"的混合教学实践，实践表明：课程内容和学生的学术水平是决定混合教学水平的重要因素，并且学生在混合学习环境中的平均表现优于面授环境。[①]

混合教学模式并不只是一种新提出的模式，特别在发达国家，这种教学模式已经成为一种常用于解决教学难题、提高教学效率、优化教学资源的一种极具生命力的教学模式。

（2）国外高校学前教育音乐课程教学研究。

在国外高校学前教育专业中也有很多研究者对音乐课程提出了自己的研究观点。其中，就提到了教学方式和课程设置的转变。例如，美国学者 Hatice Uysal 在研究中指出：高校学前教育音乐课程的教学方式要改变，要增加学生课程教学的参与性机会，这有利于增强课程氛围，激发学生的学习兴趣，提升课堂教学的有效性。[②]GlendaCampbell-Evans 等人在教学研究中给出了以下建议：重构教师教育课程，体现学前教育的跨学科本质；与多学科团队合作，加深技能发展、合作。[③]

① MCAULEY A,STEWART B,SIEMENS G,et al.The MOOC model for digital practice[J]. University of Prince Edward Island,2010.

② UYSAL H,BURÇAK F,TEPETAŞ GŞ,et al.Preschool education and primary school pre-service teachers' perceptions about classroom management: a metaphorical analysis[J]. International journal of instruction, 2014,7(2):165-180.

③ CAMPBELL-EVANS G,STAMOPOULOS E,MALONEY C.Building leadership capacity in early childhood pre-service teachers[J].Australian journal of teacher education,2014,39(5).

众多国外的高校学前教育音乐课程教学研究中，提出了教师应调整教学方式，以激发学生学习兴趣、整合课程等建议。如何优化高校学前教育音乐课程教学、提升教学效果，是一个值得思考的问题。

2. 国内相关研究综述

（1）混合教学在国内教育中的传播。

在我国，何克抗教授是国内首位公开提出混合式学习的研究学者，并在 2004 年发表文章《从 Blending Learning 看教育技术理论的新发展》。[①]他认为混合式学习就是传统学习与在线学习的有机整合，它的核心思想就是在教学上，面对不同的问题或知识，采用不同的媒体与信息传递方式进行学习，将学习成本最小化而使学习效果最大化。

我国另一位研究学者李克东和赵建华于 2004 年提出，混合式学习是线下与线上课堂教学的有机结合，其核心内容是通过多种学习方式的混合，降低教学成本，提高教学质量。[②]

2006 年，黄荣怀、周跃良、王迎出版了《混合式学习的理论与实践》[③]，更加系统地把混合式学习模式推向广大教育工作者。《混合式学习的理论与实践》一书所认为的"混合式学习"就是传统的课堂教学与网络在线教学的整合。

黄薇薇在外语教学实践中认为："外语教师应从根本上转变教师角色定位，从传统的知识教授者转变为课程和教材的开发者和创造者、多媒体教学活动的设计者和引导者、学生学习的组织者和帮助者、教学效果的测试者和评估者。"[④]

陆霞在研究中指出，对于学生来讲，他们面临的主要挑战是需要尽快摆脱传统教育"以教师为中心"的影响，更加积极主动地探索知识，

① 何克抗. 从 Blending Learning 看教育技术理论的新发展 [J]. 国家教育行政学院学报 .2005(9):37-48,79.

② 李克东, 赵建华. 混合学习的原理与应用模式 [J]. 电化教育研究 ,2004(7):1-6.

③ 黄荣怀, 周跃良, 王迎. 混合式学习的理论与实践 [M]. 北京：高等教育出版社 ,2006.

④ 黄薇薇. 多媒体教学环境下外语教师的角色定位 [J]. 四川职业技术学院学报 ,2010, 20(1):73-74.

注重自身学习的主动性、进取精神和创新意识的培养与锻炼。[①]

从上述研究者的表述中，课题组成员可以看出混合学习的教学模式及其区别于传统教育的优势，认识到混合教学模式是目前教育部提倡开展的一种教学方式。随着研究的不断深入，我国学术界出现了越来越多与"混合式学习"相关的研究，但研究应用的学科多为理工科，混合式学习在高校学前教育音乐课程方面的相关研究和文献相对较少。

（2）关于高师学前教育音乐课程教学改革的文献综述。

课题组借助中国知网中的相关文献，整理出了公开发表的与高师学前教育改革主题相关的研究文章280篇，其中，比较吻合高师学前教育音乐课程教学改革的文章有35篇。在这些文章中，课题组成员可以看出，随着学前教育的蓬勃发展，越来越多的学者意识到了音乐在学前教育中的地位，也觉察到了目前高校学前教育专业中音乐课程设置的缺陷。

①学前教育音乐课程设置与专业音乐院校相似。

有一些研究者认为，学前教育音乐课程的设置需要与专业音乐院校的课程设置相区别。例如，研究者李亚秋指出，学前教育专业的音乐课程存在课程内容缺乏整合的问题，认为学前教育专业艺术类课程的设置应该和专业艺术类课程有所区别，提出整合学前教育专业中的声乐课与琴法课，重视学生对舞蹈节奏的理解与把握，强调艺术类课程的实用性。[②]李可娟以陕西地区为例，提出学前教育专业的音乐技能课程需要与艺术院系的课程有所区分，要能够体现学前教育专业的特色，同时加大实践课的比例，注重校内教学和校外实践的结合。[③]

②学前教育音乐课程教学内容与教学观念陈旧。

有些研究者不仅看到学前教育专业与专业艺术院校中的音乐课程设置太过相似，没有本专业的特色，还指出目前学前教育音乐课程的教学

① 陆霞.SPOC 环境下幼师生混合学习模式设计与实践 [J]. 职教通讯 ,2017(27):4-8.

② 李亚秋 . 学前教育专业的音乐课程设置急需改革 [J]. 赤峰学院学报 (自然科学版),2013,29(16):271-272.

③ 李可娟 . 陕西高校学前教育本科课程现状、问题及对策研究 [D]. 西安 : 陕西师范大学 ,2011.

内容及教学观念较为陈旧。例如，刘芳认为，学前教育专业的音乐课程设置与专业艺术院校音乐专业的课程设置同质化倾向显著，幼儿音乐教学实践类课程内容缺乏新意，幼儿音乐教学法类课程内容较为陈旧，音乐美学及文化类课程相对缺失，缺乏教师自主开发的校本课程。① 由显斌在研究中提出，教师教育的发展趋势和当前我国学前教育专业课程设置存在结构不合理、观念陈旧以及实践课程脱离实际等问题，并认为学前教育教师艺术技能差是制约学前教育专业发展的瓶颈。② 王利明以华东师范大学为例，发现存在实践类和专业技能类课程薄弱、专业知识陈旧且脱离幼儿园实际、不适应幼儿园课程改革现状、专业课程中内容过分重复、对学生专业素质养成存在不足等问题，并从课程内容、课程结构和课程管理等方面提出建议。③ 通过查阅和分析相关文献，课题组成员共同分析出，目前，国内学者已经对高校学前教育音乐课程的设置进行了综合性研究，这为本课题的研究奠定了良好基础。但是，在这些文献的研究中，也表现出一定的局限性，研究者进行的研究多数为理论研究，缺少实证性研究，致使理论成果在现实中存在转化应用不足的问题。

另外，通过查阅文献，笔者认为目前基于线上线下混合教学模式的高师学前教育音乐课程的教学改革还未引起太多研究者的关注，如何借助当今的热点问题提升学前教育音乐课程的教学质量，是一个相对新颖的课题。虽然可以借鉴的经验不多，但值得为此做相关的实践性探索研究。

————————

① 刘芳.就业导向下的中职院校学前教育专业音乐课程设置研究 [D].石家庄：河北师范大学,2016.

② 由显斌.浅析幼儿园教改背景下的学前教育专业课程设置 [J].大庆师范学院学报,2010,30(1):144-147.

③ 王利明.华东师范大学学前教育专业本科的专业课程设置的调查研究 [D].上海：华东师范大学,2007.

三、研究内容

（一）研究对象

本课题的研究主要探索在混合教学环境中，教师与学生互动形成的教学模式及其对学习效果的影响。具体研究对象如下：

1. 教师的教学行为

本课题的研究对教师教学行为的探讨包括教师如何利用线上线下组合的教学资源来引导学生学习（使用互动讨论板、实时反馈系统、视频教学等工具），教师如何根据学生的学习进度和反馈调整教学内容与教学深度，以及如何设计课程以满足具有不同学习需求和学习速度的学生。

2. 学生的学习行为

评估学生在混合教学模式下的参与度，包括他们是否与教师就教学内容展开互动，以及他们在课堂内外的学习活动。考查学生如何利用混合教学环境中提供的资源进行自主学习，包括他们如何安排学习时间、如何选择学习资源，以及如何对知识进行吸收和应用。

3. 师生的互动

研究教师如何通过学生的学习表现来调整教学策略，以及学生如何响应这些调整，形成有效的教学反馈循环。探索教师和学生在协作学习项目中的互动方式，包括小组作业、对话讨论和共同解决问题的过程。

（二）研究目的与假设

1. 研究目的

通过实证研究验证混合教学模式在提升高师学前教育音乐课程的教学效果和学生在学习体验方面的有效性，本课题的研究可以为高师学前教育音乐课程的教学改革提供科学依据和实践建议。

2. 研究假设

在探索混合教学模式对高师学前教育音乐课程影响的过程中，本课题的研究的主要目的是探索混合教学模式对高师学前教育音乐课程的影

响，并验证以下假设。

假设一：混合教学模式将增强学生的学习动机

与传统教学模式相比，混合教学模式通过引入在线互动和实践活动，将更有效地增强学生的学习动机，尤其是在他们学习音乐的自主性和参与度方面。本研究通过学习动机问卷和学生访谈测量学生学习动机的变化，比较实施混合教学前后的差异。

假设二：混合教学模式将提高学生的音乐理论和实践能力

混合教学模式能够更有效地结合音乐理论与实践应用，从而显著加深学生对音乐理论知识的掌握程度，提高学生的音乐实践技能。本课题的研究致力于通过理论知识测试和实践技能评估来衡量学生的能力提升程度，使用控制前后测试设计验证教学效果。

假设三：混合教学模式将促进师生互动和学生之间的协作学习

混合教学环境优化了师生及生生之间的互动频率和质量，使学生拥有更加深入的协作学习体验。本课题的研究通过在线互动记录和协作项目评价测量学生互动和协作的效果，分析混合教学模式实施前后，学生进行互动和协作学习的变化。

假设四：混合教学模式将提高学生解决复杂问题的能力

本课题的研究旨在通过模拟现实生活中的音乐教学场景实现这一目标。设计模拟案例研究和实际音乐教学问题，学生能够在小组内协作解决。本课题的研究通过问题解决前后的能力评估，以及过程记录和结果分析，验证学生能力的提升。

假设五：混合教学模式将激发学生的创造性思维能力

利用混合教学模式的灵活性和技术支持，学生的创造性思维将得到显著提升，尤其是在音乐创作和表现形式上。

（三）研究重点

本课题研究的重点在于打破传统的课堂讲授模式，形成科学有效的学前教育音乐课程混合教学模式，为学生提供更为丰富、灵活和个性化的学习体验。为了实现这一目标，本课题的研究将从以下几个方面进行优化。

1.课程内容的整合与优化

通过深入分析学前教育音乐课程的内容结构和学习需求，本课题的研究将不同课程的内容进行了整合与优化，确保教学内容的连贯性和深度。本课题的研究重点关注《音乐基础》课程的重要性和广泛性，以其为起点，将其核心知识点渗透其他相关课程，形成完整的知识体系。

2.教学方法和策略的创新

本课题的研究针对混合教学模式的特点，研究和设计了创新的教学方法与策略，包括在线课程、教学视频、互动软件等，以提高教师的教学效果和学生的学习体验。本课题的研究重点关注教师在混合教学环境下的角色转变，强调学生的主动参与和个性化学习。

3.教学资源的开发和应用

本课题的研究重点开发和应用适合混合教学模式的教学资源，包括多媒体教材、网络课件、在线练习等，以丰富教学内容，提高学生的学习兴趣和积极性。同时，关注教学资源的更新和优化，保持教学内容的新颖性和时效性。

4.学生和教师的培训与支持

为了促进混合教学模式的顺利实施，本课题的研究会重点进行学生和教师的培训与支持，为学生提供混合教学平台的使用指导和技术支持，培养其自主学习能力，树立其适应新型教学模式的意识。同时，本课题的研究为教师提供了混合教学方法的培训和教学资源的分享，旨在提高其教学水平和专业素养。

5.持续评估与改进

本课题的研究将重点建立持续评估机制，对混合教学模式的实施效果进行监测和评估，并使课题组成员根据反馈意见和实际情况及时调整与改进教学方法和策略。通过不断反思和优化，本课题组将形成具有持续改进能力的混合教学模式，为学前教育音乐课程的教学改革提供持续动力和支持。

四、研究设计

（一）研究思路

为了有效地探索混合教学在高师学前教育音乐课程中的教学模式及应用效果，课题组从课程群的内容与结构入手，尝试优化教学内容。在优化与创新过程中，课题组发现先单独选择一门课程进行改革，可以集中资源和精力测试与优化教学模式，降低改革的风险和复杂性。先行教学改革课程混合教学模式探索成功后，将为课程群混合教学模式的改革提供宝贵的经验和数据支持，有助于高师实现更广泛的教育创新与提高。因此，为了系统地推进高师学前教育音乐课程群的混合教学模式改革，课题组团队提出了一个全面的研究思路，旨在通过科学的步骤逐步实现教学模式的创新和优化。这一过程不仅包括单一课程的教学改革，也包括整个课程群教学策略的综合升级。

在实施高师学前教育音乐课程群混合教学模式改革的过程中，课题组成员设定了广泛而具体的改革范围，旨在全面提高教育质量并优化学习经验。改革范围首先涉及课程选择。课题组以《音乐基础》课程作为入门基础课程和改革的起点，这是由于这门课程覆盖广泛的音乐理论知识和实用的实践技能，是学生音乐教育的基石。此课程的成功改革可作为后续其他课程改革的蓝本。对《音乐基础》课程改革完毕之后，改革范围扩展到《钢琴》《学前儿童音乐教育》《儿童歌曲钢琴弹唱》《奥尔夫音乐教学法》《合唱与指挥》课程，这些进阶和应用课程将利用《音乐基础》课程改革后建立的教学模式和资源，这是为了确保教学内容的连贯性和知识的深度应用。

本次改革的对象包括所有参与这些课程的教师和学生，特别是学前教育专业的学生。教师群体不仅限于音乐理论教师，还包括实践教学教师，他们将接受专门的培训，以熟悉和掌握混合教学的技术与方法。在教学资源方面，本次改革利用数字化资源（如在线视频、互动软件和教学管理系统）结合传统的面对面教学，通过技术的整合提高教师的教学互动性和学生的学习灵活性。

整个改革过程特别强调教学内容的整合与优化，这是为了确保从《音乐基础》课程到其他专业课程之间的知识转移和技能应用都能顺畅无阻，每一步教学都建立在坚实的基础之上。通过这样的改革范围设置，课题组期望本课题的研究不仅能提高单个课程的教学效果，更能通过整个课程群的系统改革，实现教学质量的整体提高，最终实现增强学生学习动机、提高学生自主学习能力和教师教学效率的目标。

1.选择《音乐基础》课程作为混合教学改革先锋课程的原因分析

选择《音乐基础》课程作为混合教学改革的先锋课程经过了周密的考虑，旨在利用其核心地位和教学内容的广泛性来对整个课程群进行教学模式的革新。《音乐基础》课程不仅是学前教育音乐课程群的入门课程，为学生提供了覆盖基础乐理知识及视唱练耳等基础音乐知识和技能的教学，也为学生深入学习更专业的音乐课程奠定了坚实的基础。因此，它的改革不仅能够直接提高教学质量，还能够使课题组形成一套成功的教学模式，为其他音乐课程的改革提供借鉴和模板。

首先，《音乐基础》课程的理论基础性和应用广泛性使其成为理想的改革对象。作为音乐课程群的基石，该课程涵盖了音乐教育的多个方面，这些方面都是学生进行深入学习必须首先掌握的技能和知识。课题组通过对这门课程进行混合教学改革，可以确保所有基础概念和技能的教学都是最新的、最有效的，从而为学生在此基础上探索更复杂的音乐理论和进行更具体的实践应用打下坚实的基础。

其次，示范作用是选择《音乐基础》课程的重要考虑。该课程的成功改革将展示混合教学模式在实际应用中的效果，包括教师教学质量的提升和学生学习动机的增强。通过对学生进行系统评估，以及收集学生的反馈，改革实施的成效和可能存在的问题都将被充分记录与分析，这些数据将为后续的课程改革提供实证基础和改进方向，确保教师利用这一模式实现更广泛的课程应用。

最后，《音乐基础》课程具有易于评估和调整的优势。《音乐基础》课程的教学工具和评估方法可以被设计得更为精细，以适应课程的基础和

广泛性，确保教师有效跟踪学生的学习进展，查看教学方法的有效性。这种易于调整的特点使《音乐基础》课程成为教师实施新型教学模式的理想选择，允许课题组成员快速应对挑战，优化教学策略，最大化教学成效。

因此，将《音乐基础》课程设为混合教学改革的先锋，不仅可以充分利用其作为基础课程的优势提升教师的教学效果和学生的学习体验，也可以通过其示范作用和易于评估调整的特点，为整个音乐课程群的系统性改革奠定坚实的基础，从而全面提高教学质量，推动教育创新。这种策略性的步骤确保了改革的可控性和效果的最大化，为学前教育专业的学生提供了更加丰富和高效的学习路径。《音乐基础》课程的改革不仅能够直接提升教学质量，还能够确立一套成功的教学模式，为其他音乐课程的改革提供借鉴。

2. 研究目标与问题

本课题研究的主要目标是评估混合教学模式在《音乐基础》课程中的实施效果，并探索《音乐基础》课程改革对学生学习成效、动机提升及教师教学策略的影响。此外，课题组旨在从教学内容优化整合的角度，探讨《音乐基础》课程作为核心知识点应如何拓展到其他音乐课程中。核心研究问题包括：混合教学模式如何改善学前教育音乐课程的学习和教学过程？如何通过《音乐基础》课程的改革和优化整合整个音乐课程群的教学内容？

（二）技术路线图

课题组试图通过结构化的技术路线图，实施并评估高师学前教育音乐课程的教学改革。本路线图主要包括五个环节：选择试点课程、评估与改进、逐步推广、数据收集与分析，以及成果应用与推广。

第一环节：选择试点课程

在该环节，课题组选择《音乐基础》课程作为试点，理由在于该课程具有的基础性质和广泛知识覆盖面。课题组设计了一套初始的改革计划，旨在对现有教学模式进行调整，为后续的评估与优化奠定基础。

第二环节：评估与改进

实施改革后，教师可以通过前后对比测试和教学反馈收集教学数据。定量的测试结果能够为教师提供学生学习成效的直观评估，而访谈和问卷则能够深入收集学生的意见，使教师评估改革的初步效果。最终，教师可以根据评估结果改进自己的教学策略。

第三环节：逐步推广

在初步试点并评估后，教师开始将改革模式扩展到其他课程。在此过程中，教师可以根据不同课程的特点进行必要的调整和优化，确保教学改革的可持续性和适应性。

第四环节：数据收集与分析

该环节重点在于收集定量和定性数据，教师可以通过测试分数、问卷调查结果、访谈记录和课堂观察来评估教学改革的影响。数据分析旨在揭示哪些改革措施是有效的，哪些改革措施需要改进。

第五环节：成果应用与推广

最后，基于数据分析的结果，教师要优化教学内容和方法，并将有效的教学模式和策略应用到整个课程群，实现教学质量的整体提升。

（三）研究方法

本课题的研究主要结合线上学习平台收集数据，课题组将综合运用行动研究法、经验总结法、个案研究法深入了解教学实践的情况，并根据实践经验不断改进和优化教学设计与实施。在具体实践过程中，课题组将使用问卷调查、课堂观察、访谈等研究方法，全面评估学生的学习动力、课程满意度及学习成效，探索混合教学模式在高师学前教育音乐课程中的具体实施效果。这些方法将用来评估教师的教学行为、学生的学习行为以及师生互动的效果，从而使教师全面理解混合教学模式的应用价值和优化方向。

1. 行动研究法

（1）研究目的。

通过实证促进教学方法改革，提高教师的教学效率和学生的学习成果；加强师生之间的互动，创建更加积极的学习环境；为教师提供持续的学习和成长机会，使教师通过教学实践不断反思和调整，促进专业技能的提高。

（2）研究对象。

《音乐基础》课程及学前教育专业其他音乐课程的教师和学生。

（3）研究工具。

调查问卷、课堂观察记录表、访谈提纲。

（4）研究流程。

预备阶段：确定研究问题和目标；设计研究工具和方法，进行初步的试点研究，以测试工具的有效性。

实施阶段：开展具体的教学改革措施，实时收集行动实施数据；定期（如每周）审查收集的数据，初步分析教学活动的效果。

反馈与调整：基于初步分析结果，课题组召开中期反馈会议，与教师和学生讨论可能的调整方案；实施必要的调整，并继续收集数据，以评估调整的效果。

总结与反思：在教学周期结束后，课题组对所有数据进行深入分析；组织结项研讨会，收集所有参与者的反馈和建议，反思教学改革的成效和未来的改进方向。

通过这种优化的行动研究法，课题组不仅能在实践中测试和改进教学改革项目，还能系统地收集和分析数据，从而更精确地评估教学策略的有效性，为未来的教学实践提供科学的指导和依据。

2.经验总结法

（1）研究目的。

提炼教学实践中的有效策略和遇到的挑战；通过定期总结提升教师的教学方法和学生的学习体验；制定基于实证的改进措施，持续优化课程结构和内容。

（2）研究对象。

教师团队：参与学前教育音乐课程教学的教师。

学生群体：参与学前教育音乐课程教学的学生，特别是那些积极参与课程反馈和互动的学生。

（3）研究工具。

教师教学记录：教师记录每次课程的准备、实施细节和反思点。

学生反馈表：学生对教学内容、方法和资源的满意度与建议。

（4）研究流程。

收集阶段：教师和学生定期填写日志与反馈表，记录教学和学习的每一个重要方面；课题组定期进行课堂观察，以第三方视角捕捉教学互动和学生行为的细节。

分析阶段：在学期中和末尾，课题组组织召开数据整理和初步分析会议，讨论教师日志和学生反馈的主要内容；识别成功的教学策略和需要改进的地方，以及学生在学习过程中的关键支持和阻碍因素。

反思与总结阶段：学期末组织线上会议，邀请所有相关教师和管理人员共同反思教学经验；讨论如何根据反馈和总结的经验改进未来的教学实践。

实施改进阶段：基于线上会议的结论，制订明确的行动计划，调整教学策略、课程内容和评估方法；将改进措施具体化，并实施于下一个教学周期，持续追踪其效果，并准备下一轮的经验总结。

3.个案研究法

（1）研究背景与目的。

在高师学前教育音乐课程教学改革的背景下，课题组特别选取《音乐基础》课程作为研究的个案，旨在深入分析和理解混合教学模式对课程改革的具体影响。研究目的集中在探索这种改革如何影响教师的教学方法、教学策略和学生的学习行为，以及这些变化如何促进学前教育专业学生音乐素养和创新能力的提升方面。

（2）研究对象。

教师：选择《音乐基础》课程教师，重点关注他们在新型教学模式下的教学方法。

学生：选取参加《音乐基础》课程的学生，分析他们的学习体验、参与度和学习成效。

课程内容：深入探讨课程内容的调整，如课程结构、教学材料和评估方式的变化。

（3）研究方法。

深度访谈：对教师和学生进行半结构化访谈，获取他们对课程改革的看法、体验和反馈。

课堂观察：系统观察课堂教学活动，记录教师的教学行为和学生的互动模式。

文档分析：分析课程规划文件、教学日志、学生作业，以收集关于课程实施和学习成果的数据。

（4）研究流程。

设计研究：明确研究问题——如何实施《音乐基础》课程的课程改革，以增强学生的学习体验，强化学生的学习成果？

选择研究方法：使用个案研究法展开研究，并使用访谈、观察和文档分析等多种数据收集方法。

数据收集：对教师和学生进行深度访谈，使他们探讨对教学改革的感受和评价；对《音乐基础》课程的课堂实践进行定期观察，特别注意教学互动和学生参与的情况；收集和分析课程相关文档，如教案、学生反馈和成绩记录。

数据分析：整理和分析访谈记录，识别关键主题和模式；分析观察数据，评估教学方法的改变对学生行为的影响；通过文档分析，评价课程改革对学生学习成果的具体影响。

4.问卷调查法

（1）研究目的。

本方法旨在收集教师和学生对混合教学模式的看法及满意度，并评估这种教学模式对学生学习动机和学习成效的影响。通过问卷调查，课题组可以获得大规模且具有统计意义的数据，为教学改革提供支持。

（2）研究对象。

问卷将面向所有参与《音乐基础》课程及相关扩展课程的教师和学生，确保课题组收集到尽可能多的、全面的建议与意见。

（3）研究工具。

①教师问卷——《音乐教学混合模式评估问卷（教师版）》。

此问卷旨在评估教师对学前教育音乐课程混合教学模式的接受度和满意度。问卷包括以下几个方面的问题。

教学模式的使用频率——调查教师在日常教学中采用混合教学模式的频率及变化趋势。

满意度——收集教师对混合教学模式效果的总体满意度，以及教师满意度对教学目标达成度的影响。

教学资源需求——了解教师对教学资源（包括线上资源和线下资源）的需求、使用情况以及改进意见。

教学挑战与建议——探索教师在利用混合教学模式进行教学实践时遇到的挑战，收集教师对教学模式、课程结构和资源配置的具体建议。

②学生问卷——《音乐教学混合模式评估问卷（学生版）》。

在本课题的研究中，为了深入了解学前教育音乐课程混合教学模式的效果，课题组设计并实施了《音乐教学混合模式评估问卷（学生版）》。该问卷旨在全面了解学生对混合教学模式的接受程度、参与度、学习资源使用满意度，以及学生的自我评估。问卷内容涵盖四个主要维度：学生的接受度（为了评估学生对混合式学习的态度和偏好，问卷包含多项选择题和李克特量表，旨在量化学生对于混合教学环境的适应性），在混合教学环境中的舒适度、参与度（通过具体问题评估学生在音乐课程中的参与情况，包括学生在线上学习平台的活跃度和对课堂讨论的贡献。此部分旨在衡量学生参与混合式学习活动的积极性），学习资源使用满意度（通过对学生的视频教程、在线习题、互动平台等教学资源的使用体验进行调查，了解学生对这些资源的满意程度。该问题设置旨在识别资源使用中的优势和潜在的改进机会），自我评估（课题组可以通过开放式和封闭式问题，收集学生在音乐基础知识和技能掌握上的自我评价。这些问题旨在帮助学生反思自己的学习进度和成效）。

另外，在混合教学模式的实施过程中，《音乐基础》课程的两个关键问卷——课前调查问卷（学生版）和学习满意度调查问卷（学生版）也

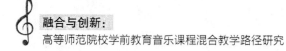

起到了至关重要的作用。

③学生问卷——《音乐基础》课程课前调查问卷（学生版）。

该问卷的目的是使教师在正式教学开始之前，对学生的音乐基础知识和技能进行全面的了解。该问卷包含学生个人的音乐背景、对音乐理论的基本了解、视唱练耳能力以及自我评估问题。通过这些信息，教师能够了解班级学生的整体水平，从而调整教学计划，为学生制定个性化的教学策略，确保课程内容既能让每位学生学到知识，也能保证每位学生都能跟上进度。

④学生问卷——《音乐基础》课程学习满意度调查问卷（学生版）。

教师要在课程结束时发放学习满意度调查问卷，以评估学生对混合式学习模式的总体满意度。这份问卷设计了一系列问题，以收集学生对教学内容的吸收情况、课堂环境与线上学习环境的交互体验、教材的有用性、教学媒介和技术的易用性，以及学生的整体学习成效。通过这份问卷，教师可以了解到哪些教学方法是有效的、哪些资源被学生频繁使用，以及学生在音乐学习中遇到了什么样的障碍。

结合这两份问卷，课题组可以绘制出从课程开始到结束的学生学习轨迹图。在开始时，课题组可以通过课前调查问卷了解学生的初始状态；而在课程结束时，课题组可以通过学习满意度问卷来测量学生的学习成果和满意程度。这些数据对于评估教学效果、调整教学策略、优化资源配置，以及为未来的课程提供方向具有不可估量的价值。

（4）研究流程。

问卷设计：根据研究目的设计含定量问题与定性问题的问卷。

样本选择与分发：选取涉及教学改革实践的教师和学生进行问卷调查，通过电子方式分发问卷。

数据收集与分析：收集完成的问卷并使用统计软件进行数据分析，包括描述性统计和推断统计。

结果解释与应用：解释统计结果，根据问卷调查结果调整和优化教学策略。

5. 课堂观察法

（1）研究目的。

观察法用于实时记录教师和学生在混合教学环境中的行为模式，包括教师的教学策略和学生的学习互动情况，以评估混合教学模式的实际运行效果。

（2）研究对象。

主要观察《音乐基础》课程及相关音乐课程的课堂实践，包括教师的教学行为和学生的学习行为。

（3）研究工具。

设计观察记录表，详细记录教师使用的教学方法、工具，学生的参与度和互动类型。设计观察记录表是为了系统地记录和评估混合教学模式下的教学与学习活动。这份观察记录表分为以下几个关键模块，旨在捕捉教师教学和学生学习过程中的不同方面。

①观察日期和课程阶段。

这一部分用于记录观察发生的日期和课程的具体阶段（如导入、发展、总结），这有助于课题组分析不同阶段教学活动的效果。

②教师行为观察。

教学策略：在这一栏中记录教师采用的主要教学方法，如讲授、演示、引导或讨论等。

教学工具使用：记录教师在课堂上使用的教学工具，如多媒体设备、实物模型或乐器等。

互动发起：观察并记录教师如何促进课堂互动，如提出问题、组织小组展开讨论或进行角色扮演。

教师反馈：记录教师如何向学生提供反馈，包括口头评价、书面评价或即时反馈。

③学生行为观察。

学生参与度：观察并评估学生的参与活跃度，如积极参与、一般参与或消极参与。

互动类型：记录学生参与的互动类型，包括个人作业、小组合作或全班互动。

学习行为：观察学生在学习过程中的行为模式，如听、说、做或反思。

技能展示：注意学生如何展示他们的音乐技能，如乐理应用、演奏技巧或创作展示。

④环境与资源观察。

教学资源：记录教学中使用的各种资源，如教科书、工作纸或教学视频。

学习平台使用：记录学生如何使用线上学习平台，包括他们的登录频率和互动质量。

课堂氛围：描述课堂的总体氛围，如积极、平静或混乱。

学习资源互动：观察并记录学生如何与各种学习资源进行互动，以及学生的互动频率。

⑤备注和特殊观察。

这一模块是为了记录课题组在观察期间发现的任何特殊事件或异常行为，包括学生的特殊行为、课堂的突发情况、技术问题等。

在设计观察记录表时，课题组要保证拥有足够的空间，以便观察者记录具体的例子并进行详细的描述。这样的设计有助于课题组进行后续的数据分析，让研究者理解教师教学和学生学习行为的联系，并为教师提供实际的见解，使他们在课堂实践中改进混合教学模式。

（4）研究流程。

制定观察指标：确定需要记录的教师教学和学生学习行为指标。

进行课堂观察：在不同阶段和类型的课堂进行多次观察，确保数据的全面性和代表性。

数据记录和整理：将观察得到的数据按照预设的模板进行整理，准备进行分析。

分析与反馈：分析整理后的数据，提取有用信息，根据观察结果为教师调整教学方法和学生改变学习策略提供建议。

6. 访谈法

（1）研究目的。

访谈法的主要目的是深入了解教师和学生对混合教学模式的个人看法与体验，评估这种教学模式对他们日常教学和学习活动的实际影响。这不仅包括教师和学生对该教学模式的接受程度和满意度，还包括对该教学模式改进的具体建议。

（2）研究对象。

选定的研究对象包括两组：一组是实际使用混合教学模式的教师，特别是那些积极设计和实施课程互动的教师；另一组是参与这些课程的学生，特别是那些积极参与课程互动和使用教学资源的学生。选择这些研究对象的目的是确保课题组获得直接的、具有代表性的数据。

（3）研究工具。

使用访谈法展开研究的研究工具是半结构化访谈指南，包括一系列精心设计的开放式问题，根据研究对象的不同，课题组分别设计了教师版访谈提纲《混合教学模式的教师体验访谈》和学生版访谈提纲《混合教学模式的学生体验访谈》，旨在使受访者详细描述他们参与混合教学的经历和感受。其中，教师版访谈提纲主要围绕教学模式体验、技术与资源使用、学生互动和参与、教学成果与反馈、个人感受与建议展开；学生版访谈提纲主要围绕学习模式体验、技术与资源接触、参与度和互动、学习效果自我评估、个人感受与建议展开。

（4）研究流程。

访谈准备：设计详尽的访谈大纲，确定访谈的主题和目标；选择适合的教师和学生作为访谈对象，并安排适当的时间和地点进行访谈；准备录音设备和笔记工具以记录访谈内容。

实施访谈：进行一对一或小组访谈，确保环境舒适并保护受访者隐私；根据访谈提纲引导对话，鼓励受访者分享具体实例和深入见解；留有足够的空间供受访者自由表达，对于有趣的观点进行深入追问。

数据整理与分析：逐字记录访谈内容，并将其转录为文本以便分析；采用内容分析方法，从访谈文本中将主要信息和主题进行识别、编码并

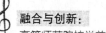

分类；通过比较和对比不同的访谈数据，寻找混合教学模式的发展趋势。

结果应用：将分析结果整理成报告，突出关键发现和深入见解；根据访谈结果提出具体建议，用于调整教学策略和学习方法；向利益相关者提供反馈，促进教学模式的优化。

通过前三种研究方法的综合应用与后三种研究方法的具体实施，本课题将能够全面评估混合教学模式在学前教育音乐课程中的效果，为未来教学提供实证支持和改进建议。这些方法不仅能够帮助教师理解混合教学模式的实际应用效果，也为教育实践提供了改进的方向和策略。

五、教学改革实践过程

课题组成员在面对突破传统的音乐教学模式、创新混合教学模式时，为了确保教学改革的质量和深度，必然需要经过一个持续且细致的过程。课题组成员采取了系统化的步骤，逐步实施改革，同时根据实际情况不断进行调整。在教学改革初期，为了确保研究的严谨性和改革效果，课题组经过调研和认真分析，决定以《音乐基础》课程这门课程作为教学改革试点课程，这不仅有助于课题组成员快速发现和解决混合教学模式在教学实践中的潜在问题，也有助于教学改革的可持续发展。在教学改革实施初期，课题组发现了多项需要改进的地方，如教学内容与学生需求的对接、教学资源的充分利用等。

为了确保教学改革不仅能够在《音乐基础》课程中取得预期效果，而且能够成功地将这些改革应用到整个音乐教学体系中，保证教学改革的质量和长远效果，课题组申请项目延期两年结题，以便有足够的时间对该课题进行深入研究、持续优化和全面评估，提升高师学前教育音乐课程教育的教学效果和学生的学习体验。

（一）教学改革流程与时间点（2020 年至 2024 年）

1. 准备与规划阶段

（1）课程准备阶段（2020 年 4 月至 6 月）。

课题组应了解当前教学实际，包括教学方法、课程内容、学生反馈和成绩表现，识别教学过程中存在的问题，确定教学改革的重点区域，根据诊断结果，设定具体可行的改革目标，制定实现这些目标的策略。

（2）课程试点规划阶段（2020年6月至8月）。

课题组经过共同调研，一致同意以《音乐基础》课程作为混合教学改革试点课程；梳理《音乐基础》课程的现有教学内容和结构，开发初步的线上教学资源，录制视频讲座，挖掘互动教学元素。

2.初步实施阶段

（1）《音乐基础》课程试点实施（2020年9月至12月）。

在小规模班级中试行改革教学模式；利用问卷调查法、课程观察法和访谈法收集线上教学的实施反馈，进行教学内容和方法的周期性调整。

（2）校级线上线下混合式一流课程申报与建设（2021年1月至6月）。

根据2020年的课程反馈，全面优化《音乐基础》课程的教学策略；申报并获得校级线上线下混合式一流课程认证。

3.深化实施阶段

（1）课程模式优化与推广准备（2021年7月至12月）。

优化学前教育音乐课程混合教学模式，形成"三步四变"教学模式；准备将对《音乐基础》课程的改革推广到其他课程；设计更多互动性强的、拥有技术支持的教学活动。

（2）其他音乐课程混合教学模式试点（2022年1月至6月）。

将《音乐基础》课程的"三步四变"模式应用于《视唱练耳》《儿童歌曲钢琴弹唱》等课程；继续利用问卷调查、访谈和课堂观察法调整与优化教学策略；《音乐基础》课程获得广西壮族自治区区级线上线下混合式一流本科课程认证。

（3）推广与整合新型教学模式（2022年7月至12月）。

全面推广经过优化的混合教学模式至高师学前教育专业所有音乐课程；加强教师培训，确保教学方法的统一性和教学效果的最大化。

4.巩固与优化阶段

（1）持续优化与系统评估（2023年1月至12月）。

对所有改革课程进行持续优化；进行教学成效的全面评估，包括学

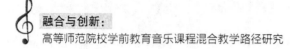
生的学习成效和教师的教学满意度；根据反馈继续调整教学内容和策略。

（2）国家级一流本科课程推荐（2023年11月至12月）。

通过南宁师范大学评审推荐、广西壮族自治区教育厅审核，《音乐基础》课程作为国家级线上线下混合式一流课程，被广西壮族自治区教育厅推荐，申报国家级一流本科课程评选。

（3）持续教学改革优化与实践（2024年）。

组建虚拟教研室团队，强化科研力度，进行全面的教学内容和方法的再评审，重点关注提升教学互动性、学生参与度和内容的实用性；着手进行更全面的教材编写，融合数智化时代的信息技术，打造数字教材。

（二）试点课程《音乐基础》教学改革介绍

在当前教育改革的大背景下，课题组在学校和院系的全力支持下，选取《音乐基础》课程作为改革的先行试点，致力于推进课程与教学策略的全面革新，优化教学模式。经过不断优化、实践，创设了"研学—导学—创学三步四变"的混合教学模式。此模式涵盖三个阶段：线上研学、线下导学、课后创学，旨在激发学生的学习兴趣、学习内驱力和创新能力。

为了促进这一教学模式的广泛应用，课题组提供了混合式《音乐基础》课程的教学设计案例和教学视频案例，供其他音乐课程参考和借鉴。这些资源不仅详细展示了教学活动的组织过程，还阐述了如何有效整合线上与线下教学资源，以优化学生的学习体验，提升学生的学习效果。

通过这种系统的教学模式改革，课题组成员期望将创新的教学方法扩展到更多的音乐课程中，从而提高整个学前教育音乐课程领域的教学质量和效率。这一改革不仅强化了课程间的知识连接和技能传递，也为学生提供了一个多样化学习平台，使他们能够在实践中深化理解，并在创新中展现自我。

试点课程《音乐基础》教学改革介绍具体如下。

1. 课程定位

本课程是学前教育专业的必修课程，40学时，2学分，课程所包含的基本乐理知识及视唱练耳能力训练是所有音乐类课程的基础。作为音乐学科中的前导性课程，《音乐基础》课程为后续相关课程打下了坚实的理论基础，为《钢琴》《儿童歌曲钢琴弹唱》《舞蹈》《学前儿童音乐教育》《合唱与指挥》《奥尔夫音乐教学法》等专业理论与技能课程提供了支持，是一门理论结合实践的桥梁型课程。

2. 课程目标

立足建设区域特色鲜明的高水平学前教育音乐课程这一定位，本课程面向广西师范大学学前教育专业本科一年级学生，以立德树人为根本任务，培养服务于广西学前教育的，德才并育、知行合一的新型复合人才。

（1）知识目标。

理解乐理基础知识，掌握视唱练耳训练要点，建立基础知识与技能相关联的知识框架。

（2）能力目标。

能够运用音乐理论知识分析儿童音乐作品；建立音高概念及旋律意识，合拍、准确视唱、记谱；提升感受、表现和创造音乐美的能力。

（3）价值目标。

增强自主学习、合作、思辨、沟通能力，强化学习共同体意识；提升合作精神、职业道德、家国情怀、文化自信和社会责任感；树立"以美育人、以乐育人、启智润心"的职业追求。

3. 思政融合点

在课程思政方面，聚焦培育有理想信念、有道德情操、有扎实学识、有仁爱之心的学前教育教师这个培养目标，充分体现本课程在人才培养方案中的专业核心课程地位。结合课程内容，将学前教育教师职业道德、民族优秀文化传承、社会主义核心价值观、工匠精神、教育专业大师精神等内容全方位、全过程融入课程。

通过层次化设计，设置多元的学习场景和游戏情境，课题组将乐理基础知识、视唱练耳等技能目标与课程思政目标有机融合，确保各个思政元素有落脚点，思政载体不突兀，与课程内容自然融合，引发学生的

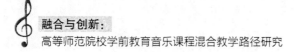

知识共鸣、情感共鸣、价值共鸣，最终形成课程思政全覆盖，贯穿课程教学全过程。

4.课程内容改革

（1）课程内容优化。

《音乐基础》课程将民族音乐传承、师德师风、爱岗敬业等思政元素融入知识点，有助于学生实现价值目标。《音乐基础》课程分为音的性质、乐音大家族——乐音体系、书面上的音乐——记谱法、节奏与节拍、其他常用记谱符号、音程、和弦、调式与调性八大板块。将视唱练耳融入乐理基础知识，每个板块都会设计核心知识点、拓展知识点（动看听唱环节）、练习和测验（单元测试环节），同时把名师请进线上课堂，邀请音乐教育专家在各板块做理论深化。

（2）组织实施调整。

总教学课时40课时。其中，线上学习每模块2课时，共计16课时；线下教学24课时：理论教学10课时，实践教学14课时。

线上实施：教师发布课程任务，通过线上自主学习＋线上单元测评＋小组互助学习＋总结知识点，进行问题导向式"研学"，使学生建立单元知识整体认知。

线下实施：课中以目标双导形式进行"导学"，理实结合，强化学生对重难点知识的掌握；课后进行"创学"，通过创编活动强化学生对知识点的应用。

5.学情分析

（1）学生学习背景。

本课的教学对象为学前教育专业四年制本科一年级学生，他们绝大多数都没有经过系统的音乐专业训练，对音乐的理解也只停留在很肤浅的层面。按照加德纳多元智能理论，不同的学生对于音乐的感受力、领悟力和表现力不同，学生在音乐能力方面具有明显的差异性。例如，在节奏节拍方面，有些学生自身乐感较好，能够很好地掌握这部分内容。又如，在音乐知识与技能掌握的准确度方面，有些学生存在缺陷，需要多加练习。大一新生具有强烈的好奇心，认知较为敏锐，灵活性较强，思维发展处于成熟期，具有一定的独立性和探索性。他们的认知方式呈现由外部权威为主转向以内部理性为主的特点，对于互联网学习、团队合作式的学习也具有浓厚的兴趣。

（2）学生专业需求。

在课堂教学中，教师要从学生的实际体验出发，设计丰富多彩的教学活动，吸引学生的兴趣，发展音乐认知、表现和审美能力，全面提高学生的音乐素质与理论修养。

6.《音乐基础》课程改革思路与目标

（1）教学设计理论基础。

本课程积极践行杜威的"做中学"及维果斯基的"支架式教学"，结合金字塔理论、任务驱动教学法、情境教学法及费曼学习法，采用"自主学习、合作探索、强化应用、突出实践"的教育理念，倡导学生建立积极主动、勇于探索的学习精神，形成合作探索式的学习方式，注重提高音乐表现力与创造力，以高阶性、创新性、挑战度、需求性和融合性的教学为标准，把讲授枯燥难懂的音乐理论知识转换为开展以亲身体验为主的浅显易懂、生动有趣、注重实践与应用的教学模式，在教与学的和谐统一中实现教学目标。

（2）教学设计的基本理念。

采用以学生为中心、以学为本的教育理念，坚持"教"是为了"学"，"教学"的本质是"教"学生"学"，"教"的质量要用"学"的成果来检验，使学生充分发挥主观能动性，带动学生自我思考、探究、实践和创造。

（3）课程改革思路与目标。

基于上述分析，《音乐基础》课程改革的思路与目标，其核心就在于找到基于学生学习基础与符合其学习需要的、学生认知内驱力和自我导向学习内驱力激发的音乐魔法课堂教学模式。课题组的研究思路与目标如下。

第一，探寻以学生发展为导向的诱发认知冲突、在矛盾与质疑中产生好奇、主动探究的音乐魔法课堂教学模式，解决学生内驱力不足的动

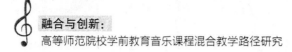

力机制问题。

第二，创设有效的学前教育专业《音乐基础》课程"线上线下"混合"教与学"学习资源库与学习平台，解决学生开展自我导向式学习资源缺失等问题。

第三，构建现代信息技术支持与协同的，合作学习、问题讨论、展示分享、集体与差异教学互补、线上线下互动的魔法音乐"舞台"，解决学生在传统集体教学中的盲点，促进学生加强学习认知内驱力。

第四，形成系列可操作、可借鉴、可推广的，体现音乐中集"真善美"价值观与"家国情怀""中华文化"教育于一体的"思政"教育策略方法成果，解决音乐课程与思政教育难以融合的问题。

（4）课程内容与资源建设改革情况。

①对课程内容进行优化重塑，线上线下混合教学有机融合。

针对本专业学生音乐基础薄弱问题，基于人才培养目标，结合用人单位需要，课题组将《音乐基础》课程内容在"识谱（音乐四要素组合）—音程—和弦—调式"四个渐进层面进行优化重塑，包含音乐基础知识部分、音乐知识技能拓展部分和技能训练部分。建构"三步四变"混合教学模式，以任务驱动为中心，通过"目标双导、任务驱动、游戏化学习、多元化评价、自主行动、交流共享"六大教学策略，将线上"学生自主学习—生生互助学习"与线下"教师指导学习—师生探究学习—生生合作学习"有机结合。

②录制微课网络视频，丰富教学资源库。

深入挖掘教学内容，制作短小精悍的微课视频，让网络教学成为学生基础知识学习与培养实际应用能力的纽带。经过四年半的筹备、建设、调整、完善，课题组已完成六个周期的线上教学课程建设。

课程团队精心录制了高质量教学短视频 68 个，时长 400 多分钟，发布教学文档 40 余个，每周有线上周测，也有线下课堂测试，视频累计观看次数近 3.5 万次，时长 22 万分钟。同时，课题组充分运用费曼学习法、实践探究法和创编法，让学生充分利用平台开展线上线下、课内课外的混合式探究学习，生成经过他们思考、讨论而来的乐理知识视频与练习课例，不断丰富教学资源库，使学生的学习过程和学习效果实现可视化。

7.《音乐基础》课程改革策略

针对上述目标与思路，课题组应结合学生在学习过程中存在的问题，坚持以学生发展为导向，构建音乐魔法课堂，分步推进问题解决。

（1）混合教学增"合力"。

①打造线上学习平台，自创独立 SPOC 课程，把名师请进线上课堂

课题组团队优化重构课程内容，分设"整合教材资源、开发生成性资源、建设网络学习资源、共享视频资源"四系列，建设独立 SPOC 线上学习课程。为增强线上学习趣味性及学前教育专业特色，课题组在线上学习课程中巧妙融入乐理趣味常识和音乐小测试，并为学生量身打造"专家有话说"板块，邀请中国儿童教育发展中心研究员、著名音乐教育家陈泽铭在每个板块为学生做相应的知识讲解。

②融入多样线上教学平台辅助教学，与传统教学手段进行有效整合。

教师能够在中国 MOOC 大学平台、超星学习通 App 中建设慕课堂及班级群，为学生分享教学 PPT、教学材料，并布置线上任务、课后作业等。同时利用线上直播功能在每周固定时间为学生进行答疑，针对学生在课下线上学习、小组讨论时出现的疑难问题进行在线解答。

在线上线下教学过程中，传统与新型教学手段能够有效整合。例如，利用微助教、慕课堂进行互评，利用音乐类 App 进行听音练耳，使用学生平时比较喜欢的短视频平台发布音乐活动作品，结合大卡纸、小黑板等传统教学辅助材料进行课堂创编展示。

（2）三步四变添"魅力"。

从传统的音乐课堂重点培养学生的认知能力，向培养学生的学习力、创造力以及成为一个对社会有价值的人转变，一直都是课题组课堂教学改革与创新的重点。在这个过程中，课题组通过不断探索、优化，最终采用了"三步四变"混合教学模式。

"三步四变"混合教学模式是由三个"四步小循环"构成"三学大循环"，进而组成的开放螺旋递进式的教学模式。该模式以《音乐基础》课程为载体，以人才培养目标为基础，以任务驱动为中心轴线和动力机

制，对传统与新型的教学辅助手段进行有效整合，让课堂"魅力"十足。

①教学改革后的整体环节。

研学阶段：通过"问题导向—线上学习—线上测评—提出问题"，引导学生在线上进行自主学习，形成学习共同体，运用探究式学习法和费曼学习法进行合作式学习。

导学阶段：通过"目标双导—学习检测—精讲补讲—拓展延伸"，依托线上数据开展课堂教学，在音乐课程中融入思政元素，解决重难点问题。

创学阶段：通过"任务驱动—团队合作—展示分享—改进提升"，驱动学生分组开展实践练习，提升理论应用能力。

②具体流程。

课前（研学）：教师在 SPOC 平台发布学习任务，让学生明确教学目标，了解学习任务。学生通过线上学习，初步熟悉各章节的相关知识点，并通过小组讨论、合作式学习及费曼学习法，进行自主学习及测评。

课堂（导学＋创学）：教师运用启发引导或亲身示范，让学生认识到《音乐基础》课程每一章节任务的重要性和实用性，通过收集学生在课前预习讨论中总结的问题及在课前测验中出错最多的问题，教师总结本课程每一章节需要解决的知识点，在基础知识部分运用金字塔理论和费曼教学法，让学生在课堂上分享，教师进行总结和补充，强化课程重点难点。同时，教师要采用任务驱动、实训演练等方法，促使学生自主学习、协作探究，充分发挥其学习主体作用，在教学中贯彻学中做、做中学、做学合一的教学理念。教师在教学中借助课程平台、合作练习、学习小组创编练习等教学手段，提高了学生的学习效率，逐一强化了教学目标，突破了教学的重难点，使学生真正"动"了起来，"活"了起来。教师点评、组内互评、组间互评等方式共同形成了课上与课后、教师与学生、学生与学生、过程与结果多元的评价体系，便于教师及时了解学生的学习情况，并及时调整教学进度。

课后（创学）：这一阶段需要学生对所学内容进行巩固。为了使学生增强对知识点的运用能力，教师可以为学生布置相关知识点的练习与创编，让学生体验音乐创作的乐趣。

（3）资源聚合添"幻力"。

缺乏符合学生感兴趣的、有针对性的学习资源是制约学生对本课程开展自我导向式学习的瓶颈。课题组团队分设"四个系列"——整合教材资源、开发生成性资源、建设网络学习资源、共享视频资源——对这一"瓶颈"进行了有效突破，建设了《音乐基础》课程中国大学慕课独立 SPOC 线上学习课程。同时，通过对教学资源进行整合与优化，把课程中生成的资源，如视唱练耳谱例，整合为生成性的学习资源。

（4）巧融思政添"助力"。

教师除了要在教学实践中深挖音乐知识与当今社会热点、学生兴趣点的融合素材，激发学生对专业知识技能的学习热情外，还要将学生的个人职业发展与国家建设紧密结合，使他们树立正确的价值观和职业操守。

（5）花样评价显"威力"。

《音乐基础》课程评价在增加学生学习信心、强化学生学习动力、促进学生音乐学习内驱力方面显示出了独特的威力。首先，在课程评价内容方面，从注重乐理等知识的识记与判断向知识的迁移运用、情感交流与表达能力、想象力与创造力等方面的综合评价转变。其次，在课程评价方法方面，从试卷（期末考试）终结性评价向过程性评价转变。例如，课堂学习过程增加了抢答积分、点赞积分、游戏积分等评价内容。最后，在课程评价手段方面，除经过实践有效的生生评价、师生评价、小组互评等常用的评价手段外，教师还借助了教育信息技术和网络平台对学生的学习进行评价，如利用微助教、慕课堂进行互评，使用音乐类 App 以及短视频平台发布音乐活动作品集赞，等等。

8.教学改革效果

课题组紧跟教育部对高校教学改革要求的步伐，从分析学前教育专业学生的音乐学习状况入手，倾听学生对于学科教与学的声音，分别从音乐层面、学习心理层面、教育技术层面进行探究和实践，取得了显著的成效。

（1）"要我学"变"我要学"——学生音乐学习内驱力增强。

课程平台的数据显示，教师在运用混合教学模式进行授课后，学生对《音乐基础》这门课程的学习兴趣、学习自信心、学习时间、学习自主性都有了显著的提高。

（2）"学得会，用得上"——学生音乐基础素养提升。

《音乐基础》课程教学改革创新带来的另一个明显的效益是：学生的音乐基础素养显著提高。参与课程学习的学生一改往日"为了考试而学习""临时抱佛脚"的状态。音乐学习内驱力得到极大提高的学生对此门课程的学习热情也不断提高，很多学生反馈这门曾经公认"最难学会"的课程变得有趣、简单了，不仅"学得会"，还"用得上"。学生在音乐基础素养，尤其是基础乐理知识应用和音乐创编能力方面提高的幅度较大。

（3）"教学相长"——教师与学生共同成长。

教学创新与实践的过程就是教师与学生共同成长的过程，2020至2023年，课题组成员在本校学前教育专业20级、22级、23级的《音乐基础》课程中不断探索实践，不仅使学生在音乐素养、综合能力方面得到提高，教师团队成员也在成长为"魔力教师"的道路上不断进步，带着学生玩转音乐魔法课堂，形成良性发展。

（三）学前教育专业音乐课程群混合教学模式改革介绍

在南宁师范大学学前教育音乐课程群中，为充分发挥《音乐基础》课程的基石作用，自2022年起，课题组成员依托该课程试点推广了"研学—导学—创学三步四变"混合教学模式。该模式旨在通过优化教学结构和流程，实现课程教学的系统化、科学化，提高学生的音乐基础素养和实践创新能力。以《音乐基础》课程为试点，课题组尝试将《音乐基础》课程的教学改革模式拓展到学前教育音乐课程群。为此，课题组在教学改革中实施了一系列创新措施，旨在通过融合传统教学与现代技术，优化师范生的学习路径，提高未来教师的专业能力和教学方法。以下将详细介绍课题组进行学前教育音乐课程群改革的具体措施与成效。

1. 课程间的知识牵连与渗透策略

《音乐基础》课程作为所有音乐类课程的基石，其教学内容和技能目标能够为其他课程提供理论与实践支撑，包括《钢琴》《儿童歌曲钢琴弹唱》《合唱与指挥》《学前儿童音乐教育》《奥尔夫教学法》。在试点课程《音乐基础》的混合教学改革取得一定成效后，课题组希望推动学前教育音乐课程群之间的知识整合和技能渗透。本次教学改革的核心目标是通过深化《音乐基础》课程与其他音乐课程的知识牵联和渗透，优化南宁师范大学学前教育专业的音乐课程体系。通过整合《钢琴》《儿童歌曲钢琴弹唱》《学前儿童音乐教育》《奥尔夫教学法》《合唱与指挥》等课程，强化课程间的支持与协同发展，促进学生全面、深入地掌握音乐教育的核心技能和知识，以实现提高教学质量和效率的目标。

课题组试图借助"研学—导学—创学三步四变"混合教学模式，培养学生的高阶思维能力和实际操作技能，同时通过引入费曼学习法、项目式学习法和合作式学习法等先进教学方法，大幅提高学生的音乐技能以及音乐教学能力，培养其自主学习、问题解决和团队协作能力，提升其音乐艺术修养和创新实践能力。这一改革不仅响应了现代教育的需求，也为学前教育专业的音乐教学树立了新的标杆，实现了教育创新与实践的深度融合。

2. 《钢琴》课程改革介绍

（1）知识链接。

《钢琴》课程将直接利用《音乐基础》课程中的乐理知识、视唱练耳技能来支持技术教学，如音阶、和弦进度的应用，确保学生能够理解并实际操作。《钢琴》课程与《学前儿童音乐教育》课程相结合，针对学生教育需求定制钢琴教学内容，如儿童歌曲的弹奏方法，将音乐游戏和教学活动相结合，增加课堂互动频率和学生的学习乐趣。

（2）课程结构优化。

研学阶段（线上）：学生在线上通过互动平台自主学习《音乐基础》课程中的乐理知识，如音阶、和弦进度等，这些是钢琴演奏的理论基础。教师通过在线演示或制作简短的教学视频来教授理论知识，加深学生对

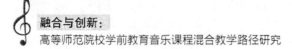

钢琴演奏技巧的理解；教师带领学生进行乐谱的识谱训练、节奏练习以及视唱练习，为线下实践做准备。

导学阶段（线下）：教师根据学生的线上学习成果，为其进行面对面的技术指导，重点讲解钢琴演奏中的手形、触键、踏板使用等技术要求；学生分组练习，通过四手联弹等形式增强合作能力，教师巡回指导，即时纠正学生出现的技术错误；教师可以设计以小型音乐会准备为主题的项目，要求学生从曲目选择、排练到演出全过程都协作完成。

创学阶段（线下）：学生利用所学乐理知识和钢琴技能，分析、创作或改编音乐作品，如为儿童歌曲伴奏创编钢琴伴奏；与《舞蹈》课程合作，为舞蹈编排提供现场伴奏，在实际操作中学习音乐艺术如何与其他艺术形式相融合。

3.《儿童歌曲钢琴弹唱》课程改革介绍

（1）知识链接。

《儿童歌曲钢琴弹唱》课程将紧密结合《音乐基础》课程，以确保学生在实际操作中正确应用音乐理论。通过整合乐理知识和视唱练耳技能，《儿童歌曲钢琴弹唱》课程不仅增强了学生的钢琴技术，也提高了其对音乐的整体理解能力。

乐理应用：《儿童歌曲钢琴弹唱》课程中将重点使用《音乐基础》课程的音阶、和弦进度等内容，使学生在弹唱儿童歌曲时，准确理解和运用这些基础乐理知识。

视唱练耳结合：通过视唱练耳的训练，强化学生的听音能力，确保他们既能正确演唱旋律，又能伴随钢琴弹奏，提高演出的整体效果。

跨课程整合：此课程将与《学前儿童音乐教育》课程结合，设计符合学生教育需求的教学内容，如将音乐游戏融入钢琴弹唱教学，增加课堂互动性和学生的学习乐趣。

（2）课程结构优化。

研学阶段（线上）：学生将通过线上平台自主学习《音乐基础》课程中的乐理知识，包括但不限于音阶、和弦以及节奏的基本构成，为钢琴弹唱打下坚实的理论基础。教师通过在线互动演示或制作简短的教学视频，教授学生钢琴弹唱的基本技巧，如手形、触键方法等，同时带领学生进行乐谱的识谱训练和节奏练习。

导学阶段（线下）：在教师的指导下，学生将练习钢琴弹唱技术，教师会针对每个学生的演奏进行技术纠正和风格指导。通过小组合作，学生不仅能练习钢琴弹唱，还能进行四手联弹等合作形式的练习，增强团队协作能力。

创学阶段（线下）：学生将利用在《音乐基础》课程中所学的乐理知识和钢琴技能，创作或改编儿童歌曲——尤其是钢琴伴奏部分——提高自身的创新能力和对知识的应用能力。

4.《学前儿童音乐教育》课程改革介绍

（1）知识链接。

将《学前儿童音乐教育》课程与《音乐基础》《儿童歌曲钢琴弹唱》《合唱与指挥》《奥尔夫教学法》等课程紧密结合，确保教学内容的连贯性和实用性，提高课程的综合教育价值。

与《音乐基础》课程结合，引入音阶、和弦、节奏等基础音乐理论，作为教学的核心知识体系；与《儿童歌曲钢琴弹唱》课程结合，融合钢琴基础弹奏技巧和儿童歌曲演唱，提高学生的音乐表达能力；与《合唱与指挥》课程结合，通过合唱活动，强化学生的团队协作能力和音乐协调性；与《奥尔夫教学法》课程结合，采用奥尔夫音乐教学法增强学生的音乐创作能力和即兴表演能力。

（2）课程结构优化。

研学阶段（线上）：学生通过线上课程学习音乐基础理论，包括音高、节奏以及音色的基本知识，为后续的实践活动打下坚实的基础；教师引入儿童心理学和教育学的基础知识，使学生理解音乐活动对儿童发展的重要性；线上教学包括具体的案例分析和活动设计方法的介绍，以及如何根据不同年龄段的儿童选择合适的歌曲和音乐游戏；学生需要准备虚拟的音乐教学活动方案，包括唱歌、韵律游戏、音乐欣赏和简易打击乐器的使用。

导学阶段（线下）：第一，歌唱与韵律活动。教师将指导学生实施

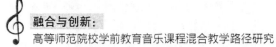

他们设计的教学活动，确保活动有效促进儿童的音乐节奏感和旋律感；学生将学习如何使用动作、图片和故事来增强歌唱活动的互动性与趣味性。第二，音乐欣赏与打击乐演奏活动。组织学生举办音乐欣赏会，选择适合儿童的音乐作品，教授学生如何引导儿童进行简单的音乐分析，增强儿童的欣赏能力；在打击乐演奏活动中，学生将学习如何教授儿童使用简易的打击乐器、手工制作乐器有何种技巧，以及如何指导儿童进行基本的节奏练习。

创学阶段（线下）：学生将在真实的学前教育环境中实施他们设计的音乐活动，包括韵律活动、音乐欣赏和打击乐表演。教师将为学生提供反馈和修改建议，帮助完善他们的教学方案和执行过程；安排公开课，展示学生的音乐教学成果。通过成果展示活动，学生能够获得实际的教学经验，并收集反馈用于进一步改进教学方法和活动设计。

5.《奥尔夫教学法》课程改革介绍

（1）知识链接。

将《奥尔夫教学法》与《音乐基础》《儿童歌曲钢琴弹唱》《合唱与指挥》《学前儿童音乐教育》课程紧密结合，确保教学内容的连贯性和综合性，提高课程的教育效果。

与《音乐基础》课程结合，强调音乐理论的实际应用，将音阶、和弦等基础理论通过奥尔夫的游戏化教学法付诸实践，增强学生的理论学习兴趣和实践技能；与《儿童歌曲钢琴弹唱》课程结合，利用奥尔夫教学法中的声音造型、嗓音造型、动作造型和声势技巧，辅助钢琴弹唱教学，提升儿童的音乐节奏感和协调性；与《合唱与指挥》课程结合，应用奥尔夫教学法中的集体音乐制作活动来训练学生的合唱协作能力，通过模拟指挥游戏提高学生的音乐指挥技巧和团队协调性；与《学前儿童音乐教育》课程结合：将奥尔夫教学法的互动性和创造性完美融入学前教育音乐课程，设计适合学生的音乐活动，促进学生音乐能力及社交能力的全面发展。

（2）课程结构优化。

研学阶段（线上）：学生在线上系统学习奥尔夫音乐教育的基础理

论，观摩教师提供的各类奥尔夫音乐活动，加深学生对理论知识的理解和应用。

导学阶段（线下）：在课堂上通过实际使用各种打击乐器和进行身体节奏练习，实施奥尔夫教学法的基本技巧教学；教师带领学生开展小组合作学习，使他们通过创编奥尔夫音乐作品、即兴表演、音乐剧综合创编，提升实践操作能力和团队协作能力。

创学阶段（线下）：学生利用所学知识创编奥尔夫音乐作品，包括编排小型音乐会和音乐剧，运用身体节奏和简易乐器进行表演。

6.《合唱与指挥》课程改革介绍

（1）知识链接。

将《合唱与指挥》课程与《音乐基础》《儿童歌曲钢琴弹唱》《奥尔夫教学法》《学前儿童音乐教育》等课程紧密结合，确保教学内容的连贯性和综合性，提高课程的教育效果。

与《音乐基础》课程结合，强调音乐理论的实际应用，将音阶、和弦、节奏等基础理论通过合唱与指挥进行实际应用，增强学生的学习兴趣，提升学生的实践技能；与《儿童歌曲钢琴弹唱》课程结合，利用钢琴伴奏来支持合唱活动，提升合唱的音乐质量和表现力，同时教授学生如何与伴奏协调合作；与《奥尔夫教学法》课程结合，应用奥尔夫教学法中的打击乐器和身体节奏技巧来增强合唱表演的节奏感与动态表达；与《学前儿童音乐教育》课程结合，将合唱活动设计得更适合学生参与，如使用简单易学的歌曲和有趣的表演形式，提高学生的参与度和音乐兴趣。

（2）课程结构优化。

研学阶段（线上）：学生在线上系统学习合唱指挥的基础理论，包括音乐节奏、旋律理解、声部平衡与和声处理；引入基础的指挥技巧教学，包括手势的使用、指挥节拍的基本方法。

导学阶段（线下）：在课堂上通过进行合唱练习，应用所学的指挥技巧，进行声部排练、和声练习，以及整体表演的练习；开展小组合作项目，如合唱团的组建和项目表演，提高学生的实践操作能力和团队协作能力。

创学阶段（线下）：学生将利用所学知识指挥大型合唱作品，包括经典作品和现代作品的演绎，运用简易乐器进行表演；与其他艺术课程学生合作，进行跨艺术形式的表演，增强表达和创造能力。

（四）教学改革过程总结

《音乐基础》课程作为教学改革的试点，经过精心设计与多次调整，已经显著提高了教师的教学效果和学生的学习体验。这一课程的改革过程不仅局限于教学内容的更新，还包括教学方法和教学工具的全面革新。课题组以问题为导向、以混合教学模式为核心，结合前沿教育技术和教学理念，培养具备高度专业能力和创新能力的学前教育师资。

1.线上课程学习资源的开发与利用

通过自主开发和丰富线上学习资源，课题组为学生提供了定制化的音乐课程材料，这些材料能够使学生在网络教学平台进行深入的学习和讨论。

成效：资源适用性提高，学生学习体验强化，为混合教学模式提供了扎实的线上学习支持。

2.教学评价方式的调整

实施多元化评价体系，使学生的在线互动和参与成为评估其学习成效的重要部分，从而增强学生的学习主动性，提高学生的参与度。

成效：学生的主动性增强，参与度提高，并在审美、表现、创造力方面取得了较大进步。

3.教学内容改革

课题组优化了课程结构，将相关学科的知识点进行了有机整合，实现了学科间的交叉融合，不仅使学生在学习一门学科时，加深了对其他学科知识的理解和应用，也更好地培养了他们的综合思考能力。

成效：课程内容更精练有效，教学内容的改革对于实践和应用的重视使学生得以全面发展，课程结构的优化也增进了学生的综合思考能力。

4.教学方法与教学手段改革

教师在进行学前教育音乐课程改革的时候，将以问题为导向，运用任务驱动、项目式教学法、情境教学法、探究教学法、体验教学法等教学方法，结合传统的讨论、讲授等教学方法引导学生自主学习。

在混合教学模式中，教师将任务前置，鼓励学生使用项目式学习法、费曼学习法，以教师的角色重新梳理和讲解所学知识，这种方式极大地提高了学生的理解能力和表达能力。此外，项目式学习的引入让学生在解决实际问题的过程中，不仅能够应用理论知识，更能够激发他们的探究精神和创新思维。学生需要在项目中分析问题、设计方案、实施计划，并进行结果评估，这一过程极大地提高了他们的实际操作能力和项目管理能力。

合作式学习也是音乐课程教学改革的重点之一。通过小组合作的方式，学生在共同完成任务的过程中，不仅能够学习如何与他人有效沟通，还能够在合作中找到自身的定位，发挥个人的长处，提升团队解决问题的能力。此种策略有效地提高了学生的社会互动技能和团队协作能力。

成效：学生学习积极性、自主探究能力以及高阶能力得到提升。

5. 教材建设

课题组撰写和录制了适合线上线下混合教学的学前教育音乐课程教材和教学案例。

成效：新教材和教学案例的实用性与实践导向性得到增强，能够更好地服务于学生的学习需求。

总之，课题组通过调研发现，三步四变教学模式显著提高了学生的自学能力和自主探究能力。这些改革不仅让学生在学习中发挥了主体作用，也让学生通过实际操作的过程，体验到了知识的实用性和趣味性，大大地增强了学生的学习动力，提高了学生的学习效果。同时，混合教学模式在学前教育音乐课程中的应用，也帮助学生奠定了扎实的知识基础，为他们未来的学术追求和职业发展铺垫了道路。

六、教学改革成果与效果

课题组经过多年的实践积累和不懈努力，在高师学前教育音乐课程的教学改革与理论研究方面取得了显著的成果。通过对传统教育教学模式进行深入分析与批判，课题组成员积极探索并实施了一系列创新的教学理论与实践方法。

在教学理论研究方面，课题组发表了 5 篇关于混合教学模式的研究论文，并出版了 1 本专著，系统总结了混合教学在学前教育音乐课程教学领域的应用与实践经验。其中，《基于 SPOC 的翻转课堂教学设计模式的构建及应用研究》《高师院校学前专业音乐课程多元文化教学实践研究》等论文，深入探讨了在线开放课程与传统教室教学的有效结合，为学界提供了丰富的教学设计模式和方法论支持。此外，专著《混合教学模式下的学前音乐教育教学研究》更是系统性地总结了混合教学在本领域的理论构建和教学策略。

在教学改革实践方面，课题组成员精心开发了与混合教学相匹配的课程资源。其中，自治区级一流本科课程《音乐基础》在中国大学慕课平台成功上线，为广大学生提供了高质量的线上学习资源。此外，课题组成员还创编了一系列混合式教案、教学评价体系、教学设计案例和教学课程实录。《音乐基础》课程作为试点教学示范，大大提高了教学的针对性和有效性。

在教学成效方面，课题组成员成功构建了包括教学大纲、学习资料、教学资料等在内的完整教学体系。多门课程如《音乐基础》《钢琴》《学前儿童音乐教育》《合唱与指挥》《儿童歌曲钢琴弹唱》等均根据混合教学模式进行了大纲改革，更加注重实践操作与学生参与。《音乐基础》课程的改革得到了广西壮族自治区教育厅的认可，被评为"广西壮族自治区区级一流本科课程"，并提交至国家级一流本科课程评审平台。

课题组成员在指导学生获奖方面，成果同样显著，既包括在广西第六届大学生艺术展演中的获奖，也包括在广西壮族自治区全区师范生教学技能大赛中取得的优异成绩。

下面笔者将课题组的教学改革成效进行具体梳理。

（一）教学模式的创新：混合教学模式在学前教育专业音乐课程群中的应用

为了解决学前教育音乐课程群中学生音乐基础薄弱的问题，并提高整体教学质量，本课题采取了创新的混合教学模式。此模式结合线上自主学习和线下互动教学，通过实际操作和互动讨论，极大地增强了学生的学习动力和教师的教学效果。

1. "研学—导学—创学三步四变"教学模式

在学前教育音乐课程群的教学改革中，采用了"研学—导学—创学三步四变"教学模式，深度整合了线上自主学习与线下互动教学，创新地提高了学生的学习效率和教师的教学质量。以下是该教学模式的主要成效总结。

（1）研学阶段：基础知识自主学习。

个性化学习路径：学生通过学习平台以及学习群，结合教师提前发布的教学视频和学习资料，按自己的学习节奏掌握乐理知识、音乐历史及作曲技巧等基础内容，有效减轻了课堂学习的压力。

预备知识铺垫：研学阶段的自主学习为后续的导学和创学打下坚实的理论基础，提高了学生面对复杂音乐作品时的理解和分析能力。

（2）导学阶段：师生互动加深理解。

互动教学实践：教师根据学生的预学情况，采用小组讨论、现场演示等方式，有针对性地解决学生在实际音乐操作中遇到的问题，如钢琴演奏技巧、合唱排练方法等。

即时反馈提升技能：通过面对面的教学，学生能够即时获得教师的反馈和指导，迅速纠正演奏中的错误，有效提升自身的演奏技能和音乐表达力。

（3）创学阶段：应用与创新能力培养。

创造性思维的激发：学生在创学阶段需要将所学的音乐理论与实践技能应用到创作新的音乐作品中，如编写歌曲、策划音乐会等，这一过程极大地激发了学生的创造性和实践能力。

团队合作与项目管理：通过举办音乐演出和参与大型音乐项目，学生不仅提升了个人的艺术表现力，也锻炼了团队协作和项目管理能力。

2. 教学模式创新的总体成效

（1）教学质量与效率的提高。

整个教学模式的创新，尤其是线上与线下教学的有机结合，显著提高了教师的教学质量和效率，使学生在音乐理论知识和实践技能上有了全面的提高。

（2）学习动力与参与度增强。

通过研学—导学—创学的连续环节，学生的学习动力得到持续增强，参与度也大幅提高，能够积极主动地探索音乐学习和创作的各种可能。

（3）教学互动性与学生满意度提高。

混合教学模式增加了师生之间的互动机会，使教学过程更加灵活，教师能够及时响应学生需求，极大提高了学生的学习满意度和教学反馈的正面性。

"研学—导学—创学三步四变"教学模式的实施，不仅解决了学生音乐基础薄弱的问题，而且培养了学生的高阶思维能力，为学生未来的音乐教育和创作奠定了坚实的基础，显示出了混合教学模式在学前教育音乐课程中的巨大潜力和应用价值。

（二）学习方式创新：费曼学习法与项目式、合作式学习的融合

在学前教育音乐课程群的教学改革中，主要结合费曼学习法以及项目式、合作式学习的实践，显著增强了学生自我导向式学习的效果。这种融合不仅解决了学生音乐基础薄弱的问题，而且有效激发了学生的音乐学习内驱力，提高了学生的自主学习能力、合作精神和创新思维。

1. 费曼学习法的有效运用

费曼学习法以理解和教授知识为基础，强调"学以致用"的学习方式，其在音乐课程教学中的应用具体体现在以下几个方面。

（1）简化复杂概念。

教师通过费曼技巧将复杂的音乐理论简化，用易于理解的语言讲解

给学生，如将复杂的和声理论分解为基本的和弦进程和声部运动，使学生快速抓住课程关键点。

（2）学生讲解反馈。

学生需要将所学知识以教授给同伴的形式表达出来，这不仅能够检验学生的理解程度，也能够训练他们的表达能力和逻辑思维能力。

（3）迭代优化学习。

通过小组讨论与为同伴"授课"，学生对知识的掌握逐步深化，教师也会根据学生的反馈调整教学策略，优化教学内容。

2. 项目式学习的结合

项目式学习在音乐教育中的实施，强调学生应通过完成具体音乐项目的方式实践和深化理论知识。

（1）项目设计。

学生在教师的引导下，选择或设计音乐项目，如举办一场小型音乐会、编排一部音乐剧等。

（2）实践操作。

在项目进行的每一个阶段，学生都需要应用他们的音乐理论知识和技术技能，从策划、排练到执行，每一步都是对学生所学知识的实践检验。

（3）团队协作。

项目式学习往往需要团队合作，这不仅能够让学生在实践中学习如何与人沟通和协作，也能够增强学生解决实际问题的能力。

3. 合作式学习的推广

合作式学习是指学生通过小组合作完成学习任务，使学习过程更为动态和互动。

（1）小组讨论。

定期的小组讨论会帮助学生分享彼此的学习进展，解决学习中的疑惑，共同提高。

（2）互帮互助。

在小组内部，成员能够根据各自的强项分工合作，互补短板，优化团队整体的学习效率，增加团队学习成果。

（3）同伴评价。

同伴之间的互评不仅可以增进学生之间的理解和信任，还可以使学生从不同的视角发现问题、提出建议，促进个人和集体中成员的成长。

4.学习方式综合成效

通过将费曼学习法、项目式学习和合作式学习相结合，学前教育音乐课程的教学改革取得了显著的成效。

（1）理论与实践的深度融合。

学生不仅在理论上得到了系统的训练，而且通过实际项目深化了对音乐的理解和应用。

（2）自主与协作的平衡。

自我导向式学习的推广使学生在自主探索的同时，通过合作学习培养了团队精神和项目管理能力。

（3）创新能力的提高。

在多样的学习活动中，学生的创新意识和解决问题的能力得到了有效提高。

这种混合教学模式不仅优化了学习过程，更通过实践和反馈构建了一个持续进步的学习环境，为学生未来的职业生涯发展奠定了坚实的基础。

（三）高阶能力培养新思路：提高课堂教学内容强度和学生参与度

在学前教育音乐课程群的教学改革中，为了提高课堂教学内容强度和学生参与度，课题组成员进行了课程结构的优化，将理论学习和实践技能训练有效结合，并通过利用混合教学模式使课程内容相互渗透，重点强化了学生学与练的过程，具体实施方式如下。

1.课程内容的重新设计与优化

（1）基础理论阶段。

课程的初期强调学生对基础音乐理论的学习，如音乐符号、节奏、和声等，课题组通过线上 SPOC 平台为学生提供自主学习材料，使学生在进入课堂之前就有充分的理论准备。

（2）实践技能阶段。

在理论学习的基础上，课程内容转向更多的实践技能训练，如乐器演奏、声乐表演及合唱团排练等，课堂活动由教师现场指导，学生进行小组合作。

（3）课程内容的动态调整。

教师要根据学生的学习进度和反馈，动态调整教学内容和难度。例如，教师可以在学生掌握基础节奏后，增加复杂节奏的训练和节奏的创作任务，提高课程难度，拓展学习深度。

2. 技能训练与创造性实践的结合

（1）案例分析与模拟教学。

教师协助学生选取具体音乐作品，使学生对作品展开音乐分析，让学生研究作品的结构、和声使用和表现手法。教师可以通过模拟教学，让学生尝试自己解读和演绎作品。

在模拟教学中，学生需在小组内分工合作，进行学前教育专业音乐活动的设计。模拟教学应具备主教、助教与幼儿角色，学生要全程参与，增强自己的实际操作能力和团队协作能力。

（2）音乐创作活动。

通过创作任务，如编写一段旋律、创作一首完整的短歌或者编排一部包含音乐要素的情景剧，学生能够将理论知识转化为实际产出，这不仅提高了他们的音乐创作能力，也激发了他们的创新思维。

在创作过程中，学生需要考虑旋律的和声配合、节奏的流畅性及整体的表达效果，这些都需要他们综合运用所学的音乐理论和技能。

3. 课程间的相互渗透与混合教学的实践

（1）课程间知识的整合应用。

在《音乐基础》课程中学习的乐理基础理论和视唱练耳技能在学前教育专业的其他音乐课程中得到应用，如音的性质、记谱法、节奏与节拍、音程、和弦、调式与调性等相关知识点以及视唱练耳技能都应用在了《钢琴》《儿童歌曲钢琴弹唱》《合唱与指挥》《学前儿童音乐教育》等课程中。而各音乐课程之间也具有相通的知识点，学生可以对这些知识

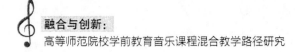

点进行整合应用。

（2）混合教学中的学与练结合。

在线学习为学生提供理论基础，线下课堂强调学生的技能实践。通过这种学与练的结合，学生可以即学即用，有效地将理论知识践行为技能。

混合教学强调反馈和调整，教师要根据学生的表现，及时为其提供个性化的指导和帮助，使学生能够在实践中快速成长。

4.高阶思维能力培养实践成效

（1）教学模式为学生提供思辨、创造的空间。

"研学—导学—创学三步四变"教学模式强化了学生从理论到实践的转换能力，使学生能够将在线上学习到的理论知识与线下的实践技能有效结合。通过前置的线上资源和课堂上的实际操作，学生不仅能够理解音乐的基本构成，如音阶、和声等，而且能够应用这些理论来创作音乐和进行演奏，使理论与实践深度融合。学生在结束一个学习周期后能独立完成一段音乐创作，如编排一首简短的儿歌，就表明他们能将音乐理论转化为具体的创作实践。在合唱与指挥课程中，学生能正确运用和声知识指挥合唱团，实现从理论到实践的流畅转换。

（2）学习方式促进学生创新思维与批判性分析能力的提升。

通过费曼学习法、项目式学习和合作式学习的实践，学生在解决实际音乐项目中展现出了优秀的创新思维和批判性分析能力。

学生在学习过程中采用费曼学习法，即通过教授他人来学习，这不仅帮助学生清晰地理解了复杂概念，而且通过这一过程，显著提高了他们对知识的理解深度和批判性思维能力。

同时，通过项目式学习和合作式学习的实践，学生在解决实际音乐项目问题的过程中展现出了显著的创新思维和批判性分析能力。例如，学生在进行音乐作品分析时，能够独立识别作品中的音乐元素（旋律、节奏、和声），并提出创新的表现形式，通过团队的智慧，共同创编歌曲或者编排合唱作品，进行音乐活动的即兴创编。

（3）团队协作与沟通能力的增强。

合作式学习让学生在团队中担任不同的角色，如组长、记录员、计时员，每个人都需要负责一部分的工作。在团队合作中，这不仅提高了他们的音乐技能，也锻炼了他们的团队协作与沟通能力。比如，在准备合唱节目的过程中，学生需要共同决定曲目选择、编排及排练计划，这一过程中的沟通和协调展现了他们的团队合作能力。学生在小组讨论中积极提出意见，并通过协商解决分歧，有效地推进项目进度，表明了他们沟通和协作的高效能。

通过以上教学策略的实施，学生在音乐知识的理解深度、学习内驱力、创新性应用以及团队协作方面都有了显著提升，这不仅优化了他们的音乐实践技能，也为他们未来的学前教育或相关职业道路打下了坚实的基础。学生展现出的高阶能力，特别是在创新思维和批判性分析方面的能力，充分证明了混合教学模式的有效性。

七、教学改革特色与创新点

本课题的研究通过引入和实施混合教学模式，致力于解决学前教育音乐课程中存在的学生音乐基础不均衡、学生自主学习动力不足、课堂教学内容与高阶能力培养脱节等问题。本次教学改革的核心在于优化教学结构，引入创新的教学策略，并重新设计评价机制，以提高教学效率和质量。以下是课题的主要特色和创新点介绍。

（一）混合教学模式的全面实施

混合教学模式是本课题的核心改革方向，通过全面实施该模式，本项目在学前教育音乐课程领域实现了教学内容、教学方法及评价体系的创新，以下详细介绍混合教学模式应用于高师学前教育音乐课程的特色与创新点。

1. 特色

（1）多样的学习环境。

混合教学模式打破了传统教室的时间和空间限制，将线上自主学习

与线下面对面互动相结合，为学生提供了更为多样的学习环境。学生可以根据自己的安排选择学习时间和地点，增加学习的自主性和灵活性。

（2）个性化学习路径。

通过对线上平台的利用，教师可以根据学生的学习情况和需求，为其提供个性化的学习资源和指导，学生也能根据自己的学习节奏和兴趣选择学习内容，实现个性化学习。

（3）互动性和参与性增强。

结合线上讨论、小组合作等多种教学活动，混合教学模式增强了学生之间以及师生之间的互动与沟通，提高了学生的参与度，增强了学生的学习动力。

2. 创新点

（1）教学模式创新——"研学—导学—创学三步四变"教学模式。

该教学模式是混合教学的具体实践，分为研学、导学和创学三个阶段，每个阶段都紧密结合线上和线下的学习活动，有效促进了学生对知识的深入理解、应用和创新。

（2）教学方法创新——利用现代教育技术。

课题组积极利用教育技术和互联网资源，如慕课学习平台、超星学习通、微助教等教学平台和 App，结合社交平台，丰富了教学手段，增强了教师的教学效果，提高了学生的学习效率。

（3）评价体系创新——评价方式的创新。

混合教学模式引入了多元化的评价体系，除了传统的课堂表现和期末考核外，还包括线上学习过程的自评、同伴评价等，更全面地评估学生的学习成效，同时激励学生从多个角度参与学习。

通过混合教学模式的全面实施，本课题的研究有效地解决了学前教育音乐课程中的诸多挑战，提高了教学质量，增强了学生的学习动力，为学生提供了全面而深入的音乐教育体验。这一模式的成功实践，为学前教育领域的教学改革提供了能够借鉴的案例和丰富的经验。

（二）采用线上线下目标与问题"双导式"

目标与问题"双导式"是本课题在混合教学实践中的一大特色，其核心在于借由线上"自主学习＋生生互助"引导学生发现问题，在线下课堂把问题转变为教学目标和学习目标，进行"引导＋探讨＋合作式"的教与学，由教师的外部教学需求转化为学生的内部学习需求，使学生发挥其在课堂上的主导作用，增强其学习内驱力。"双导式"有效解决了传统教学中以教师讲授为主、学生被动接受为辅的问题，强调学生的主动探索和问题解决的能力培养。

1. 特色

（1）双向导学机制。

线上学习（自主学习＋生生互助）：在这一阶段，学生通过教师提供的视频教程自主学习，并利用小组进行合作式、互助式学习，展开对知识的预习和对问题的初步探索，学生之间的互助学习促进了他们对知识点的深化理解和对疑难问题的共同解决，使他们解决了依靠个人力量没办法解决的问题。

线下互动（引导＋探讨＋合作式教学）：教师根据线上阶段总结的学生感兴趣的知识点和提出的问题，进行面对面的指导和讨论，使他们以小组合作的方式深入分析问题，进行实践操作，并对学习内容进行创新性的应用。这种模式增强了学生的实际操作能力和团队协作精神。

（2）以学生为中心的教学设计。

"双导式"教学机制打破了传统教学中以教师为中心的局限，将学生置于学习的中心位置，强调学生的主导作用，激发了学生的内驱力。通过在线上发现问题到在线下解决问题，学生不仅学会了知识，更学会了如何学习、如何与他人合作、如何创新思考。

2. 创新点

（1）教学引导创新——问题与目标双导的混合教学引导。

问题导向：学生在线上学习的过程中自主发现问题，找到兴趣点并形成学习目标。这些问题和学习目标成为线下教学的出发点，教师要确保教学内容紧贴学生实际需求。

目标导向：线下教学阶段需要教师提前制定教学目标，教师要通过精准的引导和实践活动，确保每一个教学目标都能实现，使教师的教学过程和学生的学习成果具有针对性与实效性。

（2）学习方式创新——互助与合作式学习体验。

在线上学习阶段，学生主要通过互助讨论形式共同解决问题，这种模式不仅提升了学生的协作能力，还加强了学生之间的交流，建立了良好的学习社群环境。

在线下课堂，通过小组讨论和合作项目，学生可以将线上学习的理论知识应用于实际，通过实际操作来加深对知识点的理解，并在教师的引导下探索更多解决方案，提升问题解决能力。

（3）教学优化创新——灵活的教学响应与即时反馈机制。

教师在线下教学中要根据学生的实际表现和反馈调整教学策略，这种灵活响应的教学模式可以更好地满足学生个性化的学习需求，增强教学的适应性和有效性。

通过即时反馈，学生可以迅速了解自己的学习状况和存在的问题，教师也可以及时调整教学内容和方法，确保学习效果的最大化。

通过这些特色和创新点的实施，问题与目标双导的混合教学模式不仅优化了教学流程，也极大地提高了教师的教学效率和学生的学习质量，尤其是在提升学生的自主学习能力、合作能力和创新能力方面表现突出，充分显示了现代教育技术与传统教育模式结合的巨大潜力。

（三）"多主体＋多方式"的开放性课程评价

"多主体＋多方式"的开放性课程评价体系是本课题在教学改革中的重要创新之一，这种课程评价体系旨在通过多元化的评价主体和方法，实现对学生能力全面、深入的评估。

1. 特色

（1）多主体评价。

教师评价：传统的教师主导评价，侧重学生的知识掌握和技能运用。

学生自评：鼓励学生进行自我反思，评估自己的学习进度和理解深度。

生生互评：同伴之间的互相评价，能够增加评价的互动性和参与性，帮助学生从他人的反馈中学习。

导师组评价：由学前教育专业导师组成评价团队，从专业角度对学生的作品和表现进行评估，增加评价的权威性。

（2）多方式评价。

线上互动表现：包括学生在在线平台的活跃度、讨论质量和作业完成情况。

线下课堂表现：评价学生的课堂互动、出勤情况及实际操作能力。

创新实践产出：通过观察学生的音乐创作、演出组织或音乐活动实施等实践活动来评价其创新能力和实践应用能力。

2.创新点

（1）评价结构创新——综合性评价结构。

结合线上和线下的表现，全面考量学生的学习效果，找到了单一评价环境下教师容易忽视的方面。将传统笔试、口试以外的多种评价方式系统化，如通过学生对音乐课程任务实施的表现来评估其实际的应用能力和团队协作能力。

（2）评价结果创新——过程与结果并重。

强调学习过程中的表现评价，如小组讨论的参与度和互动质量，使评价更加公正和全面。结果评价不仅包括学生最终的考试成绩，还包括学生在学习过程中的创新成果和实践表现。

（3）评价参与创新——开放性和互动性强。

评价体系开放学生参与评价过程，如生生互评和学生自评，使学生能够主动参与评价活动，提高学生的自我管理能力。

教师和学生之间的互动更加频繁，教师根据评价结果及时调整教学策略，更加注重学生的个性化需求和差异化教学。

（4）评价种类创新——增值性评价的引入。

评价体系中特别加入了增值性评价，关注学生能力的提高和个人成长，如通过前后对比来评估学生在音乐理解、技能应用等方面的进步。

评价不仅是对错误的指正，更是对学生进步和努力的肯定，有助于增强学生的学习动力和成就感。

通过这种"多主体＋多方式"的开放性课程评价，本课题旨在创建一个公正、全面、互动性强的评价环境，使评价体系有效促进学生能力的全面发展，特别是在创新思维和团队协作能力方面。这种评价体系不仅适用于音乐教学领域，也可为其他教学领域提供有益的参考。

（四）思政元素贯穿课程主要知识点

在现代教育体系中，深度融合思政元素与专业教学是提升教育质量和教学效果的关键路径之一。本课题通过在学前教育音乐课程群中实施"思政元素贯穿课程主要知识点"，探索了将思想政治教育内容与音乐专业知识相结合的新模式，充分体现了教育的整体性和实践性。

1. 特色

（1）融合教学内容。

知识点结合：将思政元素与音乐教学内容相结合，如通过对音乐作品的解析引入社会主义核心价值观，通过分析音乐家的生平探讨理想信念等主题。

课程设计：设计课程时，教师不仅要注重对音乐知识的传授，还要在课程中主动融入思政元素，使学生在学习专业技能的同时，增强爱国意识、历史责任感。

（2）教学方法创新。

情境教学法：在教学中创造情境，使学生在特定的音乐教学活动中接受思政教育，如通过合唱、合奏等集体性音乐活动强化学生的集体主义和团队协作精神。

案例教学法：选取具有教育意义的音乐事件或音乐人物故事，使学生对其进行讨论与思考，实现思政教育在学前教育音乐课程中的自然渗透。

2. 创新点

（1）思政融合创新——思政与专业双向互动。

双向融合：思政教育不再是单独的、附加的教学内容，而是与音乐教学内容深度融合，互为补充，提高了学前教育专业课程教学的整体性和系统性。

实践导向：教师可以通过音乐表演、音乐活动展示等形式，将思政教育理念具体化、场景化，使学生在实践中体验和学习思想政治课程，强化思政教育的实效性。

（2）思政育人观创新——全面发展教育观。

育人目标全面：坚持德艺双修，不仅培养学生的音乐专业能力，还通过音乐教育加强学生的思想道德建设，促进学生全面发展。

综合能力提升：通过思政元素与专业课程的融合教学，学生的审美能力、创造力、批判性思维能力以及道德判断力都能够得到全面提高。

（3）思政融入评价创新——评价体系多元化。

过程与结果并重：在评价学生的学习成果时，教师不仅要考查学生对音乐专业技能的掌握程度，也要综合评估学生的思政素养。在教学过程中，针对音乐课程的知识点，课题组在《音乐基础》课程中结合民族音乐传承、师德师风、爱岗敬业等思政内容设计了不同的练习，如"节奏节拍"中的"京剧锣鼓的前世与今生"，能够增强学生的民族自信心和对传统文化的热爱；而"音程"中的唱山歌配和声、"音的性质"中的某一英雄故事等则能够巧妙结合学生兴趣与社会热点，激发学生的爱国爱岗情怀，使他们具备新时代学前教育教师的责任和担当。

多维度评估：构建了包含知识掌握、技能应用、情感态度、价值观等多维度的评价体系，能够更全面地反映学生的学习和成长情况。

通过这样的教学改革，本课题不仅提高了学生的专业技能，更通过音乐课程教学促进了学生个性和道德的全面发展，实现了教育的根本任务——立德树人。这种深度融合的教学模式为其他学科提供了可借鉴的经验，展示了音乐课程教学与思政教育结合的广阔前景。

八、成果应用、推广价值与教学改革展望

课题组成员通过实证研究和系统实施发现本次教学改革显著提高了教师教学效率与学生学习质量，深化了教育技术与传统教学模式的融合应用。本课题的研究成果在学前教育音乐课程领域具有广泛的应用前景，有效推广了混合教学模式，不仅优化了教学流程，也提高了学生的音乐综合素养和自主学习能力。

（一）混合教学模式的成果应用

学前教育音乐课程改革中的先行试点课程——自治区区级一流本科课程《音乐基础》的线上 SPOC 独立课程，成功展示了混合教学模式的高效性和实用性。该课程通过为学生提供全面的在线学习资源，不仅增强了课程的可接触性和互动性，还全方位展示了混合教学模式的具体实施和成效。

1.《音乐基础》课程内容与教学资源范例

《音乐基础》课程拟定了混合教学大纲和评价体系说明，详细列出了课程目标、学习内容及评估标准，确保教师和学生对课程有清晰的认识与理解。课题组为该课程提供了完整教案，展示了每堂课的具体教学步骤、教学方法和需要使用的教学资源，方便教师准备和实施课程。

课题组为了更好地给教师提供《音乐基础》课程的教学改革示范，还展示了课程设计的样本，包括课程内容的创新点如何实际应用到教学中，以及预期教学效果与实际教学效果的对比分析。为了更好呈现混合教学模式的应用，课题组针对课程设计样本做了课堂实录，包括教师讲解、学生反应和课堂互动的详细情况，为本课程之后的教学提供了真实的反馈和改进方向。

2. 推广到学前教育音乐课程群

该模式不仅在《音乐基础》课程中获得了成功应用，还被推广到整个学前教育音乐课程群。通过这种模式，课题组依据学前教育专业各门音乐课程的教学内容和教学特色，重新修订了线上线下混合教学大纲，使教师的教学质量和学生的学习效果在多个相关课程中都有了显著提高，学生的音乐综合能力也得到了全面发展。

通过《音乐基础》课程的试点运行和"研学—导学—创学三步四变"的模式应用，混合教学模式在学前教育音乐课程领域展现出了强大的生命力和广泛的应用前景。这不仅优化了教学过程、增强了学生的学习体验，也为未来教育模式的创新和发展提供了宝贵的经验。

3.其他学科的应用

随着混合教学模式在学前教育音乐课程中的应用成功，学前教育专业的其他学科，如《幼儿园课程与教学论》也开始探索采纳此模式，以增强课程互动性，扩展教学资源的应用。在这一背景下，课题组成立了虚拟教研室，建立了跨学科、跨区域、跨高校的教师团队，多视角、多交叉推进了教学模式的优化及学前教育专业课程群的一体化建设，以《音乐基础》课程为切入点，带动学前教育专业课程群的整体性提升。

（二）推广价值

1.提升教育教学质量

混合教学模式的推广使用，有效结合了线上线下的教学资源和活动，提升了教学目标达成度、学生的学习参与度以及学生的音乐基础综合素养；提高了教学的互动性和学生的学习效率，有助于提升学前教育音乐课程的整体教育教学质量。

（1）学生参与度高。

以《音乐基础》课程为例，通过线上平台混合教学的实施，该课程原创教学视频累计点击达18 888人次，总学习时长超过10 800 000分钟，学习文档查看达9 408人次。

在所有音乐课程的评价中，学生对教师给予了高度评价，平均分达90分以上。线上课程获五星好评，这充分证明了《音乐基础》课程教学内容和方法的高效性与吸引力。

（2）教学目标达成度高。

混合教学的各项课程目标值均在0.82以上，高于预设的期望值。成

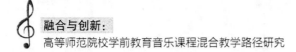

绩分析表明，实施混合教学的班级在音乐基础和综合素养方面有明显的提高，学生不仅掌握了必要的音乐知识，还能将所学知识应用于实际情境。

（3）学生能力提高。

学生在音乐基础知识掌握和应用能力上的提高特别显著，这证实了混合教学模式在技能传授和能力培养方面的有效性。同时，学生的综合素养得到了全面提高，包括音乐理解力、创造力及表达能力等。

（4）学生学习内驱力显著增强。

课程实施前后，学生对《音乐基础》课程的学习兴趣大幅提高，这表明混合教学模式激发了学生的学习热情。这种学习兴趣与学习热情的显著提升反映了混合教学模式有效地促进了学生从被动接受知识到主动探索知识的转变，增强了学生的自主学习能力和内在驱动力。

通过混合教学模式的应用，本课题不仅提高了学生的音乐学习质量，也促进了学生自我驱动学习能力的发展。学生的高参与度、教学目标的高达成度以及学生学习兴趣和自信心的提高，共同验证了混合教学模式在提高学前教育音乐课程教学效果方面的显著优势。此外，这种教学模式的成功实施也为其他学科提供了可借鉴的经验，课题组期望将这种教学模式推广至更广泛的教育领域，实现教育教学质量的整体提高。

2. 教师与学生共同成长

本课题不仅显著提高了学生的学习效果，也促进了教师的专业成长和教学方法的革新。

（1）教师成长。

通过混合教学模式的实施，教师不仅能够为学生传授知识，更能够通过课堂上的互动过程与学生共同成长。这种双向互动显著提高了教师的教学质量与学生的学习兴趣。

教师通过混合教学模式的应用，探索并实践了包括翻转课堂、项目式学习在内的多种新型教学方法。这些教学方法不仅提高了课堂互动性，也加深了学生对音乐知识的理解和应用能力。在混合教学模式下，教师开发并利用了各种在线资源——视频教材、互动问答和模拟测试等——对学生展开教学，这些内容大大丰富了学生的学习材料，为学生提供了更广阔的学习平台。同时，教师在指导学生参与各类比赛和项目的过程中，不仅增强了自身对学科的掌握，也锻炼了项目管理能力和学生指导技能。通过这些活动，教师的教学能力和专业水平也得到了显著提高。课题组成员指导学前教育专业学生在多个教学比赛，如大学生艺术展演、广西壮族自治区全区师范生教学技能大赛中获奖，显示了课题组在教学方法和成果上的优异表现。这些荣誉不仅验证了混合教学模式在学前教育音乐课程中的应用效果，也提高了课题的影响力和认可度。

（2）学生发展。

学生的学习动力和能力在教学改革实践中不断提升。通过视频教学和互动平台，学生可以在任何时间、任何地点学习，这种灵活性大大提升了学生的学习兴趣。学生可以根据个人喜好选择学习内容和进度，实现自主学习；混合教学模式则通过实时反馈和修正，帮助学生及时了解自己的学习状况，使学生有针对性地改进学习方法，这直接提高了他们的学习效率和成果质量。最重要的是，在混合教学环境中，学生不仅要学习音乐理论知识，还会被鼓励参与音乐创作、表演以及大学生创新项目，这种实践机会极大地提高了他们的创造力和自主性。

3.同行认可与经验分享

课题组积极参与指导南宁师范大学以及其他院校教师的教学培训和比赛。课题组成员曾指导年轻教师参加青年教师教学技能比赛，使年轻教师获得了校级一等奖，并成功晋级省级比赛。这种教学能力的培训和传授对提升区域教育水平具有显著影响，不仅提高了青年教师的教学能力，也增强了课题组在教育界的影响力。

同时，课题组成员积极参与各级教学培训和能力提高活动，通过参与培训和组建工作坊等形式向教育同行分享、传授混合教学模式和教学改革创新经验，在一定程度上提高了整个教育行业的教学水平。

（三）教学改革展望

随着教育技术的快速进步和新一代信息技术的应用，高等教育教学

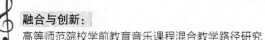

改革正在迈入一个新的时期。在未来的高师学前教育音乐课程中，一个以学生为中心、技术赋能的全新教学生态将逐步形成。课题组改革的核心将围绕实现高度个性化和互动化的学习体验，将知识图谱、人工智能与开发数智化立体化教材相结合，打破传统的教学模式，推动学前教育音乐课程向更加深入、广泛的维度发展。

1. 知识图谱的深度整合

在虚拟教研室的教学探讨与实践中，教师应构建专属于学前教育音乐课程的知识图谱，通过联结理论知识点与实践技能，促进学科间知识的联结和整合。同时，在教学实践中，教师也要利用知识图谱的结构化表示来辅助学生建立清晰的知识体系，帮助他们有效地理解学习内容。

2. 数智化立体化教材的开发

配合人工智能算法，发展智能化教材，教师能够根据学生的学习进度和风格自动调整学习内容与难度。教师要利用最新的数字技术，如增强现实、虚拟现实，以及3D模拟技术，开发立体化的教材和学习资源，创建沉浸式学习环境，使学生能够通过模拟体验进行音乐创作、音乐理论学习和表演实践，增强学生学习的直观性和互动性。

3. 互动性增强的学习平台

结合知识图谱和数智化教材，开发互动性较强的学习管理系统，支持师生在虚拟环境中进行实时互动和沟通。平台上的工具能够支持学生对音乐作品进行创作、分析与批评，与同伴进行协作，使教学活动更加生动和富有成效。

总而言之，这些改革措施将推动教学模式从传统的以教师为中心转变为以学生为中心，实现高师学前教育音乐课程的全面和立体化发展。通过知识图谱和数智化教材，未来的教学不仅将提高知识的传授效率，更将培育学生的创新能力和实践技能，为他们成为优秀的学前教育音乐教师奠定坚实的基础。

九、结语

随着"混合教学模式下的高师学前教育音乐课程教学改革实践与研

究"项目的圆满完成，课题组成员获得了丰富的经验并取得了显著成果。此研究不仅为高等教育的教学改革增添了新的路径，也验证了混合教学模式在未来教育体系中的重要性和有效性。这一阶段性的成果标志着课题组新的起点，本课题组将继续对教学改革抱有热忱，进一步整合信息技术、人工智能、知识图谱与数智化教材，持续优化和创新教学模式。

展望未来，课题组成员坚信，通过持续的努力和创新，混合教学模式将进一步促进教师的教学发展和学生的学习效率，提升学生的参与度及综合能力。本次改革将为学前教育专业的学生创造一个更加全面、动态和互动的学习环境，丰富他们的教学经验；也将为培养符合 21 世纪教育需求的优秀人才打下坚实的基础。课题组成员期待这些创新实践能持续发挥积极作用，激励更多的教育工作者和学者参与教育改革。

参考文献

[1] 霍恩，斯泰克 . 混合式学习：用颠覆式创新推动教育革命 [M]. 聂风华，徐铁英，译 . 北京：机械工业出版社 ,2015.

[2] 程扬."慕课"背景下高校音乐教学改革初探[D].曲阜:曲阜师范大学,2018.

[3] 史晓玲，王福明 . 浅谈学前教育专业音乐混合式教学改革：对初中起点五年制音乐教学的思考与实践 [J]. 大众文艺 ,2018(24):197-198.

[4] 徐蕾 ."Teach to One"：看美国数学课如何"以评促学"[J]. 上海教育 ,2016(26):46-49.

[5] 何克抗 . 从 Blending Learning 看教育技术理论的新发展 [J]. 国家教育行政学院学报 .2005(9):37-48,79.

[6] 黄荣怀，周跃良，王迎 . 混合式学习的理论与实践 [M]. 北京：高等教育出版社 ,2006.

[7] 李克东，赵建华 . 混合学习的原理与应用模式 [J]. 电化教育研究 ,2004(7):1-6.

[8] 黄薇薇 . 多媒体教学环境下外语教师的角色定位 [J]. 四川职业技术学院学报 ,2010,20(1):73-74.

[9] 陆霞 .SPOC 环境下幼师生混合学习模式设计与实践 [J]. 职教通讯 ,2017(27):4-8.

[10] 李亚秋.学前教育专业的音乐课程设置急需改革 [J].赤峰学院学报 (自然科学版),2013,29(16):271-272.

[11] 李可娟.陕西高校学前教育本科课程现状、问题及对策研究 [D].西安：陕西师范大学 ,2011.

[12] 刘芳.就业导向下的中职院校学前教育专业音乐课程设置研究 [D].石家庄：河北师范大学 ,2016.

[13] 由显斌.浅析幼儿园教改背景下的学前教育专业课程设置 [J].大庆师范学院学报 ,2010,30(1):144-147.

[14] 王利明.华东师范大学学前教育专业本科的专业课程设置的调查研究 [D].上海：华东师范大学 ,2007.

[15] BONK C J,GRAHAM C R.The handbook of blended learning:global perspectives,local designs[J].HarperCollins UK,2005.

[16] BLIUC A M,GOODYEAR P,ELLIS R A.Research focus and methodological choices in studies into students' experiences of blended learning in higher education[J].The internet and higher education,2007,10(4):231-244.

[17] GOODYEAR V,DUDLEY D."I'm a Facilitator of learning!" Understanding what teachers and students do Within student-centered physical education Models[J].Quest,2015,67(3):274-289.

[18] MCAULEY A,STEWART B,SIEMENS G,et al.The MOOC model for digital practice[J].University of Prince Edward Island,2010.

[19] UYSAL H,BURÇAK F,TEPETAŞ GŞ,et al.Preschool education and primary school pre-service teachers' perceptions about classroom management: a metaphorical analysis[J].International journal of instruction, 2014,7(2):165-180.

[20] CAMPBELL-EVANS G,STAMOPOULOS E,MALONEY C.Building leadership capacity in early childhood pre-service teachers[J].Australian journal of teacher education,2014,39(5).

后 记

在当今这个快速变化的时代，教育领域面临着前所未有的机遇与挑战。特别是在学前教育这一特殊领域，如何有效地结合传统教学方法与现代科技，促进学前教育专业学生的全面发展已成为亟须解决的问题。

在本书中，笔者深入探讨了混合教学模式在高师学前教育音乐课程中的应用与实践及其对传统教育模式的挑战与突破。

通过详尽的分析和实践案例，本书不仅为音乐教育界提供了一种创新的教学路径，也为高等教育领域的教学模式创新提供了宝贵的参考。

在本书开篇，笔者通过对学前教育与音乐教育的重要探讨，为读者揭示了音乐教育在促进人的全面发展方面的关键作用。接着通过分析学前教育音乐课程教学的现状与挑战，揭示了当前学前教育音乐课程教学面临的主要问题，包括资源分配不均、教学方法单一、师资力量薄弱等，这为混合教学模式的引入提供了现实背景和必要性。在深入探讨混合教学模式的理论基础后，本书提出了"研学—导学—创学三步四变"混合教学模式，并通过具体的实施过程和效果评价，展示了该模式在实际教学中的应用成效。该模式的成功实践，不仅提高了学生的学习效率和教师的教学质量，也为高师学前教育音乐课程教学提供了新的视角和方法。混合教学模式，作为一种将传统面对面教学与在线教学相结合的教育方法已经被越来越多的教育工作者所认可和采用。其背后的逻辑非常简单：通过有效结合两种教学方法的优势，为学生提供一个更加灵活、互动和个性化的学习环境。在音乐教育领域，这一模式的应用尤为重要。音乐，作为一种特殊的艺术形式，学生不仅需要掌握理论知识，更需要通过实践来感受和表达。因此，如何在有限的教学时间内，有效地结合理论与实践，成为音乐教育中的一个关键问题。本书围绕学前教育专业的音乐课程和混合教学模式进行了深入研究，旨在推动二者的融合与创新，希望提升学前教育专业学生自主学习的能力，让学习变得更加个性化和灵活，进而有效提高学习效果。

展望未来，随着科技的不断进步和教育观念的深入人心，混合教学模式在高师学前教育音乐课程中的应用将越来越广泛。它不仅能够提高教师的教学效率和质量，还能够激发学生的创造力和想象力，培养他们对音乐的热爱和理解。